12
ELEMENTOS DA GESTÃO DE EXCELÊNCIA

12

RODD WAGNER
& JAMES K.
HARTER, PH.D.

ELEMENTOS DA GESTÃO DE EXCELÊNCIA

SEXTANTE

tradução
Ivo Korytowski

preparo de originais
Rachel Agavino

revisão
Cristhiane Ruiz, Cristiane Pacanowski, Giuliana Alonso e Masé Sant'Anna

projeto gráfico e diagramação
DTPhoenix Editorial

adaptação da capa
Miriam Lerner

impressão e acabamento
Lis Gráfica e Editora Ltda.

CIP-BRASIL. CATALOGAÇÃO-NA-FONTE
SINDICATO NACIONAL DOS EDITORES DE LIVROS, RJ

T683p Wagner, Rodd
12 elementos da gestão de excelência / Rodd Wagner e James K. Harter [tradução de Ivo Korytowski]. Rio de Janeiro: Sextante, 2009.

Tradução de: 12: The elements of great managing
ISBN 978-85-7542-523-7

1. Capacidade executiva. 2. Administração. I. Harter, James K. II. Título: 12 elementos da gestão de excelência.

09-5213 CDD: 658
CDU: 005

Rua Voluntários da Pátria, 45 – Gr. 1.404 – Botafogo
22270-000 – Rio de Janeiro – RJ
Tel.: (21) 2286-9944 – Fax: (21) 2286-9244
E-mail: atendimento@esextante.com.br
www.sextante.com.br

Aos meus pais, Robert e Sherrie Wagner
– RGW

Para RaLinda, Joey e Sam
– JKH

Sumário

INTRODUÇÃO

O valor do comprometimento dos funcionários

"Peanut" era um apelido improvável para aquele trabalhador do terminal de cargas e veterano do sindicato dos estivadores. Debaixo do boné do time de beisebol Big Dogs e usando um suéter azul estava um homem imponente que mais parecia um jogador de basquete da NBA.

Seu supervisor, Lou, perguntou se ele aceitaria dar uma entrevista para uma pesquisa sobre o que constitui uma boa vida profissional. "De jeito nenhum", respondeu ele. Peanut realmente não gostava da grande empresa para a qual trabalhava e não queria fazer parte de nenhuma tentativa de dourar a pílula.

– Eles não vão perguntar sobre a empresa – argumentou o supervisor. – Vão perguntar sobre o que acontece aqui. Sobre mim, sobre nossa equipe. Você faria isso como um favor pessoal para mim?

– Assim é diferente – cedeu Peanut. Ele tinha muitas coisas boas para contar sobre Lou, sua equipe e o trabalho no terminal. – Por você, eu topo.

Após algumas perguntas do entrevistador, Peanut relaxou e passou a contar, empolgado, histórias sobre Lou e as melhorias que ele levara ao local de trabalho. Depois que começou a falar do supervisor, não parou mais.

– Lou se importa com a situação de todo mundo – disse. – Ele entende das coisas. Consegue assumir o controle das situações. Nunca vimos as mudanças no nosso ambiente acontecerem como agora. Temos um sujeito que nos dá atenção. Se você leva um problema para Lou, ele o ajuda a resolver.

Sempre que o entrevistador fazia uma pergunta, Peanut se estendia na resposta, contando como Lou ouvia as ideias do pessoal do terminal, elogiava um bom trabalho, preparava ou ajustava os equipamentos, ia resgatar alguém em apuros por causa de um veículo com problemas ou dava conselhos sobre assuntos pessoais.

– Um ótimo supervisor – elogiou o estivador. – Não fica só dando ordens de cima, também trabalha junto com as pessoas. Nem toda situação envolve autoridade e denúncia das transgressões, punindo os trabalhadores pelos erros que cometeram. É preciso alguém que se importe com você, com o que está acontecendo, que se preocupe em ajudá-lo quando tiver um problema e que pergunte: "Posso fazer alguma coisa?" É esse tipo de gente que queremos. Vimos várias pessoas chegarem e partirem. Lou é o melhor que já tivemos. Ele faz diferença. E que diferença!

Peanut tinha uma percepção sábia sobre o que é um bom gerente, uma noção que corresponde às descobertas feitas a partir do maior banco de dados do mundo de opiniões de funcionários e desempenho de empresas. Esses resultados mostram que, ao arregimentarem as tropas, os gerentes de linha de frente importam mais do que altos executivos. Supervisores empenhados conseguem motivar até o mais pessimista dos funcionários. Grandes gerentes como Lou obtêm melhores resultados financeiros justamente porque melhoram a vida de seus funcionários.

Identificar os mecanismos capazes de aumentar o comprometimento dos funcionários, traduzindo-os em lucros, exigiu uma quantidade enorme de pesquisas. Mais de uma década atrás, a Gallup fez uma ampla análise de como as empresas vinham gerindo o seu pessoal e descobriu que a maioria atirava no escuro. Algumas empresas costumavam encomendar grandes pesquisas de opinião entre seus funcionários, esperando encontrar as informações que importavam em meio às 100 ou 200 perguntas do questionário. As respostas que obtinham eram complicadas demais para fornecer algum feedback, e mesmo que este feedback fosse fornecido, as empresas não saberiam o que fazer com ele. Os executivos presumiam que havia um nível geral de "satisfação" em toda a empresa e que eles – os veteranos – eram os principais propulsores dos sentimentos de seus funcionários sobre a organização. Todos esses pressupostos estavam errados.

A Gallup selecionou um grupo de seus cientistas sociais para examinar 1 milhão de entrevistas com funcionários cadastrados em seu banco de dados, as centenas de perguntas realizadas nos 10 anos anteriores e cada variável sobre o desempenho das unidades de negócios que as organizações haviam fornecido com suas listas de pessoal. O objetivo dessa análise era descobrir quais perguntas dessas pesquisas – e, portanto, quais aspectos do serviço – explicavam melhor as motivações produtivas dos trabalhadores. No fim, 12 elementos da vida profissional se revelaram o núcleo do contrato implícito entre funcionários e empregadores. Por meio de suas respostas às 12 perguntas mais importantes e de suas ações diárias que afetavam o desempenho, aquele milhão de trabalhadores estava dizendo: "Se vocês fizerem essas coisas por nós, faremos o que a empresa precisa."

Os 12 elementos da gestão de excelência encontrados na pesquisa são:

1. Sei o que esperam de mim no meu trabalho.
2. Tenho os materiais e equipamentos necessários para realizar o meu trabalho corretamente.

3. No meu trabalho, tenho a oportunidade de fazer o que faço de melhor todos os dias.
4. Nos últimos sete dias, recebi algum reconhecimento ou elogio por realizar um bom trabalho.
5. Meu supervisor, ou alguém do meu trabalho, parece importar-se comigo como pessoa.
6. Há alguém em meu trabalho que estimula o meu desenvolvimento.
7. No meu trabalho, minhas opiniões parecem contar.
8. A missão/objetivo da minha empresa me faz sentir que meu trabalho é importante.
9. Meus colegas de trabalho estão comprometidos em realizar um trabalho de qualidade.
10. Tenho um(a) melhor amigo(a) no trabalho.
11. Nos últimos seis meses, alguém em meu trabalho conversou comigo sobre o meu progresso.
12. No último ano, tive a oportunidade de aprender e crescer no meu trabalho.*

Por trás de cada um deles está uma verdade fundamental sobre a natureza humana no trabalho. As correlações entre cada elemento e a melhoria do desempenho traçam um roteiro para uma gestão de excelência e também revelam fatos incríveis sobre como a mente humana – moldada por milhares de anos de procura de alimentos, caça e cooperação dentro de uma tribo solidária e estável – reage num mundo relativamente novo e artificial de estações de trabalho, cronogramas de projetos, ambiguidade corporativa e alta rotatividade dos colegas de equipe. As pessoas

* Cada uma dessas afirmações do Q12® representa milhões de dólares de investimentos dos pesquisadores da Gallup e, por isso, são de propriedade dessa organização. Não podem ser reimpressas ou reproduzidas por nenhum meio sem o consentimento por escrito da Gallup, Inc.

não foram criadas para se adaptarem às estratégias empresariais nem evoluíram para isso. Em vez de contestarem esses fatos, os gerentes mais bem-sucedidos aproveitam o esforço, a virtuosidade e a energia resultante de empregar seres humanos, mesmo entendendo as rachaduras inevitáveis nas suas armaduras.

Ao anunciar a descoberta dessas 12 afirmações cruciais, publicada no best-seller de Marcus Buckingan *Primeiro quebre todas as regras!*, Tom Peters escreveu: "Grandes gerentes são a argamassa de uma organização. Eles criam e mantêm coesas as dezenas de pessoas que movimentam empresas de alto desempenho."[1]

Muitos executivos lutam para formular uma estratégia a fim de aumentar os lucros por intermédio de seus funcionários. Com frequência recorrem ao cálculo simplista de que "menos funcionários = custos menores", sem considerar a grande produtividade que depende do comprometimento de cada pessoa. "Não acredito que um número suficiente de investidores tenha feito a pergunta mais importante: as empresas podem obter ainda mais sucesso focando a otimização da contribuição de cada funcionário, em vez de simplesmente tentar reduzir o custo de empregá-los?", escreveu um colunista de *The Wall Street Journal*. "Talvez nós, como investidores, precisemos ter mais consciência de como essas pessoas que limpam nossos quartos nos hotéis, preparam nossas refeições e passam nossos cartões de crédito pela máquina são tratadas e remuneradas, em vez de apenas tentar cortar ainda mais as despesas. A motivação da equipe, embora difícil de quantificar, deveria fazer parte da análise de investimentos."[2]

A motivação da equipe é quantificada e seu efeito sobre a rentabilidade está sendo constantemente analisado com base nos arquivos da Gallup. As respostas de Lou e Peanut às 12 afirmações apresentadas anteriormente são apenas duas entre os 10 milhões de respostas no banco de dados. Os 12 elementos atualmente são avaliados em 41 idiomas e 114 países, em setores tão variados como os de energia elétrica, lojas varejistas, restaurantes, hotéis, hospitais, fábricas de papel, repartições públicas, bancos, jornais e dezenas de outros. Cada vez que a Gallup conduz um censo sobre a opinião dos funcionários dentro de uma empresa, solicita também todos os dados de desempenho disponíveis: pesquisas de clientes, pedidos de demissão, acidentes, produtividade, afastamentos por doenças, criatividade, vendas e rentabilidade. Quando analisados em conjunto, os 12 elementos e os indicadores das empresas mostram como a saúde delas é afetada pelo comprometimento de seu pessoal.

O desempenho de uma empresa começa pelo ato mais básico: ir trabalhar. O absenteísmo entre os funcionários empenhados é 27% inferior ao daqueles totalmente descomprometidos. Numa empresa com 10 mil pessoas, o absenteísmo causado pela desmotivação custa cerca de 5 mil dias perdidos por ano, no valor de 600 mil dólares em salários pagos sem a contrapartida do trabalho realizado.[3] Os gerentes que mantêm níveis maiores de comprometimento em suas equipes poupam às suas empresas o custo desses às vezes eufemisticamente denominados "dias de saúde mental".

As pessoas pedem demissão por vários motivos. Alguns deles, como a volta à universidade ou a transferência do cônjuge para outra cidade, não refletem a qualidade da vida profissional. Mesmo funcionários sob uma gestão excelente nem sempre pretendem permanecer por toda a vida na mesma empresa. Mas normalmente a saída está relacionada ao trabalho. Numa economia de livre mercado, pedir as contas é a defesa do funcionário contra condições desmotivadoras, com consequências caras para a empresa. Não é incomum, por exemplo, alguns varejistas sofrerem rotatividade anual de 100%. Os executivos desses ramos costumam registrar as idas e vindas e o eterno treinamento de novas contratações como um custo inevitável da seleção de mão de obra barata, recém-formada, cujas vidas não se estabilizaram. Entretanto, dentro dessa instabilidade reside um custo oculto da má gestão: unidades de negócios com um excesso de funcionários desmotivados sofrem de uma rotatividade 31% superior à daquelas com uma massa crítica de funcionários comprometidos.[4]

Vendo o entra e sai nos demais setores, os líderes das empresas de baixa rotatividade costumam respirar aliviados, sem perceber que, embora as admissões e demissões sejam menos frequentes, o efeito do comprometimento sobre a mudança de pessoal em suas áreas é ainda maior. Dentro dessas organizações mais estáveis, as unidades de negócios com muitos funcionários desmotivados têm rotatividade 51% superior à daquelas com muitos funcionários comprometidos.[5] Além disso, o custo de perder uma pessoa costuma ser maior nessas empresas. Embora a substituição de um funcionário iniciante ou da linha de frente custe de 25 a 80% da sua remuneração anual, substituir um engenheiro, um vendedor, uma enfermeira ou outros especialistas em geral custa de 75 a 400% de seu pagamento anual.[6] A rotatividade provocada pela falta de comprometimento custa às empresas de grande porte milhões de dólares por ano.

Outro fato que pode gerar custo para as empresas é que alguns funcionários furtam, o que exerce um efeito negativo sobre a rentabilidade, porque a empresa precisa vender cinco, dez ou mais itens idênticos ao que foi furtado para cobrir seu custo. Seria bom se todos os pais ensinassem a seus filhos noções de certo e errado que os impedissem de furtar. Alguns funcionários são suscetíveis à tentação, que é ainda maior quando eles se sentem distantes da equipe. As perdas por furto são 51% maiores em grupos com um número muito grande de funcionários descomprometidos.[7]

A vida no emprego pode ser arriscada. Trabalhadores de usinas elétricas correm o risco de ser eletrocutados. Estivadores podem ter os dedos dos pés esmagados sob uma empilhadeira. E enfermeiras enfrentam o perigo de se espetarem com agulhas contaminadas. Na prática, todos os óculos de segurança, botas com reforço de aço, luvas de látex e capacetes de proteção não conseguem substituir a vigilância constante e um bom trabalho de equipe, mas esses dois elementos caem por terra quando os funcionários pouco se importam com seus empregos. As chances de um trabalhador desmotivado sofrer um acidente são bem maiores do que as de seu colega dedicado. Os grupos de trabalho cujo comprometimento os enquadra no quartil inferior do banco de dados da Gallup sofrem em média 62% mais acidentes do que os grupos de trabalho do quartil superior.[8]

Para o observador externo, a conexão mais óbvia entre o comprometimento dos funcionários e a forma como a empresa opera é seu atendimento ao cliente. Quem já foi vítima de um comissário de voo grosseiro, um garçom mal-humorado ou um instalador de TV a cabo negligente sabe como a experiência de um cliente não pode ser dissociada da experiência de trabalho daqueles que o atendem. Quem teve a sorte de deparar com um funcionário empolgado sabe como ele consegue dar vida mesmo às promessas mais exageradas dos anúncios da empresa. Embora grande parte da experiência dos clientes esteja fora do controle dos acionistas, as empresas com os mais altos níveis de comprometimento de suas equipes obtêm avaliações 12% melhores por parte dos clientes do que aquelas nas quais esse nível é mais baixo.[9] Nenhuma legislação, exigência ou incentivos consegue despertar a força de um envolvimento emocional profundo para com a equipe.

Esses diferentes efeitos se combinam para criar uma vantagem competitiva apreciável para uma equipe motivada. Quando o banco de dados de cerca de 1 milhão de equipes é classificado em ordem decrescente de comprometimento e dividido ao meio, as chances de sucesso daquelas que se encontram na primeira metade são o dobro das que ficam na metade inferior. Quando as equipes são divididas em quatro grupos de tamanhos iguais, as do quartil superior possuem três vezes mais chances de sucesso do que as do quartil inferior, com produtividade 18% mais alta e rentabilidade 12% maior.[10]

O mesmo padrão que ocorre nos níveis individuais e de equipes aparece também quando uma empresa inteira obtém um nível alto de comprometimento. Entre as empresas de capital aberto do banco de dados, as que tinham maiores índices de comprometimento auferiram lucro por ação 18% superior ao de seus concorrentes e, com o tempo, progrediram num ritmo mais acelerado do que seus colegas do setor.[11] Nas melhores empresas para se trabalhar, milhões de pequenas ações – estatisticamente insignificantes quando isoladas – resultaram em melhores avaliações dos clientes, reduziram o absenteísmo, diminuíram os acidentes, impulsionaram a produtividade e aumentaram a criatividade, e o resultado de tudo isso são empresas mais rentáveis. Num grupo de contraste de empresas com nível de comprometimento menor, a negligência gerencial diminuiu o espírito de equipe e, com isso, prejudicou consideravelmente a rentabilidade.

O comprometimento dos trabalhadores não é absolutamente a única causa do sucesso. Dependendo das circunstâncias da empresa, pode nem ser a mais importante. Lançar um produto incrível, descobrir novos métodos de produção, gerir riscos cambiais ou de commodities, aperfeiçoar um modelo operacional eficiente e muitas outras variáveis sem qualquer relação com a estratégia de pessoal podem ter efeitos significativos sobre o destino de uma empresa. Mas existem evidências claras de que a criação e manutenção de um forte comprometimento dos funcionários – como um dos poucos determinantes da rentabilidade que podem ser controlados pela empresa – são alguns dos deveres mais importantes de qualquer organização bem-sucedida. Elas introduzem uma vantagem poderosa impossível de ser reproduzida por qualquer outro recurso. Em razão das consequências financeiras do comprometimento dos funcionários, nenhum executivo que o ignore é capaz de cumprir plenamente com suas responsabilidades fiduciárias para com os acionistas da empresa. E não importa quanto conhecimento técnico tenha um gerente, ele cumprirá totalmente com suas responsabilidades se cuidar do comprometimento de sua equipe.

Cada capítulo deste livro descreve em detalhes um dos 12 elementos. A explicação é ilustrada pela história de um gerente que resume aquele aspecto e se baseia não apenas no fato de o banco de dados hoje ser 10 vezes maior do que quando da descoberta das 12 afirmações, mas também numa profusão de estudos de imagens do cérebro, da genética, psicologia, teoria comportamental dos jogos e outras disciplinas científicas. Quando combinadas, essas descobertas mostram que uma das coisas mais estúpidas que as empresas fazem é tentar tornar seus "recursos humanos" mais produtivos ao mesmo tempo que combatem seu lado humano. Elas também demonstram que uma gestão de excelência não é um conceito amorfo "difícil de quantificar". Os dados fornecem uma imagem clara do que é mais importante para inspirar as pessoas a fazerem o que a empresa espera delas.

Os gerentes cujos perfis são apresentados aqui foram escolhidos dentre milhares de líderes que tiveram o nível de comprometimento de sua equipe examinado pelos autores e depois submetido a um cuidadoso processo de verificação. Ainda assim, embora cada um seja exemplo de sucesso naquele elemento, nenhum deles oferece um manual padronizado de como enfrentar os desafios. Não existem receitas de bolo para as questões complexas que envolvem as equipes. Cada uma delas requer a avaliação do gerente, seus pontos fortes, seu talento singular e sua dedicação.

Você não deve supor que as empresas para as quais esses gerentes trabalham são universalmente comprometidas. Algumas chegam perto disso. Outras não. Quase toda grande empresa tem ao menos alguns ótimos gerentes que mereciam ser escolhidos. Os 12 supervisores cujas histórias contamos neste livro representam o que poderíamos apropriadamente chamar de grandes gerentes. Eles não constituem um panteão dos 12 absolutamente melhores, os gênios da gerência que você nunca encontrará em sua empresa. Pelo contrário, são as almas gentis mas determinadas que você encontrará em metade das pessoas numa ótima empresa, e em uma em cada 10 vezes numa empresa ruim. Trata-se de gerentes como Lou, que melhoram a vida de funcionários como Peanut e, ao mesmo tempo, mudam o rumo da companhia onde trabalham.

– Tudo começa com a gerência – disse Peanut. – As pessoas começaram a abrir um pouco mais os olhos. Depois que fizemos isso, passamos a ver coisas que não víamos antes.

O PRIMEIRO ELEMENTO

Saber o que se espera

Havia algo de errado com o Hotel Winegardner & Hammons, ao sul do aeroporto de Dallas. O estabelecimento não estava mantendo o nível de preços esperado. Inspeções mostraram diversas deficiências, e a receita estava 1 milhão de dólares abaixo da previsão.

Apesar de todos os sinais de que alguma coisa estava errada, a causa não era evidente. A opinião geral era de que se tratava de um bom hotel. O gerente era bastante respeitado, alguns dizem até que era "adorado" pelo pessoal. O prédio tinha apenas quatro anos e estava estrategicamente localizado, dadas as distâncias, típicas do Texas, em torno do Aeroporto Internacional Dallas/Forth Worth. Além disso, era um Marriott, uma bandeira – como a marca de um hotel é chamada no setor – de primeira linha.

A Winegardner & Hammons, Inc. (WHI), a empresa com sede em Cincinnati que administra esse Marriott e outros 30 hotéis nos Estados Unidos, decidiu que precisava de um gerente especializado em fazer os funcionários atenderem às expectativas. A empresa encontrou a pessoa certa a apenas 44 quilômetros de distância, administrando o Holiday Inn Forth Worth North, outra propriedade da WHI na época, e a convocou em agosto de 2003 para identificar e corrigir o que estava errado.

Nancy Sorrells foi recrutada para a tarefa por Kent Bruggeman, vice-presidente sênior de recursos humanos que já havia ocupado o cargo de gerente-geral. Em visita ao Holiday Inn, ele participou de uma reunião com a equipe do hotel que o deixou impressionado a ponto de "quase chorar". "Cada supervisor conhecia todas as suas metas e sabia o que fazer para atingi-las", contou Bruggeman. Ele precisava da mesma clareza de expectativas no Dallas/Forth Worth Marriott.

"O hotel para o qual você vai está misteriosamente arruinado", disse ele a Nancy. "Você anda por ele e não vê nada de errado, nenhum motivo para estar daquele jeito. Não sei qual é o problema, mas você vai levar mais de um ou dois dias para resolvê-lo."

Intensamente motivada, Nancy admitiu ter sido otimista demais quanto à rapidez com que conseguiria fazer o estabelecimento dar a volta por cima. Ela se viu cercada de céticos. A maneira como foi recebida não foi nada calorosa. Um funcionário comentou com outro, em tom de gozação, após o primeiro encontro com a nova gerente, que mede apenas 1,60m, que achava que ela seria mais alta. Muitos a olhavam com ar de superioridade, por ela ter vindo de um Holiday Inn, uma bandeira de menos prestígio na hierarquia do setor hoteleiro.

"Aquilo foi bem assustador para ela", disse Julie Faver, a diretora financeira do hotel. "As pessoas começaram a criticá-la. Não se sentiam confortáveis porque não sabiam que rumo estavam seguindo. Obviamente, tinham uma nova gerente e houve muito tumulto, e faltava a muitos funcionários uma atitude prestativa de serviço ao hóspede."

Nancy começou a sondar um a um os funcionários do hotel, procurando aqueles que ela poderia persuadir a compartilhar sua visão. Precisando de mais apoio, contratou para ajudá-la novos gerentes que tinham uma mentalidade parecida com a sua. E começou a revogar o que lhe pareciam ideias contraproducentes.

"Tínhamos incentivos de mais para as pessoas fazerem tarefas rotineiras", disse ela. O hotel caíra na armadilha de pagar às pessoas por seguirem um processo, e não por atingirem os resultados certos. Os pagamentos abrangiam desde os funcionários da recepção até os motoristas e garçons. Combinados, esses pagamentos constituíam um "sistema de remuneração secundário" que desviava as pessoas dos objetivos corretos, segundo disse Bruggeman.

Em vez de pequenas recompensas pautadas nos processos, Nancy estabeleceu a oferta de recompensas permanente da WHI com base no resultado – bônus aos supervisores pelo desempenho financeiro do hotel. Ninguém mordeu a isca. "As pessoas estavam jogando aquilo contra mim, dizendo: 'Você só pode estar brincando. Nós nunca fizemos orçamento!'"

Essas mudanças não melhoraram em nada sua popularidade entre a equipe. "Eles pensavam: 'Aí vem a Bruxa Malvada do Oeste para me depenar'", observou ela.

Seja por causa do estilo da nova gerente – ela admitiu que é melhor em corrigir do que em reconhecer –, ou de uma arraigada cultura de mediocridade ou das duas coisas, Nancy contou com apenas uns poucos aliados-chave durante seus primeiros meses no Marriott. Aquilo a isolava profissional e pessoalmente. "Um mês depois de ter chegado, eu me aproximava das pessoas e elas paravam de conversar", contou Nancy. "Eu pensava: 'Será que vocês não entendem que vim para ajudar?'" Seu plano não estava funcionando.

No fundo do poço, um dos chefes de departamento mais antigos a confrontou: "Eu gostaria de segui-la, mas não sei aonde você está indo."

Na luta para organizar a equipe em torno das metas certas, a gerente do hotel enfrentou o desafio mais básico, mas às vezes mais difícil, de um supervisor: descobrir como combinar os esforços individuais para obter o máximo resultado acumulado. Em sua clássica explicação sobre a economia de livre mercado, *A riqueza das nações*, Adam Smith descreve como separar a fabricação simples de alfinetes em várias tarefas distintas aumenta consideravelmente a produção "em consequência de uma divisão e uma combinação apropriadas de suas diferentes operações". Se "um homem esticar o arame de aço, outro endireitá-lo, um terceiro cortá-lo, um quarto fizer a ponta, um quinto amolá-lo no topo para receber a cabeça" e assim por diante, a equipe produzirá 200 vezes mais alfinetes do que se cada homem trabalhasse de forma "separada e independente".[1] Mesmo para uma ideia tão simples como essa, encontrar a melhor maneira de coordenar o trabalho em uma equipe é algo que tem confundido os gerentes através dos séculos.

Já que a eficiência de uma empresa depende em grande parte da combinação perfeita das responsabilidades individuais, o primeiro elemento da gestão de excelência é a clareza do trabalho. Quando os pesquisadores da Gallup saíram em busca das questões mais preditivas do desempenho, uma das mais diretas se revelou uma das mais poderosas: "Sei o que esperam de mim no meu trabalho." Grupos com pontuação alta nesse quesito são mais produtivos, mais rentáveis e até mais criativos. Vantagens substanciais só no primeiro elemento geralmente correspondem a uma produtividade de 5 a 10% maior, milhares de clientes mais satisfeitos e de 10 a 20% menos acidentes de trabalho.

Uma usina elétrica pede que seus funcionários deem ideias de redução de custos, como nas caixas de sugestões de muitas empresas. Das ideias implementadas, a sugestão típica dos funcionários menos comprometidos poupa à empresa 4 mil dólares, enquanto a dos funcionários mais empenhados resulta numa economia de 11 mil dólares. Fica claro que o pessoal mais comprometido se esforça mais para encontrar uma solução que ajude a empresa. Dos 12 elementos, o funcionário saber o que se espera dele é o que desempenha o maior papel na geração de estratégias de redução de custos.

Para um gerente que tenta obter respostas positivas de sua equipe, o primeiro elemento é o mais simples dos 12 – mas mesmo assim não é tão fácil. Em média, apenas cerca de metade dos funcionários do banco de dados internacional "concorda fortemente" com a afirmação de que sabem o que se espera deles.[2] Mesmo em funções bem definidas, como pessoal de segurança, vendas, motoristas de caminhão, enfermeiras ou pessoal de produção, os números não impressionam, indo de apenas pouco mais da metade a dois terços. E o resultado cai para um terço em empregos científicos, técnicos e de informática. É incrivelmente comum encontrar indivíduos com salários altos que confessam: "Realmente não sei o que esperam que eu faça aqui."

A maior armadilha desse primeiro elemento é que os gerentes presumem que a simplicidade da afirmação significa que a questão requer apenas uma solução igualmente simples: "Se as pessoas não sabem o que esperamos delas, vamos simplesmente lhes dizer." É como turistas que, sem conhecer o idioma local, falam em sua própria língua, só que mais devagar e mais alto. E é igualmente ineficaz.

"Saber o que se espera é mais do que entender uma lista de atribuições. É uma compreensão detalhada de como o que uma pessoa deve fazer se encaixa naquilo que todos os outros devem fazer, e de como essas expectativas mudam quando as circunstâncias mudam. Há quem diga que uma boa equipe é como uma boa banda de jazz em que cada músico ouve os outros instrumentos enquanto toca o seu. Quanto mais prestarem atenção ao restante da banda e avançarem na música, melhor o resultado."[3]

Um exemplo contrastante surgiu vários anos atrás, quando um grupo de gerentes de uma empresa da Fortune 500 – a relação das 500 melhores empresas elaboradas pela revista *Fortune* – estava começando vários dias de treinamento coletivo. "Enquanto percorremos a sala", disse o mediador, "gostaria que vocês se apresentassem, informassem seus cargos e como seu trabalho contribui para o lucro da empresa." Havia 25 gerentes na sala. Apenas cinco conseguiram fazer uma correlação convincente entre suas tarefas e rentabilidade. Se fossem uma banda de jazz teriam soado como um grupo iniciante de colégio, cheio de cacofonias e se perdendo na partitura.

As empresas de sucesso se tornam inchadas e complacentes, criando tantos níveis de gerência e tamanha distância da linha de frente que o primeiro elemento fica prejudicado entre os gerentes médios. Os executivos em particular precisam se perguntar constantemente se cada pessoa na hierarquia da organização possui um conjunto de responsabilidades essenciais e bem integradas que beneficiem a empresa. Infelizmente, essas perguntas só costumam ser formuladas quando é preciso reduzir custos, como aconteceu um ano depois com os gerentes daquele treinamento. Após anos de valor duvidoso para a empresa, muitos enfim receberam o bilhete azul.

Em 1776, Adam Smith aprendeu sobre o trabalho de equipe observando fabricantes de alfinetes. Atualmente, algumas das lições mais fascinantes sobre colaboração vêm dos conveses de porta-aviões, de times profissionais de basquete e de centros cirúrgicos.

Poucos ambientes representam a clareza de expectativas como o convés de voo de um porta-aviões nuclear da Marinha americana. Algo no constante risco de morte ajuda a manter a mente focada e leva a um tipo singular de trabalho de equipe do qual organizações com grau de risco menor poderiam extrair uma lição. Os 12 maiores porta-aviões americanos têm mais de 300 metros de comprimento, pesam ao menos 73 mil toneladas, carregam 5 mil marinheiros e permitem a decolagem e aterrissagem de 80 ou mais aviões variando de helicópteros e aviões radares de alerta precoce a aviões de caça. Apesar de todo o seu tamanho, os conveses de voo são, na verdade, limitados demais para decolagens normais. Somente pela combinação da velocidade do próprio navio se movimentando para a frente, da plena potência dos motores dos caças e de uma catapulta a vapor engatada ao avião ele consegue decolar. Um caça vai de 0 a 240 quilômetros por hora e levanta voo em dois segundos.[4] Ou, se alguma coisa der errado, cai no mar enquanto o piloto tenta se ejetar.

A volta ao navio não é mais fácil. Um caça não consegue aterrissar normalmente no espaço de 90 metros de convés designado para o pouso. Em vez disso, o piloto precisa fazer uma "queda controlada", soltando um gancho traseiro sobre um dos quatro cabos estendidos na pista a fim de deter o avião. Para não cair na água caso o gancho não atinja um cabo, ele precisa acionar o manete durante a aterrissagem, pronto para decolar de novo e fazer uma nova tentativa. Desde meados da década de 1950, os conveses de aterrissagem dos porta-aviões foram inclinados a 10 graus a bombordo para tornar essas fugas mais seguras, mas isso só complica o trabalho do piloto, exigindo que ele corrija constantemente a descida à medida que o porta-aviões se move para a direita.[5]

"Então você quer entender um porta-aviões?", perguntou um oficial. "Bem, imagine que, num dia movimentado, você encolhe o Aeroporto de São Francisco para uma única pista de decolagem pequena, uma rampa e um portão de embarque. Faça os aviões decolarem e aterrissarem ao mesmo tempo, na metade do intervalo de tempo atual, balance a pista de um lado para o outro e exija que todos os que partirem de manhã retornem no mesmo dia. Aproxime o equipamento da capacidade operacional máxima até ficar frágil. Depois desligue o radar para evitar que a aeronave seja detectada, imponha controles rigorosos aos rádios, abasteça os aviões na pista com os motores ligados, ponha um inimigo no ar e espalhe bombas e mísseis em volta. Agora enxarque tudo com água do mar e óleo e recrute jovens de 20 anos, metade dos quais jamais viu um avião de perto. E, a propósito, tente não matar ninguém."[6]

Os riscos são tão incalculáveis quanto desagradáveis. Um vídeo de treinamento da Marinha mostra um operador de catapulta se aproximando de um ruidoso Prowler EA-6B (um avião interferidor de radar) com seus motores a pleno vapor, pronto para decolar. Um marinheiro aproxima-se demais de uma das tomadas de ar do jato e é sugado pelo motor.[7] As hélices de um avião de carga são difíceis de ser vistas à luz do dia e invisíveis à noite. A exaustão de um jato pode queimar um homem ou lançá-lo ao mar. Se um dos cabos de retenção se soltar, açoitará o convés, retalhando qualquer coisa ou pessoa que estiver no seu caminho. Todos os homens no convés correm o risco de ser atingidos pela chegada de um avião descontrolado. Bombas e mísseis multiplicam o perigo.

Apesar de todos os riscos, acidentes em conveses de voo são surpreendentemente raros. Os cientistas sociais consideram o convés de um porta-aviões uma "organização altamente confiável", porque tantas coisas podem dar errado, mas raramente dão. "Quem realiza alguma atividade arriscada repetidamente sem incidentes é altamente confiável", escreveu um trio de pesquisadores que escolheu dar uma atenção especial aos porta-aviões. "As organizações altamente confiáveis devem funcionar num ritmo acelerado por longos períodos e manter a capacidade de fazê-lo repetidamente."[8] Muitas das razões para que essas organizações funcionem tão bem giram em torno do fato de que cada pessoa sabe o que se espera dela e entende como as suas tarefas complementam o trabalho do restante da equipe.

A necessidade de evitar a confusão em torno das funções num ambiente dinâmico e perigoso levou a Marinha a criar, há pelo menos 70 anos, um sistema de camisas coloridas no convés de voo. Atualmente são usadas sete cores: roxo para quem cuida do abastecimento das aeronaves; azul para controle dos aviões e operação de seus elevadores; vermelho para armamento; marrom para capitães de aviões de unidades Air Wing; branco para oficiais sinalizadores de pouso e controladores de segurança de voo; verde para os homens que trabalham com catapultas e engrenagens de retenção;[9] e amarelo para os diretores de aviação, a posição mais cobiçada pelo pessoal alistado, que são os que têm a responsabilidade final por tudo o que acontece na "mais perigosa linha de voo de 16 mil metros quadrados do mundo".[10]

Seguindo as instruções do diretor de aviação, os homens utilizam fones de ouvido e sinais manuais para coordenar o trabalho de todos os membros da equipe. O vocabulário gestual inclui mais de 100 sinais. O aspecto mais espantoso das equipes nos conveses dos porta-aviões não é que cada marinheiro faz bem o seu serviço, mas que, sob pressão, a equipe inteira funciona como uma só entidade, cada membro fazendo ajustes com base no que sabe que os outros farão ou se comunicando de forma eficiente para assegurar o sincronismo de tudo. "A tripulação age como uma equipe, cada um observando o que os outros estão fazendo e todos se comunicando constantemente por telefones, rádios, sinais manuais e detalhes por escrito. Esse fluxo contínuo de informações ajuda a sinalizar os erros antes que tenham causado qualquer dano", consta de um relato.[11]

Os homens num porta-aviões comparam a harmonia entre eles à de um balé ou uma orquestra sinfônica. Os sociólogos têm várias denominações para esse fenômeno: "interrelacionamento atento", "elasticidade cooperativa", "cognição distributiva" ou "mente coletiva". No fim das contas, todos esses termos se referem à diferença entre cada funcionário saber executar sua tarefa individual e fazer isso em harmonia com os outros, de modo que a equipe alcance o objetivo maior. Essa visão abrangente de saber o que se espera é o que cria um verdadeiro trabalho de equipe. Trata-se do primeiro elemento em ação.

A gerência se vê tentada a acreditar que, se cada pessoa tiver o nível de talento certo, a equipe certamente terá um desempenho superior. Claro que o talento importa, tanto que figura fortemente como um dos 12 elementos, com uma relação tangencial com outros quatro. Mas os indicadores de diferentes setores mostram que o talento sozinho não dá conta do recado, mesmo nos tipos de empreendimentos normalmente associados a desempenhos brilhantes e estatísticas individuais.

Vejamos o que o basquete profissional pode nos ensinar. Como o supervisor de qualquer grupo de trabalho comum, os técnicos de basquete precisam lidar com as questões de dirigir o trabalho em si, evitar a evasão dos jogadores talentosos, elogiar, desenvolver e motivar. Além de mais divertido de assistir do que reuniões de departamento de marketing ou sobre estratégias executivas, um jogo de basquete cumpre rigorosamente o horário e a pontuação é mais exata do que a de qualquer empreendimento tradicional. Do ponto de vista de um especialista em estatísticas empresariais, a NBA (a associação nacional de basquete americana) é um laboratório perfeito para se estudar o trabalho de equipe como um todo e não apenas no time de basquete.

Tendo lido a pesquisa sobre os porta-aviões e querendo ampliar suas descobertas, três professores de administração mergulharam nas estatísticas da NBA para ver se, acima e além do talento individual, o fato de jogar junta, com o passar do tempo, aumentava o desempenho da equipe. Os professores analisaram dados de 23 times da NBA, de 1980 a 1994. Com certeza, quanto maior a estabilidade de um time escalado – quanto menor a rotatividade de seus jogadores –, melhor ele jogava.

Quando um jogador ingressa no time, aprende a realizar várias jogadas, porque as táticas são esboçadas no quadro-negro do treinador. A estratégia geral – como as jogadas devem ser armadas e quais as posições dos jogadores contra o time adversário – pode ser observada e explicada na prática. Os pesquisadores chamam isso de "conhecimento explícito". Mas como qualquer fã de basquete sabe, desenhar Xs e Os é uma coisa, fazer aquilo acontecer na quadra é bem diferente e requer mais do que o conhecimento, por cada jogador, de sua função isolada. Uma melhor atuação da equipe também depende de os jogadores aprenderem centenas de nuances e padrões na forma de seus colegas jogarem. O basquete, segundo um comentarista, é um "esporte de química".[12] Esse "conhecimento tácito", a percepção atenta do estilo dos colegas, "não pode ser ensinado pela leitura de manuais ou em palestras; tem de ser aprendido pela experiência", escreveram os pesquisadores.[13] "É só jogando juntos – com a experiência cumulativa dos jogos – que os membros do time adquirem conhecimento tácito sobre a forma de jogar dos colegas, o que promove tal sincronicidade."[14]

Em 2005, os professores Robert S. Huckman e Gary P. Pisano levaram a ideia um passo adiante, investigando a influência de uma equipe cirúrgica sobre o sucesso de médicos cardiologistas. A habilidade de um cirurgião cardíaco costumava ser considerada plenamente "portável", baseada apenas em suas habilidades e, portanto, igualmente eficaz onde quer que ele operasse. Os professores decidiram testar essa premissa depois de descobrirem que o estado da Pensilvânia mantinha registros de todas as cirurgias de ponte de safena realizadas ali entre 1994 e 1995. Os dados cobriam 38.577 procedimentos realizados por 203 cirurgiões, em 43 hospitais. Considerando-se que os cirurgiões cardíacos costumam dividir seu tempo entre dois ou mais hospitais, seu sucesso seria diferente em hospitais onde passassem menos tempo? Assim como os jogadores de basquete, seu desempenho melhoraria com uma equipe e numa "quadra" com que estão acostumados?

Medir o desempenho dos médicos é um tanto complicado, porém possível. Requer uma estatística chamada "mortalidade ajustada pelo risco". A mortalidade ajustada pelo risco leva em conta idade, sexo, hipertensão, ataques cardíacos, insuficiência renal e outras variáveis associadas a pacientes específicos. A combinação desses fatores com o resultado do paciente permite uma comparação de igual para igual dos provedores de cuidados de saúde. "Esse resultado (...) se caracteriza por uma variação entre médicos e hospitais suficiente para se tornar uma dimensão significativa para a avaliação do desempenho", escreveram os professores.[15] Essa é a maneira de os pesquisadores dizerem que, em condições normais, você poderia viver ou morrer dependendo de como o médico e a equipe de cirurgia realizam seu trabalho. "Dimensão significativa" realmente!

Embora a matemática empregada na análise seja complicada, as conclusões são de fácil compreensão. Os mesmos médicos têm melhor desempenho nos hospitais onde realizam a maioria das cirurgias do que naqueles onde só operam ocasionalmente. "Encontramos um grau considerável de especificidade firme no desempenho do cirurgião", escreveram os professores. "Mais precisamente, a maior experiência de um cirurgião em determinado hospital se correlaciona com a mortalidade ajustada pelo risco significativamente menor para aquele par cirurgião-hospital. Porém, a experiência do cirurgião não melhora muito seu desempenho em *outros* hospitais, o que indica que a habilidade do cirurgião não é independente do local onde ele trabalha."[16] O médico não consegue manter a menor mortalidade ajustada pelo risco nos locais onde trabalha em tempo parcial, porque, de acordo com os dados, as cirurgias de ponte de safena são também uma atividade de química.

Como isso é possível? Pelos mesmos motivos por que aterrissar num porta-aviões requer mais do que o piloto e vencer um jogo de basquete requer mais do que um "astro no ataque". O trabalho de equipe importa. "Os efeitos benéficos do conhecimento tácito acumulado dentro de uma organização talvez não sejam plenamente transferíveis para outra", escreveu a dupla de Harvard. Um cirurgião no seu hospital principal "pode saber que as enfermeiras do centro cirúrgico não costumam falar sobre possíveis problemas durante uma intervenção, mas que, quando dão um alarme, é sinal de que há um problema muito grave", sugeriram os pesquisadores. "O cirurgião também pode se acostumar às diferentes práticas profissionais do anestesista com quem opera ou adquirir uma noção de quais residentes pode consultar para obter informações rápidas e confiáveis sobre um de seus pacientes em recuperação. Pode-se imaginar que tal familiaridade ajuda no desempenho do médico." Do outro lado da cidade, num hospital onde trabalhe apenas ocasionalmente, a falta dessa orquestração poderia prejudicar seu desempenho.[17]

O estudo de equipes cardíacas está de acordo com as estatísticas de mortalidade ajustada ao risco que os pesquisadores da Gallup analisaram num grande grupo de hospitais. Um indicador significativo para a sobrevivência ou a morte de um paciente em um dos 152 estabelecimentos foi o nível de comprometimento dos funcionários que cuidavam dele. Os estabelecimentos foram divididos em quatro grupos com base nas respostas dos funcionários ao primeiro elemento. As "complicações evitáveis" e as "mortes evitáveis", ambas ajustadas ao risco, foram, respectivamente, 12% e 21% maiores nas unidades do último quartil em comparação às do primeiro quartil, no qual os funcionários são mais comprometidos.[18]

Ninguém estava sendo submetido a uma cirurgia cardíaca no Marriott Hotel ao sul do aeroporto de Dallas. Eles também não estavam jogando basquete e ninguém iria aterrissar com um caça no estacionamento. Mas Nancy Sorrells precisava do tipo de expectativas claras e trabalho de equipe que fazem todos esses empreendimentos serem bem-sucedidos. Administrar um bom hotel também é uma atividade de química.

Nancy concluiu que precisava reavaliar sua comunicação com a equipe gerencial. "Eu assumi a responsabilidade. Se eles não sabem para onde estou indo, não fui clara o suficiente."

Ela convocou uma reunião com os supervisores de todos os 14 departamentos. Durante o encontro, foi firme quanto à necessidade de melhorar as finanças e sua autoridade para supervisionar a transição. "Estamos numa balsa salva-vidas", disse ela. "Enquanto eu estiver ditando o ritmo, teremos que nos mover nessa direção."

A conversa da gerente com os funcionários girou em torno dos cinco aspectos da missão do hotel: criar uma ótima experiência para os hóspedes, uma ótima experiência de trabalho para os funcionários, a rentabilidade do estabelecimento, a qualidade dos produtos dentro do hotel e o crescimento da empresa. Se um produto ou processo não influenciasse uma dessas metas, provavelmente não era importante. Alguns funcionários resistiram e, nesses casos, mudaram de emprego ou foram despedidos. Por exemplo, "tínhamos alguém na limpeza que não deveria lidar com pessoas, muito menos supervisioná-las", declarou Nancy.

Apesar de toda a sua autoridade, os funcionários notaram que ela se tornou um pouco mais acessível nessa época, enquanto eles se esforçavam mais para corresponder às expectativas mais elevadas. "No início, ela foi bastante agressiva e direta: 'Não há nada de absurdo nisso e é assim que vamos agir'", contou Shannon Small, auxiliar administrativa de vendas. "Muitas pessoas ficaram na defensiva: 'Esta é a minha propriedade, este é o meu hotel e é aqui que trabalho.'"

No fim, os dois lados relaxaram. "Levou algum tempo até que o pessoal quebrasse o gelo", relatou Brandon Overby, supervisor de serviço aos hóspedes. Shannon acrescentou: "Todos nós meio que abrimos as nossas mentes, e Nancy também. Estava óbvio para mim que a ideia era: 'O.k., vocês abrem as suas mentes quanto à maneira de ver as coisas, e eu abrirei a minha. Vamos trabalhar juntos.' E tudo se resolveu."

À medida que foi se familiarizando com a nova gerente, a equipe de Nancy percebeu que ela era excepcionalmente esforçada e dedicada à missão que adotara. Ela ouvia fitas de um curso de espanhol para se comunicar melhor com o pessoal da limpeza e manutenção, de origem predominantemente hispânica. "Ela tem filhos pequenos, mas chegou às 6 da manhã uns dois meses seguidos porque queria descobrir por que a avaliação do restaurante estava piorando", contou Overby. E apesar dos vários desafios, Nancy manteve a calma. Ela era firme, mas sempre justa e nunca grosseira.

Depois que Nancy e sua equipe fizeram as pazes, ainda havia muito trabalho a ser feito, a maior parte dele cheia de detalhes. Lâmpadas queimam. Mesas ficam arranhadas. Cadeiras ficam bambas. O ladrilho no saguão racha. "É preciso ser exigente. Senão, as pequenas falhas se tornam aceitáveis", contou Mike Cosse, subgerente.

"Começamos pelo básico: chegar pontualmente, entrar, executar as tarefas fundamentais", disse Terry Hogg, supervisor de manutenção. "Depois, nas nossas reuniões de equipe seguintes, apresentávamos algumas outras expectativas. As mesmas metas eram sempre fixadas, mas as expectativas cresciam a cada mês."

Os funcionários do DFW Marriott South conseguem recitar uma ladainha de detalhes esperados do grupo: sair de trás do balcão de recepção para entregar as chaves aos hóspedes de forma mais pessoal. Não indicar o elevador ao hóspede, e sim conduzi-lo até lá. Não deixar o chuveiro aberto enquanto limpa o boxe, nem as luzes acesas num quarto vazio. Quando algo está quebrado ou desgastado, preencher um relatório de manutenção. Recolher o lixo dentro e em torno do hotel, retirar na recepção as chaves dos escritórios administrativos de manhã e devolvê-las ao fim do expediente – sem exceções.

Essa atenção aos detalhes ajudou o hotel a melhorar um de seus resultados básicos da inspeção, de 59% um mês após a chegada de Sorrells para 95% cinco meses mais tarde. A tabuleta sobre a escada que leva aos escritórios lembra a todos que passam por lá que "Você só obtém o que inspeciona, não o que espera".

É mais difícil delinear as expectativas para criar uma experiência excepcional para os hóspedes. Isso também dependia de mudar a meta: em vez de apenas "executar um processo", o objetivo deveria ser "alcançar um resultado". Nancy procurou ampliar as definições que os funcionários tinham de suas atribuições. Por exemplo, funcionários do balcão de recepção deviam pensar não só em entregar as chaves dos quartos e passar cartões de crédito pela máquina, mas também em fazer tudo o que fosse preciso para cada hóspede em particular. "Minha função é acomodar os hóspedes, tratá-los como se fossem eu", disse Bryana Nealy, uma representante de serviços aos hóspedes. "E não se trata apenas do que você faz, mas de como você faz."

Os supervisores alternam as suas atribuições para realizar o que se denomina "dever no mármore": passar várias horas, nos intervalos de maior movimento no saguão do hotel, procurando oportunidades de ajudar os hóspedes. (Por consentimento e imposição mútuos, se alguém falta ao seu dever, pega os três turnos seguintes.) Eles oferecem café às pessoas que aguardam na recepção, dão orientações, ajudam com a bagagem ou entram em ação quando muitos hóspedes chegam ao mesmo tempo.

Questionados sobre quando realmente brilham como uma equipe, os funcionários do Marriott falam sobre "passageiros aflitos". Devido à proximidade do aeroporto, o hotel é um dos lugares para onde as companhias aéreas enviam os passageiros que estão retidos em Dallas, impedidos de embarcar por causa do mau tempo. Aqueles que despacharam suas bagagens podem estar sem artigos de toalete, pijama ou roupas extras.

"Imagine só (a chegada de) 175 pessoas que você não esperava", contou Faver. "Elas chegam juntas porque vêm de ônibus. Todas fazem o check-in ao mesmo tempo. Todas tendem a sentir fome na mesma hora também." Em vez de permanecerem em suas respectivas áreas, os funcionários têm de se concentrar primeiro na recepção, depois no restaurante, depois em fornecer kits com itens essenciais, como escovas de dente e pentes, à medida que a onda de hóspedes se acomoda.

Em outras ocasiões, a emergência envolverá apenas poucos hóspedes ou mesmo um único, como o presidente de uma empresa que ia receber um prêmio diante de 2 mil pessoas. Ele tinha se esquecido de pôr uma gravata na mala, e sua esposa estava em pânico tentando ajudá-lo. Quando ficou claro que não dava tempo de ir até uma loja e voltar, "simplesmente tirei minha gravata e entreguei a ela", contou Overby. "O executivo enviou a gravata de volta com uma carta de agradecimento radiante. "Quando você lê uma carta dessas, fica todo arrepiado", disse ele.

"Eu soube que o hotel estava se recuperando quando os funcionários começaram a me procurar para contar suas realizações e quando os cartões de comentários dos hóspedes passaram a citar os nomes deles", diz Nancy.

Nancy é um tanto perfeccionista, e isso poderia não ser tão bem-aceito pelos funcionários se sua meticulosidade não tivesse se estendido aos bastidores. "Estamos prestando mais atenção à qualidade da comida, à limpeza da área de descanso e dos banheiros dos funcionários, aos quais também estamos acrescentando algumas comodidades – tapetes e flores e outras coisas desse tipo –, para mostrar que nos importamos com eles também", disse Hogg. "Não estamos apenas pedindo que arregacem as mangas e agradem os hóspedes. Dedicamos aos toaletes dos fundos a mesma quantidade de tempo e esforço dedicada aos toaletes da frente."

À medida que os funcionários passaram a se orgulhar por atingir padrões mais elevados e a conhecer Nancy melhor, o comprometimento deles deu um salto, do 25º lugar entre os 31 hotéis da WHI para o 6º lugar. O comprometimento geral da equipe do hotel superou o de 90% dos outros grupos de trabalho do banco de dados da Gallup e, quando se considera só o primeiro elemento, o nível de comprometimento quase atingiu 90%.

O panorama financeiro também melhorou. Depois da melhoria do comprometimento, o hotel conseguiu manter uma diária média de 125 dólares. "Aumentamos a diária e nos mantivemos firmes", disse Small, o diretor de vendas. "Quando cheguei aqui, tínhamos o dobro de descontos. Durante 2004, tive que reexaminar os registros contábeis, por causa do excesso de descontos." Quando Nancy assumiu o controle, a receita do hotel estava cerca de 1,5 milhão de dólares abaixo da previsão; desde então, as vendas melhoraram tanto que o hotel ultrapassou a previsão em 500 mil dólares.

Embora seja exigente, Nancy está profundamente comprometida com o sucesso de sua equipe. Ela se emociona quando fala sobre suas realizações, como a nomeação de Faver a "Gerente de Receita do Ano" da WHI. "Quero que eles experimentem essa sensação", disse ela. "Gerente de Receita do Ano! É demais!"

"Ela está realmente voltada para os interesses dos clientes e dos funcionários", declarou Overby.

Pouco depois das melhorias no seu hotel, a própria Nancy obteve um reconhecimento inesperado na conferência global de gerentes do Marriott. "Basicamente estava relaxada porque vinha apenas assistindo ao espetáculo", disse. "De repente, percebi que estavam falando do meu hotel." Ela foi convidada a subir ao palco para receber o "Prêmio de Liderança Global" pelas várias realizações, motivadas pelo comprometimento dos funcionários do DFW Marriott South.

Nancy também observou algo diferente nas festas de fim de ano, quando dezenas de cartões chegaram à sua casa. "Agora ela recebe cartões de Natal de todo mundo", comenta Overby. "Nós brincamos com ela. Certa vez ela me falou: 'Não recebi nenhum cartão naquele primeiro ano.' Eu respondi: 'Ninguém gostava de você naquela época.'"

O SEGUNDO ELEMENTO

Materiais e equipamentos

Dia e noite, o ano inteiro, mais de 100 mil quilos de vidro fundido brilham com tanto calor e intensidade no forno de Rio Claro, Brasil, que não podem ser observados com os olhos desprotegidos e nem é possível se aproximar muito sem que a pessoa se queime. Através das lentes escuras de uma máscara de proteção especial, pode-se ver rapidamente por uma pequena fresta o que parece lava num vulcão artificial.

A um volume de várias toneladas por hora, matérias-primas incluindo dolomita, alumínio, caulim e carbonato de sódio são alimentadas no topo do forno, enquanto uma quantidade igual de vidro líquido a 1.600 graus Celsius flui para fora do tanque em um rio incandescente que corre sobre as "estações de conformação" próximas. Em frações de segundo, o vidro percorre milhares de pequenos orifícios, passa de quente a frio, de turbulento a delicado, e é enrolado em grandes cilindros do produto final: fibra de vidro.

"Estou aqui há 15 anos e continuo me impressionando com nosso processo", disse o operário José Duil dos Santos. "Não é todo dia que se vê uma coisa assim."

Dados os riscos existentes dentro da fábrica de fibra de vidro da Owens Corning, a 172 quilômetros de São Paulo, não é de surpreender que haja tanta preocupação quanto a materiais e equipamentos necessários para tornar o trabalho seguro, confortável e produtivo. Mas o espírito de colaboração dos funcionários e a prática de refinar as ferramentas dentro da "Fibra de Vidro", como os moradores locais chamam a fábrica, é um modelo para equipes que trabalham sob condições menos penosas.

Apesar dos vários outros produtos vendidos, que agora constituem a maior parte de sua receita, a Owens Corning foi criada em decorrência da invenção e produção da fibra de vidro. Em 1932, Dale Kleist, pesquisador da Owens-Illinois, apontou sem querer um jato de ar comprimido para um fluxo de vidro fundido. O material vaporizado se esticou, formando fibras finas, uma descoberta sensacional. A Corning Incorporated vinha seguindo uma linha de pesquisa semelhante. Em 1938, as empresas juntaram suas forças para formar a Owens Corning Fiberglass Corporation, famosa nos Estados Unidos por seus isolantes para construções, de marca registrada, em embalagens cor-de-rosa. A subsidiária brasileira, Owens Corning Fiberglas A.S. Ltda., ainda mantém a designação "Fiberglass", que a matriz suprimiu em 1996.

A fábrica de Rio Claro produz fibra de vidro desde 1971. O processo básico não se alterou muito, porque os processos químicos e físicos para criar os filamentos continuam os mesmos. A gravidade, uma corrente de ar e a porção do filamento já endurecida puxam um fino fio de cada um dos 2.400 pequenos orifícios sob o canal de vidro quente e líquido. Uma borrifada de água resfria os filamentos, e um cilindro umedecido com produtos químicos transforma o vidro frágil em fibra de vidro flexível.

Embora a essência do processo não tenha mudado, diversos detalhes melhoraram, muitas vezes por sugestão dos funcionários. "Quem sabe do que precisa é quem faz o trabalho", disse Enio Wetten, um veterano que trabalha na fábrica há 27 anos e é o modesto líder do núcleo da operação. Wetten supervisiona um grupo de 10 gerentes e 70 funcionários que mantêm o forno em funcionamento 24 horas por dia. "Tudo aqui depende do forno", explicou. Outras partes da fábrica, como o maquinário que transforma os filamentos em tecido de fibra de vidro, podem fazer pausas para eventos tão importantes como um problema no maquinário ou tão simples como o intervalo para almoço. Mas o forno é difícil demais de religar depois de parado, por isso funciona ininterruptamente.

Como em qualquer unidade de negócios, as sugestões de melhorias em Rio Claro cobrem um amplo espectro, das facilmente implementáveis, como óculos de segurança maiores, a grandes melhorias de capital cuja implementação leva anos ou pode nunca ocorrer. Todas dizem respeito ao segundo elemento da gestão de excelência: assegurar que os funcionários tenham os materiais e equipamentos necessários para realizar seu trabalho corretamente. A importância desse elemento é mais fácil de ilustrar pelo seu inverso. Quando os funcionários carecem dos meios para realizar bem o trabalho, logo ficam frustrados e com raiva da empresa por colocá-los numa situação tão difícil.

Suprir apropriadamente os funcionários beneficia a empresa de duas maneiras. De uma perspectiva puramente funcional, dispor das ferramentas adequadas torna o trabalho mais seguro, mais fácil e mais produtivo. "A primeira coisa em que pensamos é na segurança", diz Wetten. "Sempre nos perguntamos: 'Quais são os riscos?' Trabalhamos com altas temperaturas. Usamos produtos altamente inflamáveis, como gasolina. Trabalhamos com oxigênio. Nosso equipamento precisa ser o melhor possível."

Igualmente importante, a percepção dos funcionários de que a empresa o apoia, oferecendo-lhe os equipamentos que deseja e dos quais precisa, é um forte motivador psicológico. "Esta é uma empresa focada no seu pessoal, que me faz ter confiança no meu trabalho", diz Santos.

Vejamos o caso das luvas usadas pelos operários de Rio Claro que reparam as interrupções no fluxo de filamentos através das estações de conformação até os cilindros no andar inferior. Sem luvas, eles correm o risco de ter as mãos perfuradas por pequenos fragmentos soltos pelas fibras em queda rápida. Com luvas, fica mais difícil sentir os filamentos, que têm apenas entre 10 e 15 mícrons de espessura, quase o mesmo que um fio de cabelo.

"As primeiras luvas de que dispúnhamos eram desconfortáveis, e o departamento de segurança providenciou luvas de que gostamos", disse Rogério Nodari, um desses operários. "Preciso tanto sentir os filamentos quanto me sentir seguro. São pequenas medidas como essa que fazem uma diferença enorme para nós." Santos, que vem testando um novo tipo de luva, concorda. "As luvas nos permitem fazer melhor nosso trabalho, sem medo de ferir as mãos."

Esses operários carregam uma pequena ferramenta de metal vermelha parecida com um pente, usada para separar as fibras enquanto reparam as interrupções. Dispor de um pente do tamanho adequado, com a distância certa entre os dentes, facilita o serviço. "Estamos sempre testando pentes diferentes", disse Wetten.

Um equilíbrio semelhante foi necessário na varinha usada para soprar ar nos orifícios para fazer os reparos, explicou o operador especialista em conformação Valdemir Pistarino. Eles testaram uma pequena que não teve força suficiente para remover dos buracos o resto de vidro fundido. Uma grande teve força demais. Então uma intermediária funcionou. Ela foi melhorada ainda mais com um anteparo circular na parte superior do cabo para bloquear o calor do vidro acima. "A coisa evoluiu para um processo de estreita colaboração entre os funcionários e os gerentes", declarou o operador.

Questionado sobre outras peças do equipamento que facilitam o trabalho, Santos se levanta e agarra as pernas da calça, mostrando o reforço nos joelhos. "Nós nos ajoelhamos muito neste serviço", contou. "O enchimento extra aqui torna isso mais confortável."

Os trabalhadores devem monitorar cuidadosamente a temperatura dentro do forno. Antes isso era feito com um termômetro óptico que, como um telescópio, tinha de ser apontado para vários pontos dentro do forno, através de uma pequena abertura. Não era perigoso, mas o calor intenso logo se tornava incômodo. Os gerentes da fábrica descobriram um termômetro infravermelho que acelera as medições. "Cuidamos bem das pessoas para que elas cuidem bem do forno", contou Wetten.

Assim como pequenas melhorias nos materiais e equipamentos de uso diário podem melhorar substancialmente a segurança e o conforto, mudanças modestas no processo se multiplicam com o tempo. Uma das maneiras de os funcionários de Rio Claro demonstrarem seu comprometimento é procurando meios de aumentar a produção da fábrica. "A maioria das ideias está ligada ao aprimoramento da produção", diz Wetten. "Normalmente é uma pequena mudança que faz uma grande diferença na produção. Funcionamos 24 horas por dia, sete dias por semana, o ano todo, de modo que uma pequena melhoria pode fazer muita diferença no fim do ano."

Santos acrescenta: "Todos sabemos que, se a empresa prospera, é melhor para nós."

Os tipos de lições aprendidas em Rio Claro aparentemente foram ignoradas pelo lendário executivo da publicidade Jay Chiat em 1994. Naquele ano, ele elaborou um sistema que serve como uma advertência perfeita para o que acontece quando um líder trava uma cruzada contra as necessidades psicológicas por trás do segundo elemento.

Tomado pela ideia de que as pessoas poderiam ser mais produtivas e criativas caso se livrassem de seus escritórios tradicionais e dispusessem de pouco espaço onde se acomodar, Chiat instalou seus funcionários em escritórios no estilo de um campus, em Los Angeles e Nova York, concebidos, nas palavras do *The New York Times*, "para manter a empresa num estado de inquietação criativa".[1] Foi uma experiência grandiosa do que se denominou "escritório virtual". As escrivaninhas, estações de trabalho e computadores pessoais foram retirados. Em substituição, cada funcionário recebeu um pequeno armário onde poderia guardar um número limitado de objetos pessoais. Eles deveriam trabalhar em qualquer lugar dentro ou fora do prédio, mas nunca no mesmo lugar e sem nenhum equipamento que pudesse conservar por algum tempo.

Se quisesse, um funcionário poderia dormir no local de trabalho e depois fazer suas tarefas em casa. Podia passar o dia inteiro no escritório de um cliente. Ou poderia ir para a sede da agência de publicidade e trabalhar temporariamente numa sala de conferências, num sofá numa área coletiva, na lanchonete ou no terraço, ao ar livre, com um computador que poderia circular pelo espaço comum. "Na verdade", noticiou o *The New York Times*, "ao realizar seu serviço, metade do pessoal parece estar por aí, percorrendo as ondas aéreas em algum lugar entre Nova York e a Terra da TV, no grande além etéreo."[2]

O conceito foi recebido com entusiasmo pela imprensa. Mais do que por campanhas publicitárias famosas como a do coelhinho Bunny das pilhas e baterias Energizer, Chiat "será mais lembrado por criar uma nova forma de se trabalhar", escreveu um colunista.[3] "Mal decorridos quatro meses após a mudança", escreveu outro, "Chiat e sua equipe parecem, no todo, felizes e à vontade dentro desse sonho."[4]

A ideia foi um fracasso.

Pouco depois do início da experiência, as coisas começaram a degringolar. Os funcionários escondiam computadores em seus armários ou armazenavam materiais em esconderijos. Outros converteram a mala do carro em arquivos, entrando e saindo do prédio para buscar seus papéis. O "aninhamento" – permanecer num mesmo local – não era permitido, mas continuava acontecendo. "Jay percorria a área e olhava com cara feia, perguntando: 'Você sentou aqui ontem?' E obrigava você a levantar e mudar de lugar", contou um funcionário.[5]

"Durante um breve e turbulento período [...] a agência publicitária afundou em lutas mesquinhas pelo poder, subterfúgios de crianças de jardim de infância, reclamações incessantes, intimidações da gerência, revoltas de funcionários, caos interno e queda vertiginosa da produtividade", escreveu o comentarista Warren Berger na revista *Wired*. "Pior de tudo, não havia nenhum lugar para se sentar."

Na falta de um escritório ou mesmo de um gaveteiro onde guardar seus materiais, a diretora adjunta de mídia Monika Miller puxava um carrinho de criança vermelho carregado com seu trabalho, em busca de um local para se acomodar. "Todos achavam uma gracinha", disse ela. "Eu descia penosamente o corredor, e eles riam e comentavam: 'Olha, lá vem ela com o carrinho vermelho.' Foi um pesadelo."[6]

Chiat achou que tinha uma solução lógica e inovadora. "Devo ter conversado com umas 100 pessoas da agência a respeito. Eu dizia: 'Me explique o que essa ideia tem de errado.' E elas respondiam: 'Precisamos de espaço privado.' Aí eu perguntava: 'Pra quê?' E elas diziam: 'Para podermos pensar.' 'Você será capaz de pensar porque terá espaço privado – só não será espaço pessoal', eu argumentava. E elas não conseguiam contestar a lógica daquilo." (Um executivo da agência contou uma versão diferente: "Jay não ouvia ninguém, ele simplesmente agia.")[7]

O ponto estava numa única manifestação de dúvida que um dos colunistas inseriu em seu texto. "Eliminar o espaço privado pode estar de acordo com a tecnologia atual, mas também pode ser uma afronta à natureza humana", escreveu. E era mesmo. Uma pesquisa da Gallup de outubro de 2005 com trabalhadores dos Estados Unidos descobriu que, mesmo que um escritório com vista para o lado de fora, paredes (em vez de estações de trabalho) e proteção contra o excesso de barulho ajude a explicar o comprometimento, nenhum desses fatores é tão importante como ter "um espaço de trabalho pessoal".[8] Desse modo, a agência publicitária de Chiat aprendeu uma regra que todo planejador social visionário acaba aprendendo: a natureza humana sempre derrota uma ótima ideia que tenta modificá-la. "Meu erro", o chefe da agência admitiu à *Wired*, "foi não reconhecer que razões emocionais eram a realidade."

Chiat levantou ideias interessantes sobre como tornar as pessoas mais produtivas. Alguns funcionários realmente se sentem mais à vontade num espaço de trabalho fluido, minimalista, saltando de um lugar para outro. Mas não a maioria. Apesar de toda a liberdade que parecia estar encorajando – venha quando e se quiser, escolha uma área de trabalho diferente ou nova a cada dia –, ele restringiu opções importantes para muitos trabalhadores: locais com seus nomes neles, arquivos para seus papéis, lugares onde colocar seus objetos, computadores que pudessem chamar de seus. O princípio humano arraigado que ele violou vinha impondo as condições do segundo elemento a toda a sua agência e, como uma das motivações psicológicas mais inatas, dizendo ao pessoal que "resistisse àquilo".

O escritório sem papel, outra afronta à natureza humana, foi tão utópico quanto o escritório virtual, pelo mesmo motivo por que os livros vendem bem mais na forma impressa do que na forma mais barata e leve do *e-book*: as pessoas gostam de papel. As pessoas gostam de posses tangíveis. Elas gostam de bolas feitas com elásticos, fotos do enorme peixe que pescaram, o *Wall Street*

Journal do dia, um pen drive, um telefone celular e centenas de outras quinquilharias, engenhocas e dispositivos arrumados no seu espaço pessoal. Seus objetos incluem ferramentas práticas necessárias à realização das tarefas. Mas alguns deles são apenas emocionalmente motivadores. Em ambos os casos, as pessoas se apegam a eles, e se sentir adequadamente equipado aumenta a produtividade.

"Os artefatos vêm com os seres humanos", escreveu o professor de psicologia do MIT Steven Pinker no livro *Como a mente funciona*. "Produzimos ferramentas e, conforme evoluímos, nossas ferramentas nos produziram. Bebês de 1 ano ficam fascinados com o que os objetos podem fazer para eles. Experimentam obsessivamente varetas para empurrar, panos e cordões para puxar e suportes para manter as coisas de pé."[9] A definição de Pinker de um artefato – "um objeto adequado que uma pessoa pretende usar para atingir determinado fim"[10] – é tão relevante ao local de trabalho como à psicologia evolucionista. Uma rocha afiada permitiu ao homem primitivo caçar com sucesso, cortar peles para fazer roupas ou extrair raízes do solo. Seus materiais e equipamentos rudimentares representavam a diferença entre a vida e a morte. O uso de artefatos para atingir um objetivo constitui uma característica humana fundamental, de modo que os gerentes precisam aceitar a irracionalidade ocasional desse impulso quando o *homo sapiens* é lançado na tão recente (em termos evolucionistas) aldeia de estações de trabalho.

Embora tenha sido um fracasso de bilheteria, o filme de 1999 *Como enlouquecer seu chefe* tornou-se um cult porque parodiava as fortes reações sob a superfície quando os funcionários são explorados e tratados com arrogância e autoritarismo. Um personagem chamado Milton Waddams é tão desprezado que é levado a implorar para que sua mesa de trabalho não seja novamente transferida e para que não levem embora seu grampeador vermelho Swingline.

"Também não me importo se eles me demitirem", Milton diz ao telefone numa cena, "porque eu disse pro Bill que se transferirem minha mesa de novo, então, então eu vou embora, pendurar as chuteiras [...] Porque eles já transferiram minha mesa quatro vezes este ano, e ela ficava em frente à janela, e dava para ver os esquilos, e eles eram divertidos, mas então eles mudaram do grampeador Swingline para o Boston, mas eu fiquei com o meu Swingline porque o outro não grampeava tão bem, e também guardei os grampos do Swingline. Não estou nada satisfeito, e se levarem meu grampeador, toco fogo no prédio."

Patético? Certamente. Mas o instinto pareceu tão real a tantos espectadores que a Swingline, que não tinha um modelo vermelho como o do filme (que havia sido pintado), lançou um grampeador vermelho para atender a milhares de pedidos de donos de estações de trabalho que queriam um para si.[11] "Grande parte do humor alude a um fato bem mais grave: o trabalho moderno é genuinamente terrível e alienante", escreveu um cliente da Amazon no site, referindo-se a *Como enlouquecer seu chefe*. "Talvez muitas pessoas adorem seu trabalho, mas odeio o meu e suponho que eu seja apenas um entre milhões."[12]

A tensão no trabalho muda uma pessoa desde o momento em que ela acorda. Em 2004, quatro pesquisadores recrutaram 219 pessoas na cidade de Trier, Alemanha, e pediram que passassem cotonetes nas bochechas ao acordar e várias outras vezes na primeira hora do dia. Então as amostras foram analisadas para se medir o nível de cortisol, um hormônio que aumenta a pressão arterial e os níveis de açúcar no sangue, enquanto inibe o sistema imunológico. A simples experiência de acordar, ver a luz e pensar no dia que começa faz o corpo aumentar o cortisol. Assim, não foi chocante descobrir que o nível daquele hormônio nas cobaias

30 minutos após acordarem era maior do que quando abriram os olhos pela primeira vez.

O que se descobriu foi que os níveis de cortisol aumentavam muito mais rápido nas manhãs dos dias úteis do que nos fins de semana. Além disso, os níveis desse hormônio nos dias úteis foram ainda maiores entre as pessoas que disseram que tinham mais trabalho do que conseguiam executar ou que concordaram com afirmações como: "Tenho medo de não conseguir dar conta de minhas tarefas."[13] Desse modo, em *Como enlouquecer seu chefe*, havia um fundo de verdade no comentário de uma funcionária temporária diante de um colega emburrado: "Uau, parece que alguém está com a síndrome da segunda-feira."

Quando três dos personagens do filme levam a copiadora ruim para um campo e a destroem com tacos de beisebol, também estavam apenas refletindo as emoções que a pesquisa confirma. Dos 12 elementos, ter os materiais e equipamentos necessários para realizar o trabalho corretamente é o mais forte indicador da tensão no emprego. Os dados mostram que poucas coisas são mais frustrantes do que querer fazer diferença no trabalho e ser impedido por recursos inadequados. O segundo elemento é um pré-requisito para qualquer vínculo maior com a missão da empresa, tema central do oitavo elemento. "A literatura sobre as perturbações e a frustração no local de trabalho sugere que tais obstáculos ao desempenho podem acabar com o sentido até mesmo dos trabalhos mais inspiradores", escreveram os pesquisadores Michael G. Pratt e Blake E. Ashforth.[14]

Cerca de um terço dos trabalhadores nos Estados Unidos afirma que a tensão no trabalho fez com que agissem mal com a família ou amigos no mês precedente. O número também é inaceitavelmente alto em outros países: 39% no Brasil, 33% no Canadá e 25% no Japão, por exemplo. A questão dos materiais e equipamentos tem grande influência sobre a tensão levada do trabalho para casa. Dois terços dos trabalhadores americanos que se dizem inadequadamente supridos relatam também que levam a tensão do trabalho para casa. Entre os que dizem que dispõem daquilo de que precisam para realizar suas tarefas, somente um em quatro diz sofrer de mau humor em casa.[15]

Por trás da associação entre equipamento e tensão reside um fato encorajador: as pessoas querem fazer bem suas tarefas. Querem ser produtivas. Se estivessem motivadas a se dar bem fazendo o mínimo possível, por que se importariam que a falta de informações, apoio, ferramentas e outros suprimentos reduzisse sua produtividade? Por que deixariam seus empregos com mais frequência quando este aspecto está faltando? Pelo contrário, a maioria dos trabalhadores afirma em suas respostas diretas e em suas ações: "Deem-me aquilo de que preciso para produzir, que produzirei."

Quando entram numa empresa, os funcionários passam por um período de lua de mel de cerca de seis meses, durante o qual costumam se dedicar bastante ao trabalho. As pessoas geralmente ingressam em organizações com as quais estão empolgadas. No início, recebem bastante atenção e ainda não passaram por experiências negativas suficientes para desmotivá-las. A maior queda no comprometimento acontece depois desse meio ano. Mas a curva descendente não é uniforme para todos os 12 elementos. Ela é mais acentuada no segundo, para o qual o número de respostas positivas se reduz mais ou menos à metade.[16] O trabalhador normal ingressa na empresa com expectativas altas e, quando não é suprido das ferramentas necessárias para atingir suas metas, se decepciona. Os melhores gerentes são mestres em evitar a transição da lua de mel para o divórcio.

Lou, o gerente apresentado no início deste livro, encontra-se nessa categoria. Uma de suas obsessões são as condições de trabalho das empilhadeiras de seus funcionários. "Elas têm que estar em condições perfeitas", declara. "Uma empresa de manutenção manda mecânicos aqui com frequência. Eles se comunicam muito bem com nossos trabalhadores. Sabem quem usa qual empilhadeira e fazem questão de falar com essa pessoa para descobrir como o equipamento está funcionando. Alguns funcionários gostam do pedal mais duro, outros preferem o pedal macio. Os mecânicos ajustam essas coisas para eles se sentirem confortáveis. Eles passam 8, 10, 12 horas por dia nessas empilhadeiras e como elas não têm suspensão, o mínimo que podemos fazer é deixá-las do jeito que os trabalhadores gostam."

Os grupos de trabalho cujos materiais e equipamentos são administrados de forma mais eficiente apresentam uma média maior de comprometimento dos clientes e produtividade mais alta que seus concorrentes. Seus índices de segurança também são bem melhores, e seus funcionários tendem a migrar menos para outras organizações. Por exemplo, aqueles gerentes que se encontram no quartil inferior do segundo elemento sofrem uma evasão de pessoal em média 20 a 40% maior do que os gerentes no quartil superior, representando milhões de dólares em custos diretos e indiretos gerados pela rotatividade.[17]

No banco de dados, menos de um terço dos funcionários concorda fortemente com a afirmação de que têm os materiais e equipamentos necessários para realizar seu trabalho corretamente. A variação nesse tópico é grande. Os grupos de trabalho mais comprometidos são quase unânimes nas respostas positivas à afirmação, enquanto nos menos comprometidos ninguém se sente bem equipado para o trabalho. O mais estranho nos dados é que mesmo em ambientes altamente regulamentados, nos quais grupos de trabalho quase idênticos recebem as mesmas máquinas, caixas registradoras, material de escritório e ferramentas, as opiniões dos funcionários variam amplamente.

O segredo está no envolvimento, na opinião e na atitude dos gerentes da linha de frente. Grupos menos comprometidos costumam dizer que receberam o kit de ferramentas básico de forma padronizada: "Aqui está seu material. Tire o máximo que puder dele." Os funcionários mais comprometidos relatam que seu gerente fez pequenos ajustes, reivindicou firmemente ferramentas mais caras quando havia uma boa justificativa e costumava se manter vigilante na busca de novos meios de tornar sua equipe mais eficaz, sem que os funcionários precisassem ficar o tempo todo lembrando.

"Ninguém mais usa lápis, mas eu uso o tempo todo", contou uma editora. "Fui à minha gerente e pedi: 'Será que você poderia me conseguir um bom apontador elétrico?' Ela respondeu: 'Claro.' Custou apenas 10 dólares, mas faz uma grande diferença para mim."

Não é incomum um grupo de trabalho ter um ou mais problemas relativos ao segundo elemento que só podem ser resolvidos com a autoridade ou o dinheiro da diretoria da empresa. Em Rio Claro, o maior problema que requer uma solução local é o fornecimento de energia elétrica. Os temporais do verão brasileiro acarretam quedas de energia. E, além das matérias-primas, a única coisa de que o forno precisa para se manter em funcionamento é energia elétrica.

A fábrica de fibra de vidro está ligada à rede elétrica municipal de Rio Claro. Ela carece de sua própria estação geradora ou de uma linha separada dos geradores da cidade. "Se alguém bater num poste na cidade, poderá nos deixar sem energia", conta Wetten.

Djalma Altarugio, um engenheiro de conformação da fábrica, estima que 80% das flutuações na produção se devam à falta de energia. "Quando ocorre uma queda de energia, mesmo que seja de apenas um ou dois minutos, ou mesmo de 30 segundos, a temperatura do vidro que controlamos com tanto cuidado cai", explicou. Dependendo da duração do problema, pode levar horas ou dias para o forno voltar à temperatura máxima, o que prejudica a eficiência e a produção da fábrica. Quando funciona bem, a fábrica consegue converter mais de 90% das matérias-primas em fibra de vidro acabada. Mas quando falta energia, a eficiência diminui. "Esse é um problema sério para nós", disse Altarugio.

Por mais que a falta de energia prejudique a produção, nada demonstra melhor o trabalho de equipe na fábrica. Todos lembram bem quando a energia caiu e demorou a voltar na véspera do Natal de 1998. Os funcionários que não estavam na fábrica souberam que havia um problema quando faltou luz em suas casas. "Eles deixaram suas casas e suas famílias e vieram para cá reiniciar a operação", contou Altarugio.

"Todos que estavam na cidade imediatamente vieram até a fábrica, porque sabiam da importância de manter o forno funcionando e também sabiam como era difícil para seus colegas colocá-lo de volta em operação", disse Wetten.

A falta de energia da véspera do Natal foi particularmente grave. A eletricidade só voltou três horas depois. O forno havia sido recentemente reformado e melhorado, de modo que os trabalhadores não estavam totalmente familiarizados com suas vulnerabilidades. Um dos canos que conduzem vidro fundido resfriou a ponto de o material endurecer. Foram precisos três dias para a produção de fibra de vidro voltar ao normal, e depois daquilo a empresa acrescentou aquecedores especiais nos pontos do sistema mais suscetíveis ao resfriamento rápido. "Aprendemos muito com aquela experiência", contou Wetten.

Embora raramente tão longas como na véspera de Natal, quedas de energia ainda acontecem, exigindo que os funcionários entrem logo em ação. Wetten nos mostrou um gráfico no qual as taxas de conversão da matéria-prima flutuam acima e abaixo da meta de eficiência. Existe uma natureza sazonal clara no gráfico:

alto na maior parte do ano, mas sistematicamente mais baixo em janeiro e fevereiro, em pleno verão.

Quando falta energia, a primeira medida a tomar é ligar um gerador a diesel no fundo da fábrica que fornece um mínimo de eletricidade e calor capaz de evitar problemas mais graves, mas bem aquém dos 10 megawatts que a fábrica consome quando está a pleno vapor. "O forno é mantido firme pela expansao do calor lá dentro", explica Wetten. Se resfriasse demais, se contrairia ou ruiria? "As duas coisas!", ele respondeu.

Diferentes procedimentos são cumpridos enquanto dura a queda de energia, todos com o objetivo de conservar o calor no forno e manter o vidro líquido. Se os operadores não agirem depressa, uma interrupção de mais de 10 ou 15 minutos poderá danificar gravemente o forno. Embora a fábrica possa superar uma falta de energia prolongada com ações rápidas e coordenadas, há pouca coisa que os trabalhadores possam fazer. "Depois desse tempo", disse o gerente, "não resta mais nada a fazer além de chorar."

Quando a energia retorna, milhares de alarmes começam a piscar, exigindo atenção. "É nesse momento que o comprometimento e as ações dos funcionários são tão importantes", declarou Wetten. "Há os procedimentos, mas cada queda de energia é diferente."

Em 2006, a matriz da Owens Corning em Toledo, Ohio, aprovou a construção de uma subestação de energia elétrica em Rio Claro para acabar com as interrupções. Como muitos gerentes incapazes de solucionar imediatamente um problema além de seu controle, Wetten teve de mesclar comiseração com determinação para manter os níveis de comprometimento de seus funcionários, enquanto esperava pela subestação.

"O segredo para superar a falta do equipamento adequado é mostrar meu comprometimento com os funcionários, estando com eles nos momentos de necessidade, como a falta de energia da véspera do Natal", disse. "É assim que ganho o respeito deles, e não bancando o chefe."

"O alto nível de comprometimento da equipe me deixa confiante sobre meu trabalho", afirmou Pistarino. "As pessoas têm um compromisso com a qualidade. Não se trata de dar ou receber ordens. Trata-se de saber o que fazer."

Wetten conta que sua visão sobre a necessidade de fornecer bons equipamentos aos funcionários se orienta por três deveres. No topo vem a segurança dos funcionários, de modo que ele está sempre buscando meios de proteger os trabalhadores dos perigos inerentes ao forno, ao vidro quente ou cortante, ou às quedas de pessoas ou objetos que poderiam acontecer numa fábrica com vários pavimentos. A segunda prioridade é evitar danos à instalação – os tipos de complicações contra as quais eles lutam quando falta energia. "O impacto da queda de energia do forno é grave para a empresa, mas a segurança é incondicional", explicou o gerente. Apesar de toda a ênfase na produção, ela vem em terceiro lugar. Assim, por exemplo, exigir que os trabalhadores usem luvas faz com que realizem os reparos nos filamentos numa estação de conformação mais devagar do que se pudessem sentir as fibras finas com suas mãos nuas. Mas trabalhar sem luvas não é seguro.

Wetten também incentiva os funcionários a confiarem em seus instintos para evitar acidentes. "Se você não se sente confortável para realizar um trabalho, não o faça. Converse com seu chefe. Incentivamos as pessoas a analisarem tudo o que fazem para se certificarem de que é seguro."

Nos últimos anos, a fábrica instalou um pequeno elevador de ferramentas para evitar que um trabalhador caia ou derrube um instrumento pesado ao subir as escadas entre os níveis. Protetores contra o calor foram colocados entre o vidro fundido e o local onde os trabalhadores ficam a fim de reduzir sua exposição aos raios infravermelhos. "A diferença entre antes e depois do protetor é enorme", declarou Pistarino.

A ênfase nas ferramentas adequadas e na segurança tem um significado especial para Pistarino. "Quase perdi o pé num emprego anterior", contou. "Se você não solicita o equipamento necessário, está contribuindo para a falta de segurança. Cada vez que você vê um problema, trata-se de um acidente potencial que deve ser imediatamente comunicado ao seu gerente."

Acreditando que havia um espaço grande demais entre as estações de conformação – onde o vidro quente se transforma em fibras – e as estações de enrolamento, um pavimento abaixo, os funcionários e gerentes colaboraram para a elaboração de um projeto de grades de metal amarelas brilhantes agora presas ao chão de concreto de cada estação. Por ter 35 anos, a fábrica de Rio Claro pode não dispor da tecnologia mais recente, mas eles se esforçam para modernizar e melhorar o que possuem.

Em outros cenários, os gerentes costumam dizer que lidam com o segundo elemento em parte fazendo concessões individuais aos funcionários. Eles permitem que as pessoas escolham, entre uma variedade de celulares, aquele que funciona melhor para eles, ou modifiquem o software padrão num computador para se ajustar ao estilo, talentos ou exigências de trabalho de cada uma. Wetten não conta com esse luxo. "Trabalhamos em turnos, de modo que temos um monte de funcionários fazendo a mesma coisa com as mesmas ferramentas", diz. "Tentamos ter todos os procedimentos bem definidos. Procuramos chegar a um consenso. Não é possível se adaptar a cada pessoa."

Em vez disso, um grupo de funcionários se reúne uma vez por mês para discutir problemas e dar ideias de como fazer a fábrica funcionar melhor. "Eles são responsáveis por coletar informações com outros operários, verificar as condições da fábrica e descobrir melhorias ou dar sugestões para evitar incidentes na nossa área", reafirmou Altarugio. "Foi com base num relatório desse grupo que decidimos instalar as grades entre os níveis de conformação e enrolamento."

"Nós damos as ideias, e a empresa reage", disse Nodari.

"Esta é uma empresa focada no seu pessoal", acrescentou Santos, "o que me deixa confiante quanto ao meu trabalho. O mais importante é saber que, ao fim do expediente, vou voltar para minha família sem um arranhão."

Por causa das faltas de energia e da colaboração em busca de melhores métodos de trabalho, a equipe de Rio Claro desenvolveu um forte nível de comprometimento. Os funcionários aprenderam que, embora não possam contar sempre com o suprimento de energia elétrica, podem contar uns com os outros, principalmente em casos de emergência. "Os trabalhadores são muito dedicados à fábrica", disse Altarugio. "Na minha opinião, essa é a melhor característica de nossa empresa." "Como uma pane elétrica pode comprometer a capacidade de a equipe cumprir as metas de produção do mês, e como ela tem um alto grau de participação nessas metas", explicou Wetten, "exibe uma forte ética profissional quando falta luz."

"Adoro o que faço todo dia porque sempre tenho um desafio. Você não vem para a Owens Corning pensando na falta de equipamento, porque não falta nada", assegurou Pistarino. Essa sensação ajuda a alimentar o comprometimento.

"O time veste a camisa!", ele conclui, orgulhoso.

O TERCEIRO ELEMENTO

Oportunidade de fazer o seu melhor

O novo sistema para artroplastia (substituição de articulação) do quadril da Stryker foi um importante avanço.

Essa tecnologia seria impensável uma geração atrás. Chamada de sistema de "navegação", foi projetada para usar dispositivos eletrônicos fixados à bacia e ao fêmur do paciente combinados a sensores embutidos nos instrumentos cirúrgicos para ajudar o médico a colocar a nova articulação no lugar exato. O posicionamento da prótese no quadril podia ser visto num monitor, eliminando estimativas menos precisas do cirurgião.

O alinhamento perfeito da articulação proporciona ao paciente uma gama de movimentos bem maior em atividades tão simples como sentar ou subir escadas. Com a cirurgia convencional, o reforço da concavidade acetabular – à qual se encaixa a cabeça do fêmur – poderia não estar tão bem alinhado, limitando os movimentos e até criando o risco de deslocamento da prótese. Solucionar esse problema exigiu uma inovação à altura da Stryker: um produto rentável, de alta demanda, que incorporasse avanços médicos e tecnológicos para melhorar a vida dos pacientes de seus clientes. As esperanças e expectativas estavam nas alturas.

Segundo o Dr. Amir Sarvestani, gerente de projetos da instalação de pesquisa e desenvolvimento da empresa em Freiburg,

Alemanha, logo após o início dos testes de campo, em 2004, os sistemas de navegação no quadril da Stryker começaram a ser devolvidos com reclamações dos cirurgiões. "Poucos dias depois de enviarmos o produto aos clientes, surgiram problemas inesperados. Quando o equipamento voltou, não conseguíamos acreditar no que estávamos vendo."

"Havia peças quebradas e danificadas, e a parte eletrônica frequentemente não funcionava como deveria", contou o engenheiro Dieter Teschke. "'O que aconteceu com esse equipamento?', nos perguntamos." Ninguém previu o que os dispositivos suportariam numa artroplastia de quadril.

A solução do problema ficou sob a responsabilidade de Klaus Welte, vice-presidente e gerente de fábrica em Freiburg. Sua equipe teria de repensar meticulosamente cada componente, tornando-o mais resistente às pressões e ao alto impacto que seriam aplicados sobre ele repetidamente nos centros cirúrgicos. A equipe também precisava ser montada da mesma forma que o produto, cada funcionário bem ajustado ao seu papel e trabalhando perfeitamente com os outros. A falha de qualquer um dos componentes, ou de qualquer membro da equipe, poderia fazer com que o produto ou o grupo inteiro não atingisse seus objetivos.

A instalação em Freiburg era conhecida como Leibinger antes de sua aquisição pela Stryker Corporation, em 1998. A Leibinger se especializara em softwares que usavam raios X ou imagens magnéticas tridimensionais do cérebro de um paciente para ajudar o neurocirurgião a planejar a operação que precisava realizar. Após se tornar parte da Stryker, a divisão de Freiburg estendeu seu trabalho ao desenvolvimento de ferramentas cirúrgicas modernas orientadas pela mesma tecnologia de navegação.

"Desenvolvemos um sistema que consiste em um instrumento parecido com uma caneta óptica que fica na mão do cirurgião e pode ser usado durante a operação", explicou Welte. "Com esse instrumento, conseguimos criar uma ligação entre o paciente durante a cirurgia e sua imagem criada anteriormente."

A próxima extensão lógica do trabalho da equipe de Freiburg foi para a área de cirurgias ortopédicas, que constitui uma parte bem maior do negócio da Stryker. Artroplastias de quadris e joelhos são bem mais comuns do que neurocirurgias, particularmente à medida que os avanços da medicina aumentam a expectativa de vida. A empresa imaginou que, se a mesma combinação de software, rastreamento e representação gráfica do corpo humano pudesse ser incorporada às cirurgias ortopédicas, haveria um avanço substancial nas cirurgias de quadril e joelho, criando outra fonte de receitas. "A Stryker acredita que os nossos sistemas guiados por imagens são essenciais ao futuro das artroplastias totais", afirmou a empresa em seu relatório anual de 2003. "Por esse motivo, [além de um sistema de navegação para joelho] também estamos desenvolvendo uma plataforma de navegação para quadril que tornará possível uma cirurgia menos invasiva, com incisões menores e mais precisão."

Mas como os engenheiros de Freiburg estavam prestes a descobrir, criar instrumentos para cirurgias ortopédicas é diferente de criá-los para neurocirurgia num aspecto crucial: a força bruta. O cérebro compõe-se de tecido macio, e os instrumentos usados em neurocirurgias são relativamente delicados. "Nossa empresa tem um histórico de neurocirurgias", afirmou Teschke. "Antes disso, produzíamos microinstrumentação e microimplantes para cirurgias do cérebro e da cabeça. A diferença entre esses clientes e os da ortopedia? São mundos totalmente distintos."

Como qualquer pessoa que assistiu a uma artroplastia de quadril pode confirmar, essa cirurgia, embora em certos estágios seja realizada com um toque leve, requer certa quantidade de serração de ossos, rebaixamento, dilatação e marteladas na instrumentação. "Aquilo parece brutal", contou Jürgen Pross, outro membro da equipe de Freiburg. "Na verdade, parece o trabalho feito numa oficina de conserto de carro."

Para complicar ainda mais as especificações do projeto, os instrumentos cirúrgicos precisam ser esterilizados. Entre as cirurgias, eles são colocados em uma autoclave, uma espécie de panela de pressão médica em que vapor a alta pressão e a 132 graus Celsius mata qualquer bactéria que possa colocar o paciente em risco. Não apenas o metal dos instrumentos precisava conservar a integridade após repetidos ciclos de golpes e aquecimento, mas os componentes eletrônicos de precisão também tinham que continuar funcionando perfeitamente.

Embora a Stryker há anos produzisse com sucesso componentes eletrônicos resistentes à autoclave, o acréscimo da pressão do impacto criou outro nível de complexidade. Os componentes eletrônicos poderiam ser afetados pela sobrecarga durante a cirurgia ou pelo calor da autoclave. Qual dos dois estava causando os problemas eletrônicos era uma pergunta que, "na verdade, às vezes não era tão simples de se responder", admitiu Pross. "Na época não sabíamos." Além disso, o constante processo de aquecimento e resfriamento fazia com que alguns dos botões do instrumento ficassem presos ou que os sensores infravermelhos saíssem de suas posições dentro do invólucro de metal.

"Se você visse a situação como uma curva, ela estaria descendo até um vale profundo", disse Sarvestani. "A confiabilidade de um produto novo é da máxima importância para nossos clientes e equipe de vendas." Os problemas tinham que ser resolvidos antes que o produto fosse lançado no mercado.

A reputação do grupo de Freiburg estava em risco. Devido à urgência da solução dos problemas, uma equipe de engenheiros da Stryker em Kalamazoo, Michigan, foi convocada para dar assessoria e inspecionar o projeto. A ajuda, embora útil, aumentou a pressão. "Sabíamos que só teríamos uma chance para resolver o problema e que, se falhássemos, o impacto sobre a organização seria enorme", reconheceu Pross.

O desafio para Welte foi reunir e liderar uma equipe composta pelas pessoas certas para levarem o sistema de artroplastia de quadril de volta aos trilhos. O sucesso dependeria de uma visão clara do que precisava ser feito e de uma profunda compreensão das habilidades de cada membro da equipe.

Designar a tarefa certa para a pessoa certa é uma das maiores responsabilidades que um gerente poderá enfrentar. Por isso, nenhum outro elemento da gestão é tão significativo quanto o terceiro.

O terceiro elemento surgiu da capacidade de uma afirmação direta de prever o desempenho de determinado trabalhador e de equipes inteiras: "No meu trabalho, tenho a oportunidade de fazer o que faço de melhor todos dias." Por serem os únicos que dispõem de acesso irrestrito a seus próprios pensamentos e sentimentos, os trabalhadores não têm dificuldade para avaliar esse elemento em suas vidas profissionais. Mas a simplicidade da afirmação camufla a complexidade que há por trás dela. As razões por que esse elemento é tão poderoso estão no cerne das descobertas mais recentes sobre a natureza humana e dizem respeito aos debates sobre a individualidade que já duram séculos.

Para o gerente, o problema começa com uma pergunta simples: quem se destacaria nessa tarefa? No entanto, quanto mais ele reflete sobre essa pergunta, mais dúvidas ela suscita. O que faz alguém ter sucesso onde os outros falham? Será algo inato, aprendido ou apenas o resultado de um esforço maior? A excelência em certa função pode ser aprendida? Com que rapidez e até que ponto as pessoas conseguem mudar? O candidato a um emprego pode ser moldado às necessidades do cargo, ou o que você vê na primeira entrevista é tudo o que vai obter? Esses dilemas não apenas vão ao âmago da natureza humana; eles também provocam um turbilhão de história, política, restrições legais e autoilusão em torno de filosofias muitas vezes arraigadas – e erradas.

A ideia mais traiçoeira sobre o potencial humano é a de que um funcionário consegue fazer qualquer coisa se ele se concentrar na tarefa, conseguir visualizá-la, se esforçar ou se importar o suficiente. "Você pode fazer qualquer coisa que tiver vontade, ter qualquer coisa que desejar, ser o que quiser", escreveu o autor de textos motivacionais do início do século XX Robert Collier.[1] Essa crença foi reafirmada por Henry Ford, cantada por Carole King, trazida à vida no filme *Minha bela dama*, vendida em DVDs por Wayne Dyer, e é repetida todos os anos nos discursos de formatura do ensino médio. De pé no centro do Herodian Amphitheater, cercado por uma orquestra completa que acabara de tocar uma de suas canções, John Yanni Christopher filosofa no CD que lançou sua carreira: "Tudo de grandioso que já aconteceu com a humanidade começou como um pensamento isolado na mente de alguém. E se qualquer um de nós é capaz de um pensamento tão grandioso, então todos nós temos a mesma capacidade, porque somos iguais." O público aplaude ruidosamente.[2]

Embora ele possa não perceber, a opinião de Yanni sobre o potencial humano tem origem em uma escola psicológica chamada behaviorismo, que dominou o campo da psicologia do início a meados dos anos 1900. Seus principais defensores argumentavam que a personalidade de um indivíduo é simplesmente a soma das suas adaptações ao ambiente. Segundo essa teoria, as pessoas são infinitamente maleáveis, cada uma delas uma coleção de reações pavlovianas salivantes às campainhas de jantar do mundo. "Deem-me uma dúzia de bebês saudáveis, deixem-me criá-los de acordo com as condições estipuladas por mim, e garanto que pegarei qualquer um aleatoriamente e o treinarei para se tornar qualquer tipo de especialista que eu quiser – médico, advogado, comerciante, até mesmo um mendigo e ladrão, independentemente de seu talento, de suas inclinações, tendências, habilidades, vocação e raça de seus ancestrais", escreveu o psicólogo americano John B. Watson.[3]

A ideia de que todas as pessoas têm exatamente o mesmo potencial exerce uma forte atração, em especial por refutar ideias mais tolas ou destrutivas sobre a capacidade humana. "Somos todos iguais" é bem mais atraente do que a antiga crença de que o signo astrológico predeterminava a personalidade dos homens, do que o direito divino dos reis ou as diversas crenças na superioridade racial que provocaram tantas tragédias, da escravidão ao nazismo. A afirmação parece corresponder à verdade "autoevidente" da Declaração da Independência dos Estados Unidos de que "todos os homens são criados iguais".

Com mais frequência do que se possa imaginar, as empresas hesitam em dar muita ênfase às capacidades ou realizações de alguém temendo que os outros se sintam magoados ou excluídos. "Muitas pessoas pensam como 'Harrison Bergeron' por aqui", confidenciou um executivo de recursos humanos, referindo-se ao conto escrito por Kurt Vonnegut em 1961 que começa com as seguintes palavras: "O ano era 2081, e todos enfim eram iguais." O conto descreve um futuro em que fiscais do governo eliminam todas as formas de desempenho excepcional. "Ninguém era mais esperto que ninguém", conta a história. "Ninguém era mais atraente que ninguém. Nem mais forte ou mais veloz."[4] Em outras palavras, o mundo de Yanni.

Diferenças significativas apresentam oportunidades não apenas de promover os interesses da empresa, mas também de melhorar a carreira e a vida dos funcionários em combinação com empregos pessoalmente mais gratificantes. Os dados atuais apontam para a conclusão de que os indivíduos não nascem iguais nem têm uma capacidade infinita. Pelo contrário, as pesquisas mostram que qualquer pessoa é uma combinação singular de talentos, que terá êxito na medida em que esses traços essenciais forem explorados. Isso não dá um slogan tão interessante e fácil como "Você pode fazer qualquer coisa", mas é um quadro mais claro do desafio.

Muitas das mais recentes descobertas sobre a extensão das capacidades mentais são aceitas como verdadeiras na área dos esportes. Os jogadores de basquete precisam praticar durante anos para aprimorar seu estilo, condicionar seus corpos a um bom desempenho e treinar seus reflexos para acertar uma cesta de três pontos. Mas só isso não garante o ingresso na NBA, cujos atletas costumam medir mais de 2m,[5] enquanto a altura média do homem americano é 1,75m.[6] "Não dá para ensinar altura", diz o velho clichê. Jogadores de basquete profissionais já nascem para esse esporte.

Um crescente acúmulo de dados indica que o funcionamento dos cérebros é tão variável quanto o dos corpos. Existem até indícios de diferenças anatômicas nos cérebros das pessoas com capacidades mentais extraordinárias. O exemplo mais famoso é o de Albert Einstein. Após a morte do físico, em 1955, seu cérebro foi removido, medido e preservado. Em 1999, três cientistas da McMaster University, no Canadá, compararam o cérebro de Einstein com a coleção de "cérebros normais" doados à universidade para pesquisa.

Einstein descreveu seu pensamento científico não como verbal, e sim o "jogo associativo" de "imagens mais ou menos claras" de um "tipo visual e muscular". Devido às habilidades de Einstein e à descrição que ele mesmo fez de seu pensamento, os professores prestaram uma atenção especial às suas regiões parietais posteriores esquerda e direita, responsáveis pela "cognição espaço-visual, ideação matemática e imagística do movimento".

O cérebro de Einstein possuía atributos singulares que não foram encontrados em nenhum outro da coleção da universidade "nem em qualquer espécime documentado nas coleções de cérebros *post mortem* conhecidas", escreveram os professores na revista médica britânica *The Lancet*. "O intelecto excepcional de Einstein nesses domínios cognitivos e seu modo de pensamento científico autodescrito podem estar relacionados à anatomia atípica de seus lobos parietais inferiores."

Estendendo a conclusão para a população em geral, os cientistas levantaram a hipótese de que a "variação em funções cognitivas específicas pode estar associada à estrutura das regiões do cérebro que fazem a mediação entre essas funções".[7] As implicações são incríveis: graças a diferenças físicas reais no cérebro, uma pessoa poderia ser para a contabilidade, para o marketing ou para a criatividade corporativa o que Pelé é para o futebol – a estrutura cerebral de um funcionário o colocando em vantagem em relação aos outros assim como a estatura física dá uma vantagem ao atleta campeão. "Essa geometria e esse cabeamento inatos podem ter consequências reais para o pensamento, o sentimento e o comportamento", escreveu Steven Pinker em seu livro de 2002, *Tábula rasa: a negação contemporânea da natureza humana*.[8]

Einstein estava bem longe da faixa comum de funcionamento cognitivo. E quanto às pessoas "normais", aquelas com quem trabalhamos ou que pensamos em contratar? Será que elas vêm pré-programadas para a excelência em uma disciplina específica? Imagens cerebrais e exames *post mortem* não avançaram a ponto de responder a essa pergunta, mas outros métodos sugerem fortemente que a resposta seja sim.

Ao estudarem gêmeos criados separadamente, pesquisadores "estão descobrindo que a genética, além dos interesses familiares e de outras pressões do ambiente, como as educacionais e sociais, tem um impacto considerável na escolha do que fazemos – e em nossa satisfação com tal escolha", escreveu a Dra. Nancy L. Segal, professora de psicologia do desenvolvimento e diretora do Centro de Estudos de Gêmeos da California State University, em Fullerton. "Um estudo da Universidade de Minnesota mostrou que gêmeos criados separadamente escolhiam empregos similares em termos de nível de complexidade, habilidades motoras e exigências físicas. Outros estudos mostraram que os gêmeos possuem tendências semelhantes quando se trata de empreendimentos 'empresariais', 'convencionais' e 'artísticos'; eles também compartilham interesses básicos, sejam por ciência, artes culinárias ou oratória."[9] Os resultados de tais estudos atribuem à genética uma forte e decisiva influência sobre o intelecto, personalidade, interesses profissionais e até idiossincrasias pessoais.

O papel da natureza em moldar um funcionário está se tornando mais difícil de refutar. "A lousa não pode vir em branco se diferentes genes podem torná-la mais ou menos inteligente, desembaraçada, aventureira, tímida, contente, conscienciosa, neurótica, aberta, introvertida, divertida, espacialmente deficiente ou com tendência a mergulhar o pão com manteiga no café", escreveu Pinker.[10] Mas, para executivos, gerentes e estrategistas de recursos humanos, a questão é bem mais simples. As empresas não contratam bebês; elas contratam adultos que já passaram pelos anos de formação. No momento em que um candidato chega a uma organização, o molde já se solidificou. Estudos detalhados com base em dezenas de milhares de novas contratações e no desempenho posterior dessas pessoas mostram que a combinação certa de traços de personalidade, talentos e habilidades predispõe certos indivíduos ao sucesso num emprego em que outros fracassam.[11] A maioria dos gerentes responsáveis por contratações parece ter uma compreensão intuitiva dessa verdade; a maioria diz que valoriza mais as características de personalidade do que a formação e a experiência do candidato.[12] No entanto, quase nenhum desses tomadores de decisões usa algum método científico para examinar as tendências intrínsecas dos candidatos.[13]

A Gallup realizou sua pesquisa em 2001, no auge de décadas de investigações dirigidas por seu ex-presidente Donald O. Clifton. O Dr. Clifton estava preocupado com o fato de que a psicologia tradicional gastava muito mais energia estudando anomalias mentais do que tentando entender os fatores que criam níveis de desempenho superiores. Em 1969, um grupo de cientistas da organização começou a procurar uma série de perguntas capazes de distinguir as diferentes formas de pensamento, sentimento e ação naturais que tornam uma pessoa singularmente bem-sucedida.

Naquela época, a literatura sobre a mente era rica em descrições de doenças mentais. No entanto, fora testes padronizados de raciocínio matemático, verbal e lógico, havia pouco material para ajudar uma pessoa normal a entender os aspectos mais louváveis de sua personalidade. Como sinal dessa negligência, o campo carecia até mesmo de uma linguagem padrão para os atributos mentais positivos. Cientistas com ideias semelhantes, como Martin Seligman, estavam conduzindo pesquisas de viés parecido. Atualmente, o movimento da psicologia positiva, ainda embrionário, publica livros, realiza uma conferência anual e parece estar ampliando a psicologia tradicional para temas como esperança, flexibilidade, propósito, comprometimento e bem-estar.

O teste elaborado por Clifton – Descubra a Fonte de Seus Pontos Fortes – foi desde então aplicado em 2 milhões de pessoas em todo o mundo, em 18 idiomas. Seus 34 diferentes temas de talento incluem o "Ideativo", um fascínio por novas ideias; "Input", a capacidade de armazenar muitas informações; e "Realização", um impulso interno que conduz a níveis sempre maiores de realizações. Esses temas são relativamente estáveis – eles não mudam com o passar do tempo numa pessoa –, fornecendo novos indícios de que cada indivíduo não é uma massa de argila drasticamente remodelada pelos eventos à sua volta, mas tem uma personalidade durável. Ele tem suas fraquezas e seus pontos fortes. E quanto mais um gerente puder ajudá-lo a reconhecer e utilizar seus talentos inatos, mais eficaz o indivíduo será.

"Falar sobre os talentos é uma conversa fabulosa para ter com alguém, mas requer tempo e presença", disse um administrador de hospital que adota uma abordagem baseada no talento. "Faço uma série de perguntas: 'Quais são os seus talentos? Onde você se sente mais feliz?' Em seguida: 'Vamos ver o que você está fazendo atualmente – vamos mapear sua tarefa. Conte sobre sua rotina. Como você aplica seus talentos no dia a dia. E caso não os aplique, o que acha desse outro cargo?' Trata-se realmente de ter a conversa, aprofundar a análise e falar de forma bastante positiva e entusiasmada, em vez daquela velha maneira tradicional, que é: 'Você não está correspondendo às expectativas do seu cargo.'"

Aqueles que atingem os níveis mais altos em suas profissões costumam falar de um impulso irresistível que os impeliu para sua "missão na vida" ou "o que nasci para fazer". Em seu ensaio "Why I Write", George Orwell descreve esse tipo de necessidade como sendo fiel à sua natureza: "Desde uma idade bem prematura, talvez 5 ou 6 anos, eu sabia que, quando crescesse, deveria ser escritor. Entre as idades de aproximadamente 17 e 24 anos, tentei abandonar essa ideia, mas consciente de que estava traindo minha verdadeira natureza e que, mais cedo ou mais tarde, teria que me estabelecer e escrever livros."[14]

Mihaly Csikszentmihaly, professor da Claremont Graduate University e uma importante influência no campo da psicologia positiva, chama esse casamento entre personalidade e ocupação de "experiência autotélica" ou "fluxo". No trabalho, essas situações ideais são aquelas em que o funcionário gosta de seu trabalho, em vez de só aturá-lo para receber o salário ou conseguir uma promoção para um cargo melhor e mais gratificante.[15]

Quando funcionários falam sobre o que fazem melhor, raramente limitam a discussão às atribuições de seu cargo. Claro que as pessoas podem criar vínculos tão fortes com suas profissões que ser um vendedor, professor ou enfermeira torna-se parte de sua autoimagem. No entanto, seus talentos, sendo uma parte mais instintiva delas do que qualquer cargo específico, são transferíveis de uma posição para outra, até mesmo entre diferentes áreas de atuação. Um vendedor com talentos excepcionais em "Persuasão" poderia ter encontrado a mesma realização e sucesso como um lobista político ou um apresentador de *talk show*. Um professor universitário com grande talento em "Comunicação" poderia ter igualmente realizado sua vocação como consultor. De fato, algumas pessoas que mudaram de carreira várias vezes observam que a única coisa que torna sua vida profissional coerente é o ressurgimento de seus talentos em cada ocupação. Também não é incomum encontrar duas pessoas em cargos aparentemente idênticos que, em virtude de "fazerem o que fazem melhor", atuam de formas bem diferentes: uma delas pode ser um banqueiro que adora sua atividade porque pode interagir com as pessoas de sua cidade e a outra um capitalista por natureza, que não consegue se imaginar longe do constante movimento das ações, das taxas de juros e dos preços de metais preciosos.

Para extrair o máximo de sua equipe, um gerente deve ajudar cada funcionário a moldar suas tarefas de forma que o trabalho se torne o mais natural possível, maximizando a ocorrência de experiências ótimas em que ele se entrega de corpo e alma ao trabalho, sente-se interiormente motivado e faz uso de seus talentos inatos. O gerente também deve perceber que, desde que o funcionário cumpra com suas responsabilidades sem causar nenhum prejuízo, o modo como ele faz isso não importa. Reconhecer os maiores talentos e as fraquezas de alguém não significa aceitar um conjunto restrito de possibilidades de carreira. Pelo contrário, significa que cada funcionário terá êxito de uma forma relativamente única, aplicando seu próprio estilo à realização das tarefas.

Imagine que um grupo planeje se reunir para almoçar no topo de uma montanha. Existem três caminhos para se chegar lá. A primeira opção é uma trilha longa e sinuosa, não muito íngreme, mas que requer vários quilômetros de caminhada. A segunda alternativa é mais íngreme e atravessa um bosque; requer mais resistência e a habilidade de se orientar por meio de mapa e bússola para a pessoa não se perder. A terceira rota é uma subida quase em linha reta pela rocha na encosta da montanha; requer habilidades técnicas de montanhismo, mas é o mais curto dos três caminhos. Se cada membro do grupo escolher sua própria rota e chegar ao topo da montanha em segurança no horário combinado, nenhum percurso poderá ser considerado melhor do que os outros dois. O mesmo fenômeno ocorre nas empresas. Como disse certa vez o executivo e escritor britânico Sir John Harvey-Jones: "Trabalhei com líderes que tinham estilos tão diferentes do meu que não podia entender como alcançavam seus resultados, mas o fato é que eles conseguiam."[16] Os 12 gerentes apresentados neste livro são ótimos exemplos disso. Eles não têm todos os mesmos talentos e alguns são completamente diferentes entre si. Cada um obteve sucesso à sua própria maneira, mas todos chegaram lá tirando proveito de seus talentos naturais, em vez de tentarem ser o que não são.

Uma estratégia de pessoal baseada nos talentos cria vantagens financeiras concretas. Vários anos atrás, a Gallup analisou as respostas de 2 mil gerentes a perguntas abertas sobre seu estilo gerencial. Particularmente interessante foi a questão sobre o que achavam melhor: dedicar mais energia à "correção" das fraquezas das pessoas ou ao desenvolvimento de seus pontos fortes.

Quando as respostas das entrevistas com os gerentes foram comparadas aos dados de desempenho de suas respectivas equipes, descobriu-se que os melhores grupos de trabalho tinham gerentes com tendência a passar uma parcela desproporcional de seu tempo com os funcionários que produziam mais, a distribuir as tarefas com base nos talentos individuais e a priorizar os pontos fortes em vez do tempo de casa na hora de tomar decisões quanto ao gerenciamento de pessoal. Em geral, um grupo de trabalho liderado por um defensor dos pontos fortes tinha quase duas vezes mais chances de obter resultados acima da média do que aqueles liderados por um gerente dedicado a remendar problemas.[17]

Um estudo recente descobriu que as organizações focadas em maximizar os talentos naturais de seus funcionários aumentavam os níveis de comprometimento em média 33% ao ano, o que equivale a um ganho líquido médio em produtividade de 5,4 milhões de dólares por organização em relação às empresas que adotam métodos mais tradicionais.[18] Outro estudo recente descobriu que representantes de vendas que recebiam feedback sobre seus pontos fortes vendiam 11% mais do que aqueles que não recebiam esse feedback.[19] O terceiro elemento tem grande poder para explicar não apenas a produtividade, mas também a rentabilidade futura das equipes. Unidades de negócios no quartil superior do banco de dados da Gallup na afirmação "No meu trabalho, tenho a oportunidade de fazer o que faço de melhor todos os dias" superam em 10 a 15% os lucros daquelas no quartil inferior.[20] Uma análise recente de vários estudos revelou que os gerentes que têm seus talentos alinhados com as exigências de seus empregos obtêm, em média, 15% a mais em número vendas e 20% mais lucros, sofrem 24% menos faltas não programadas e lidam com uma rotatividade de funcionários 13% inferior à média.[21]

Apesar de todos os indícios de que essa abordagem é positiva para as empresas, somente cerca de um em cada três funcionários concorda fortemente que "tem a oportunidade de fazer o que faz de melhor todos os dias". A quantidade de dinheiro perdido é assustadora. As empresas se martirizam com planos de marketing, estratégias de estoque, modelos de mão de obra e lançamentos de produtos em busca de 1 ou 2% a mais de lucros. Poucas percebem que parte da resposta está bem ao seu alcance.

Havia pouquíssima ambiguidade no que a equipe de Stryker precisava realizar. "Temos um processo muito bem definido", explicou o gerente Klaus Welte. "As metas de desempenho básicas são definidas para o produto, sendo continuamente refinadas com o tempo. Isso dá à equipe uma orientação bem clara quanto à direção a tomar e às perguntas certas a fazer." A dificuldade não estava em entender o que precisava ser feito, mas em conseguir projetar um sistema de artroplastia do quadril capaz de conservar seus circuitos eletrônicos e ao mesmo tempo aguentar as tensões mecânicas das cirurgias e o calor e a pressão das esterilizações.

"Ninguém jamais havia conseguido atender a esses três requisitos ao mesmo tempo", disse Sarvestani. "É muito simples atender a um deles. Por exemplo, fazer o equipamento bem robusto para resistir ao impacto. O desafio era considerar todos os requisitos simultaneamente e garantir uma boa cobertura de todos eles."

A seu favor, os funcionários começaram com uma boa compreensão de si mesmos e dos talentos uns do outros. "Temos contato direto com nossos funcionários muitas vezes, a cada dois ou três meses pelo menos", disse Welte. "Nesses encontros perguntamos a eles: 'O que você faz melhor?' e 'O que você gosta no seu trabalho?' Tentamos ajudar as pessoas a entenderem a si mesmas. O que elas descrevem que fazem melhor se torna exatamente o papel em que as queremos." No que diz respeito ao terceiro elemento, a equipe da Stryker figura entre os 15% melhores grupos de trabalho do banco de dados de comprometimento global.

Welte formou sua equipe recrutando as melhores pessoas em Freiburg nas áreas de operações, projetos, engenharia e pesquisa. Recorreu a Sarvestani para a "análise estruturada", comunicações eficientes e seguimento. Tendo mais amigos no prédio do que qualquer outra pessoa da equipe, Pross proporcionou a "argamassa social". Aquilo, combinado com um alto grau de responsabilidade – "Ele nunca parava até que tudo estivesse terminado", afirmou Welte –, tornou-o fundamental para manter o projeto em movimento. Teschke é um organizador nato, sempre bem fundamentado nos fatos. "Ele pisa no freio quando a equipe se empolga demais", contou Welte. Michael Porbadnik tem um talento especial para entender como um projeto resistirá ao processo de fabricação.

Quando a equipe está projetando sistemas em vez de resolver problemas, Welte também conta com Jose-Luis Moctezuma. Ele é uma espécie de visionário interno cujas ideias de início parecem pouco ortodoxas, mas acabam se revelando "não apenas úteis, mas essenciais", admitiu Welte. E "ele sabe tanto ou mais sobre cirurgia ortopédica do que muitos cirurgiões especialistas". No conflito natural de perspectivas – Moctezuma entusiasmado para seguir em frente e Teschke cauteloso para não ir rápido demais –, a equipe encontrou o ritmo ideal.

Questionado sobre seus próprios talentos, Welte respondeu: "Eu analiso as coisas, vejo suas propriedades e procuro juntá-las numa combinação ideal." Ele gosta de fazer isso tanto com os dispositivos criados pela Stryker quanto com os membros de uma equipe. "Se você combina tecnologias, vê resultados bem mais rápido", declarou. "Com as pessoas, leva mais tempo para ver o resultado."

Após ter alocado esses primeiros protagonistas-chave, Welte procurou identificar que habilidades faltavam à equipe. "Depois que temos uma equipe reunida e ela começa a trabalhar, podemos analisar o que está sendo feito e o que falta", explicou. "Procuramos as peças faltantes do quebra-cabeça. Ao mesmo tempo, tenho um quadro mental de cada pessoa e de sua contribuição, o que ela faz melhor. Para encontrar a peça que falta, examino a lista de pessoal e pergunto: Quem é a pessoa mais capaz de se encaixar nesse quebra-cabeça e desempenhar o papel específico de que precisamos neste momento?"

"Criar uma equipe eficaz", diz Welte, "requer mais do que simplesmente preencher todos os cargos com alguém que tenha o talento e a experiência apropriados. Não dá para substituir um engenheiro por outro. Existem coisas muito, muito específicas em que eles são bons." E quão bem as habilidades dos membros da equipe combinam é tão importante quanto as próprias habilidades.

"Geralmente são necessários cerca de seis meses ou mais para conhecer bem uma pessoa", contou Welte. "Às vezes você se surpreende, porque ela nem sempre é o que se mostrou no currículo. Tivemos vários casos no passado em que contratamos alguém e depois de mais ou menos um ano o transferimos para uma tarefa totalmente ou muito diferente." Como exemplo, Welte menciona um engenheiro contratado como gerente de pesquisa e desenvolvimento que acabou revelando uma aversão aos riscos, mas se mostrou fortemente atraído por indicadores de desempenho. Sua cautela o prejudicava no início dos projetos, quando diversas possibilidades precisam ser exploradas sem inibição, mas era muito boa para os estágios posteriores, quando é fundamental garantir que tudo esteja dando certo.

Com a grande pressão interna e externa a fim de encontrar uma solução para o sistema de navegação para quadril, era importante entender corretamente as nuances interpessoais.

A equipe recém-formada usou uma sala de reuniões como ponto de encontro central do projeto, onde passaria cerca de metade do seu tempo junta nos próximos seis meses. Esse lugar recebeu o apelido de sala de guerra, "um lugar muito desagradável", lembrou Welte. "Todos sentiam a pressão tão intensamente que tínhamos a sensação de estarmos bem no meio de uma guerra lutando contra aqueles problemas", contou Pross.

Não havia soluções simples. Cada aspecto dos instrumentos tinha de ser analisado separadamente, e havia cerca de 10 problemas a serem corrigidos. "A única forma de sair daquela situação era trabalhando duro", contou Teschke. Examinando os equipamentos avariados, os engenheiros descobriram em que ponto as conexões eletrônicas estavam se quebrando por causa dos golpes do cirurgião. Três meses foram necessários para se descobrir a cola certa para os capacitores, que haviam sido um elo fraco. Uma técnica de soldagem diferente foi usada para fixar os componentes eletrônicos dentro da haste do aparelho. Após testar diferentes metais para os botões, a equipe descobriu um que não se expandia após repetidas sessões na autoclave.

As coisas começaram a dar certo. "Chegou o ponto em que nós, como uma equipe, realmente começamos a mergulhar nos problemas e a encontrar soluções de forma sistemática", afirmou Pross. "Aquilo realmente aumentou a nossa confiança de que estávamos prestes a solucionar os problemas. De todas as perspectivas, os conhecimentos entravam em ação. O projeto de teste foi bem melhor do que o anterior. Ele foi realmente examinado em todos os aspectos. E quanto mais progredíamos de forma sistemática, mais a equipe acreditava que estávamos perto de uma solução."

Sarvestani ficou impressionado como os diferentes talentos dos membros da equipe se combinaram formando um grupo eficaz, com poder compartilhado, que chegava a um consenso a respeito de todas as grandes decisões. "Aquele foi realmente um trabalho de equipe", reconheceu. "Tínhamos algumas pessoas que eram fortes em mecânica, outras melhores em eletrônica, em processos, ou em como validar projetos. Tudo isso foi reunido num projeto de excelência."

Devido ao número de problemas que precisavam de solução, a equipe não quis tentar resolvê-los ao mesmo tempo e reunir o conjunto completo de soluções não testadas num único protótipo. Em vez disso, solucionaram os problemas um a um, começando pelo mais crítico e seguindo até o relativamente menor. Isso implicou que o grupo só visse um protótipo plenamente montado depois de chegar à lista completa de soluções. "A situação mais encorajadora foi quando realizamos o teste pré-piloto", disse Sarvestani. "Montamos todos os componentes e pela primeira vez pudemos ver que o projeto inteiro, após todas as mudanças e melhorias que fizemos, estava funcionando."

Como o projeto inicial penosamente deixara claro, uma coisa era produzir um instrumento funcional, outra coisa era conseguir que ele parecesse e funcionasse da mesma maneira após várias cirurgias e esterilizações. Para garantir essa confiabilidade, a equipe contratou um grupo de estudantes locais e providenciou um robô (uma das ideias de Porbadnik) a fim de submeter os protótipos às mesmas condições de um hospital. O robô colocava e retirava os instrumentos da autoclave 24 horas por dia, concluindo 600 ciclos de aquecimento e resfriamento. Trabalhando em turnos contínuos todos os dias da semana, os estudantes colocavam os dispositivos saídos da autoclave em "máquinas de impactação", que simulavam os impactos que sofreriam num centro cirúrgico. "O prédio inteiro tremia", contou Teschke.

Mesmo com testes contínuos, a reformulação do sistema de navegação para quadril levou quatro semanas a mais do que a diretoria havia previsto. Mas os dispositivos passaram pelos testes com pleno sucesso. Os LEDs acenderam após a autoclave. Nenhum dos botões ou peças móveis emperrou após repetidos aquecimentos e resfriamentos. Os instrumentos não apresentaram fissuras após terem sofrido os impactos. O projeto passou nas inspeções de uma lista longa de critérios. "Tivemos 100% de sucesso – 100% dos instrumentos passaram nos nossos testes", declarou Teschke. "Do ponto de vista da qualidade, esse projeto alçou toda a nossa equipe de eletrônica de hardware para outro padrão de qualidade. Foi fantástico o que aprendemos em tão pouco tempo."

Não houve comemoração quando o sistema de navegação para quadril aperfeiçoado foi enviado para cirurgiões ortopédicos de todo o mundo. A equipe estava nervosa demais e não queria cantar vitória até que o dispositivo se mostrasse eficaz em condições reais e num grande número de cirurgias. É da natureza do trabalho de projeto que o número de dispositivos testados seja bem inferior ao volume fabricado. "Com isso, fica muito difícil concluir, com base em seus próprios resultados, qual será o desempenho do produto em campo, onde o tamanho da amostragem é bem maior", explicou Sarvestani. "Essa foi uma das razões por que nos mantivemos céticos, mesmo depois que ele passou por todos os testes e o pusemos no mercado. Nenhum de nós estava totalmente convencido." A equipe aguardou notícias do campo.

Devido aos sensores ligados aos ossos do paciente e a todos os instrumentos usados na cirurgia, o sistema de navegação para quadril da Stryker mostra, com precisão de até sete milésimos de milímetro, os ossos, os instrumentos e os componentes da prótese de quadril. Pintando os instrumentos de amarelo quando desalinhados, de azul quando na posição certa e de vermelho se o médico vai longe demais, o sistema mostra ao cirurgião a quantidade de osso que deve remover e em que ângulos fazer os cortes.

Apesar de todo o esforço para criar um sistema que proporcionasse aos cirurgiões feedback instantâneo, detalhado e preciso, a equipe de Freiburg recebeu em troca apenas o silêncio

– precisamente o silêncio maravilhoso e tranquilizador pelo qual esperava. No ramo dos dispositivos médicos, quando um produto apresenta problemas logo chegam relatórios e os instrumentos são devolvidos, como aconteceu com a primeira versão do sistema de navegação para quadril. O sucesso é bem mais discreto. Existe um ditado bávaro sobre o sucesso que diz: "Não ser repreendido já é elogio suficiente."

A falta de "repreensão" foi fenomenal. "Já faz um ano e meio que lançamos os instrumentos", disse Sarvestani. "Nos primeiros nove meses, não recebemos nenhuma reclamação. Um número incrivelmente baixo para esse tipo de equipamento." O grande empenho da equipe permitiu que a Stryker cumprisse suas promessas ao mercado e anunciasse, no relatório anual divulgado na primavera de 2005: "A Stryker foi pioneira no campo emergente da navegação cirúrgica orientada por imagens e permanece sendo a única empresa a desenvolver hardware e software de navegação plenamente integrados."

Welte, o líder da equipe, mostra-se menos efusivo do que os colegas, em parte por sua natureza. "Nunca estou 100% satisfeito com as coisas. Gosto de melhorias constantes." Mesmo assim, ele admitiu que está muito contente com a forma como a equipe se integrou, trouxe o produto de volta aos trilhos, aprendeu mais sobre os talentos uns dos outros e aumentou sua capacidade ao longo do processo.

"Foi uma grande vitória para nós."

O QUARTO ELEMENTO

Reconhecimento e elogios

Cem quilômetros ao sul de Gdansk, onde Lech Walesa e o sindicato Solidariedade derrubaram décadas de governo comunista na Polônia, Elżbieta Górska-Kołodziejczyk vem trabalhando numa revolução mais modesta.

Ela quer fazer seus funcionários sorrirem.

Elżbieta é gerente de depósito da antiga fábrica estatal de papel na cidade de Kwidzyn. A International Paper adquiriu do governo uma participação majoritária há 14 anos, e desde então ocorreram mudanças drásticas na empresa: antes havia 4.500 funcionários, hoje são necessários apenas 1.600; a cada ano eram produzidas 200 mil toneladas de papel, mas agora a produção é três vezes maior. Como uma estatal por trás da Cortina de Ferro em 1980, embalava o papel em apenas cinco invólucros diferentes. Atualmente, como uma empresa privada, e com a Polônia fazendo parte da União Europeia, o papel sai em 300 padrões e marcas diferentes, destinado a lojas por todo o continente.

Mas situado no subsolo, sem a luz natural que envolve o maquinário no andar principal, o depósito representava um desafio particularmente difícil. Os obstáculos haviam derrubado três gerentes anteriores, todos homens numa empresa dominada pelo sexo masculino. Por motivos que desconhece, em 2002 Elżbieta foi inesperadamente convidada a assumir a responsabilidade pelas 24 pessoas que trabalhavam em três turnos fornecendo paletes, embalagens, filme plástico e cola para as operações da fábrica. De repente, a nova gerente baixinha, que outrora sonhara com uma carreira na política, teve a chance que sempre desejara para melhorar as vidas das pessoas, e isso a assustou.

"Se tive medo de alguma coisa nesse emprego, de algo com que não conseguisse lidar, foi das pessoas", explicou ela. "Eu conhecia os detalhes técnicos do trabalho. O que realmente me apavorou foi como gerenciar as pessoas, ser responsável por elas."

Ela tinha motivos para se intimidar. O fluxo de trabalho era mal organizado. Os funcionários não tinham uma boa noção de suas responsabilidades individuais. Não havia computadores no depósito; tudo tinha que ser procurado em catálogos ou rastreado no papel. Não havia espírito de equipe e nenhum lugar onde as pessoas pudessem se reunir, formal ou informalmente.

Uma sensação geral de desconforto pairava sobre o lugar. Os funcionários do depósito sentiam que as outras pessoas da fábrica os olhavam de cima e tinham a impressão de estar num "lugar escuro e esquecido". Para piorar, ser a única mulher a ocupar um cargo de gerente de nível médio não ajudava Elżbieta.

"Quando herdei a equipe, eu tinha quatro homens – uns sujeitos grandões e de aspecto saudável – que não conseguiam aceitar de jeito nenhum o fato de que uma mulher, e ainda por cima baixinha – porque não sou muito alta –, daria ordens a eles", ela disse. "E este foi meu maior problema, o machismo. No início, eles não queriam fazer o que eu mandava. Foi desagradável. Durante muito tempo, eles resistiram. Tentei me aproximar deles. Tentei convencê-los, por exemplo, de que um homem não terá uma reação alérgica se pegar numa vassoura."

A equipe pareceu ter uma reação alérgica às tentativas iniciais de Elżbieta de introduzir reconhecimento e elogio no grupo.

Certo outono, a produção foi reduzida enquanto o maquinário no andar principal era modernizado. O ritmo no depósito caiu proporcionalmente, deixando algum tempo livre aos funcionários. Quatro membros da equipe assumiram a tarefa de colocar as coisas em ordem. Por sua própria iniciativa, fizeram um inventário do estoque, separaram os itens desnecessários e organizaram melhor suas áreas de trabalho.

Numa das novas reuniões da equipe introduzidas por Elżbieta, ela fez aos quatro funcionários o que considerou um merecido elogio por seus esforços. Mas em vez do reconhecimento e dos sorrisos que a maioria dos gerentes esperaria nessa situação, eles se envergonharam, dizendo que apenas cumpriram sua obrigação e que ela não precisava fazer elogios. Após a reunião, Elżbieta ficou sabendo que seus comentários abalaram o grupo, gerando ciúmes e dando a impressão de que ela tinha seus funcionários favoritos. "Devo dizer que aquilo me magoou", admitiu, "porque não era a minha intenção."

A gerente atribuiu parte da reação à "mentalidade polonesa de 'ficar quieto e deixar que os outros façam o que têm de fazer'. Somos uma nação de solitários e só sabemos reclamar – *errado, insuficiente, ruim*", disse ela. "Se chove – *ruim.* Se faz sol – *ruim.* Quarenta graus – *ruim.* Vinte graus negativos – *pior ainda."* Dados da Gallup World Poll indicam que a impressão de Elżbieta está correta. Entre os moradores de 33 países que responderam à pergunta "Você se sente entusiasmado com relação ao seu futuro?", somente 36% dos poloneses responderam "sim", o menor resultado entre as nações estudadas. A média entre os países pesquisados foi de 77%.[1]

Mas em qualquer país não familiarizado com reconhecimento e elogios regulares, é comum que as equipes reajam de forma inesperada quando um gerente tenta aumentar o feedback positivo. Palavras gentis são vistas como algo raro e por isso às vezes inspiram mais inveja do que gratidão e motivação. Quando apresentadas à equipe do depósito, após décadas de parcos elogios, as congratulações de Elżbieta tiveram um efeito negativo. Ela precisava encontrar uma estratégia para uma situação mais complicada do que se afigurara à primeira vista.

A equipe de Elżbieta precisava passar por muitas mudanças para desenvolver todo o seu potencial. Liderando a lista vinha mais reconhecimento e elogios, o quarto elemento da gestão de excelência. Por mais que os elogios deixassem os funcionários do depósito constrangidos ou gerassem conflitos internos, dificilmente eles se esforçariam ao máximo sem o poder daquele reforço.

Na percepção dos trabalhadores em geral, elogios infelizmente são raros nas empresas e em suas equipes. Menos de um em cada três funcionários dá uma resposta fortemente positiva à afirmação: "Nos últimos sete dias, recebi algum reconhecimento ou elogio por realizar um bom trabalho." Em qualquer empresa não é incomum constatar que cerca de um quinto a um terço das pessoas discorda dessa afirmação, como que dizendo: "Além de não ter recebido nenhum elogio recentemente, meus melhores esforços são com frequência ignorados."

As empresas poderiam descartar esse problema como um simples caso de carência emocional, triste mas irrelevante, se o reconhecimento não fosse tão importante para a motivação no trabalho. Mas ele é. Os efeitos sobre a empresa começam com as intenções de ir embora: funcionários que não se sentem adequadamente reconhecidos têm duas vezes mais chances de dizerem que deixarão a empresa no próximo ano.[2] As consequências são ainda maiores para resultados diferentes da demissão que refletem a energia com que os funcionários trabalham diariamente. A variação no quarto elemento é responsável por diferenças de 10 a

20% na produtividade e na receita, e por milhares de clientes fiéis para a maioria das grandes organizações.[3]

Numa grande organização de saúde, uma diferença de 10 pontos percentuais na afirmação sobre reconhecimento representou uma diferença média de 11% nas avaliações dos pacientes de suas experiências. Numa firma de investimentos, a diferença entre metade ou um terço de seus consultores de investimentos se sentirem reconhecidos representou uma diferença de 11% na receita – milhões de dólares em jogo. Uma grande análise de várias empresas estima que uma mudança no reconhecimento traz como benefício um aumento de 6,5% na produtividade e 2% na fidelidade dos clientes, sendo este último indicador o mais rentável e difícil de mudar, cada ponto percentual equivalendo a centenas de milhões em vendas para uma empresa de grande porte.[4]

Esses vínculos se aplicam a qualquer tipo de ramo ou cultura. Alguns setores, como o industrial, e certos países, como a França, têm uma tendência ainda maior ao pouco reconhecimento. Tais generalizações podem ser enganadoras se encobrem o fato de que podemos encontrar gerentes que motivam suas equipes com elogios em qualquer país e em qualquer setor. Entretanto, tais gerentes são a exceção à regra. Devido ao seu poder, seu custo ridiculamente baixo e sua raridade, o quarto elemento é uma das maiores oportunidades perdidas do mundo dos negócios atualmente.

Uma experiência simples ajuda a ilustrar como as pessoas são atraídas pelo reforço positivo. Ela foi feita há alguns anos com um professor de certa faculdade de administração. Tendo chegado um pouco atrasado naquele dia, ao entrar na sala de aula o professor deparou com os alunos esperando, canetas e cadernos a postos como sempre.

O professor gostava de andar um pouco durante a aula, caminhando lentamente da esquerda para a direita e voltando, enquanto explicava as complexidades do gerenciamento de produção e operação. Foi o que fez naquele dia, explicando rapidamente a matéria para compensar o tempo perdido e começando o lento "pingue-pongue" com que seus alunos já estavam acostumados.

Uma coisa estranha aconteceu durante a aula. Quanto mais ele explicava, mais preferia ficar do lado esquerdo da sala. Imerso no assunto da aula que vinha ministrando, não estava realmente consciente de que sua preferência crescia. Mas algo parecia atraí-lo para aquele lado. No fim da aula, estava quase grudado na parede esquerda, inexplicavelmente inseguro com a ideia de deixar aquela pequena área na extremidade da sala.

Finalmente, um dos alunos confessou. Enquanto aguardavam o professor antes da aula, ele organizou o restante da turma para usarem o mestre como cobaia. Quanto mais o professor se deslocava para a direita, mais os alunos simulavam tédio, olhando para seus relógios ou suas anotações. Quanto mais ele ia para a esquerda, mais mostravam interesse, concordando com movimentos da cabeça, participando da discussão e sorrindo em resposta aos comentários do mestre. A força invisível foi o feedback positivo. Os alunos prenderam o professor à parede esquerda, e este se aninhou ali como um viajante com frio junto a uma lareira quente.[5]

Somente nos últimos 10 anos os cientistas conseguiram descobrir o que aconteceu no cérebro daquele professor, ou o que acontece no cérebro de qualquer pessoa que recebe feedback positivo imediato. Em 1998, pesquisadores de Londres recrutaram oito homens entre 36 e 46 anos. Cada voluntário teria que jogar um videogame, cujo objetivo era conduzir um tanque através de um campo de batalha, recolhendo bandeiras enquanto atirava em tanques inimigos e os destruía. Os tanques inimigos podiam atirar de volta e acabar com as três "vidas" dos jogadores. Se todas as bandeiras fossem recolhidas, o jogador passava para o nível seguinte. Os voluntários sabiam de antemão que, para cada nível alcançado, receberiam 7 libras. Dez minutos após o início do jogo, os pesquisadores injetaram nos participantes uma quantidade ínfima de uma substância química que lhes permitiria monitorar, por meio de uma tomografia de emissão de pósitrons, quais áreas do cérebro eram ativadas pela recompensa psicológica da vitória.

Uma parte do cérebro que se iluminou foi o estriado ventral, duas áreas do tamanho de vagens na parte inferior central de cada hemisfério. Os neurocientistas acreditam que o estriado ventral e o núcleo acumbente formam, conjuntamente, um centro básico de processamento de recompensas e que um neurotransmissor (substância química que envia um sinal de uma parte do cérebro para outra) chamado dopamina é que o ativa, proporcionando uma sensação de prazer e satisfação. As análises dos jogadores "indicam um aumento de pelo menos duas vezes dos níveis de dopamina extracelular", algo "semelhante ao observado após a injeção intravenosa de anfetamina ou metilfenidato."[6]

Outros estudos relacionaram a dopamina que atinge o estriado ventral ao mecanismo por trás do prazer de sentir gostos e odores agradáveis, receber dinheiro e até contemplar um rosto bonito.[7] O cérebro anseia por uma dose de dopamina. As pessoas alteram seus comportamentos para obter essas boas sensações. Algumas aumentam a quantidade de exercícios para poder comer mais suas comidas preferidas sem ganhar peso. Há quem mude de canal para ver o rosto de uma mulher bonita. Jogadores de caça-níqueis puxam a alavanca repetidamente tentando obter a sensação que acompanha a vitória. "Num nível puramente químico", relatou a revista *Time*, "cada experiência que os seres humanos acham agradável – seja ouvir música, abraçar a pessoa amada ou comer chocolate – equivale a pouco mais do que uma explosão de dopamina no núcleo acumbente, tão euforizante e efêmera quanto fogos de artifício."[8]

Descobriu-se que palavras positivas ativam especificamente regiões do cérebro ligadas à recompensa.[9] Um funcionário entrevistado pela Gallup tentou expressar com palavras o efeito: "Para mim, receber elogios e reconhecimento parece desencadear uma pequena explosão interna. Dá uma sensação de: 'Ah! Isso foi bom, mas quer saber? Posso melhorar.' Isso nos dá um incentivo para continuar tentando, para nos tornarmos ainda melhores." O efeito da dopamina parece tão gratificante que algumas pessoas arruínam suas vidas tentando induzi-lo artificialmente. Acredita-se que parte do poder viciante da cocaína, heroína, nicotina e álcool se deva ao aumento artificial do nível do neurotransmissor no cérebro.[10] (Após uma exposição prolongada, os usuários de estimulantes artificiais sofrem uma queda nos níveis normais de dopamina e passam a precisar da droga para recuperar esses níveis.)

O trabalhador comum é viciado em dopamina. E os gerentes não devem querer que seja diferente. Devido à falta de dopamina naturalmente produzida, os pacientes que têm mal de Parkinson lutam para conseguir tomar decisões.[11] Eles têm dificuldades em aprender com situações que envolvem tentativas e erros pela falta das reações emocionais apropriadas ao feedback positivo. Sem dopamina suficiente, suas boas escolhas não são bem reforçadas.[12] A substância química, além de fazer com que funcionários saudáveis se sintam bem ao receber elogios, também é fundamental para a memória e o aprendizado. Ela cria um sistema de recompensa interno que faz com que os funcionários queiram repetir o comportamento necessário à empresa, pois fazer a coisa certa gera reconhecimento.

A ânsia dessa parte do cérebro por boas notícias talvez explique por que equipes com um alto índice de reconhecimento e elogios mostram um desempenho superior ao daquelas com relativamente mais correções e críticas. Num estudo, pesquisadores observaram 60 equipes de empresas, codificando cada interação nas reuniões como positiva (apoiadora, encorajadora ou reconhecedora), negativa (insultante, sarcástica ou cínica), voltada para os outros, voltada para o orador, defensora ou curiosa. Quando, posteriormente, as observações foram correlacionadas com os dados de desempenho de cada equipe, descobriu-se que aquelas com alto desempenho recebiam 5,6 vezes mais comentários positivos do que negativos, eram curiosas e conseguiam um equilíbrio entre comentários sobre si e sobre os outros. (A primeira constatação coincide com uma proporção de 5 para 1 encontrada em casamentos felizes por outro pesquisador.)[13] As equipes com desempenho fraco registravam 2,8 comentários negativos para cada comentário positivo, e 29 comentários autorreferenciais para cada comentário sobre os outros. As equipes em dificuldades eram negativas e agiam em causa própria. Mostravam uma mentalidade estreita de luta pela sobrevivência, enquanto as equipes produtivas operavam numa cultura de abertura e pensamento mais expansivo. Não é que as melhores equipes não recebessem críticas. Elas discutiam problemas, mas num contexto maior de conciliação e reconhecimento. Os autores do estudo referiram-se ao fenômeno como "positividade fundamentada".[14]

Alguns executivos questionam a formulação "extrema" do quarto elemento que preconiza o reconhecimento "nos últimos sete dias". Eles querem saber por que o reconhecimento significativo, como um prêmio pelas vendas ou uma menção no discurso de um diretor, não pode ter validade de um mês ou mais. Ele até pode, mas não é suficiente. As pesquisas neurológicas rastreiam os níveis de dopamina mudando em minutos, não em meses. Segundo todos os indícios, o cérebro do funcionário está perpetuamente atento e ávido por reforços positivos, sobretudo um estímulo inesperado e espontâneo.[15]

Funcionários altamente comprometidos não veem a questão dos sete dias como um obstáculo. "Um dos motivos por que gosto de trabalhar com meu chefe é que ele é muito voltado para o reforço positivo", disse um vendedor. "Não consigo me lembrar de nenhuma conversa em que ele não tenha dito que estou fazendo um bom trabalho. É uma coisa pequena, mas me motiva."

Existem pelo menos dois motivos que tornam rara a cultura do reconhecimento. Primeiro, algumas das emoções humanas mais profundas são essencialmente egoístas. Estamos mais bem programados para receber elogios do que para dar. A nossa própria fome é maior do que a empatia pela fome dos outros. "Quando as coisas não derem certo para você, chame uma secretária ou um assessor e dê uma bronca neles", disse o ex-presidente dos Estados Unidos Lyndon B. Johnson. "Você dormirá melhor, e eles vão gostar da atenção."[16] Segundo, embora o estriado ventral pareça programado para eventos positivos, outras partes do cérebro estão ainda mais vigilantes em busca de notícias negativas. Os biólogos acreditam que esse seja um instinto de sobrevivência. Para nossos ancestrais remotos nas florestas e para nós mesmos na estrada, deixar de ver algo bom é desapontador, mas deixar de ver algo ruim pode ser fatal.

Existem sinais impressionantes dessa "propensão à negatividade" nos seres humanos. Por exemplo, dê a alguém um pequeno bem, e ele pagará duas vezes mais para mantê-lo do que pagaria para obtê-lo.[17] Para evitar prejuízos, investidores se privarão de lucros bem maiores.[18] Os cidadãos criticam as campanhas políticas negativas, mas costumam votar menos "a favor" de um candidato do que "contra" o seu oponente.[19] Estudos constatam que as pessoas percebem rostos zangados mais rapidamente do que expressões felizes.[20] "Uma linha crescente da literatura está documentando uma predisposição da atenção para as informações negativas", escreveram quatro pesquisadores americanos em 2002. "Nossa atenção volta-se automaticamente para informações negativas mais do que para positivas."[21]

Assim, não surpreende que a maioria dos gerentes e das empresas seja mais ágil em atacar um problema do que em elogiar um desempenho exemplar. Numa empresa dinâmica sempre existem problemas. Sem um esforço consciente para manter o reconhecimento, os eventos negativos constantemente passarão à frente dos positivos.

Se um funcionário espera ser reconhecido por seu trabalho, o desapontamento ao receber apenas silêncio causa uma queda em seus níveis de dopamina. A queda no neurotransmissor condiciona o funcionário a evitar a tarefa ingrata. Se a tarefa precisa ser realizada para o funcionário receber seu pagamento, ele provavelmente reduzirá o esforço ao mínimo necessário. Evitar o que não fornece nenhuma recompensa é tão básico para os seres humanos como o é para os ursos evitar locais onde não haja alimentos. "O pior aspecto do trabalho aqui é não ser reconhecido por ações que ajudam os colegas", escreveu um trabalhador sobre a sua frustração. "Toda vez que trabalho na sexta-feira à noite, meu departamento sai bem cedo. O departamento ao lado tem coisas para fazer antes de fechar. Eu fico até mais tarde para ajudar, mas nenhum gerente reconheceu minha contribuição", revelou o funcionário, que pretendia deixar de ser tão prestativo.

Os funcionários que não recebem sua dose de dopamina num lugar procurarão em outro. Quem nunca viu um funcionário criar uma planilha medíocre para o projeto da empresa e uma maravilhosa para o bolão do campeonato de basquete? Já que ganhar um jogo de paciência no computador também ativa os centros de recompensa do cérebro, as empresas não deveriam ficar chocadas quando trabalhadores pouco reconhecidos roubam tempo do expediente para um joguinho ou dois... ou até 10.

Os gerentes e até mesmo os altos executivos inventam diversas desculpas para serem parcimoniosos com os elogios. Alguns dizem aos funcionários logo de início: "Se eu não disser nada, é sinal de que você está fazendo um bom trabalho." Essa ideia de que "nenhuma notícia é uma boa notícia" pode funcionar com cortadores de grama, cujo motor deve permanecer funcionando até que o operador aperte o botão de desligar, mas contraria a neurobiologia que acabamos de descrever. Outros gerentes se livram de suas responsabilidades com frases como: "Não sou muito bom em fazer elogios." Embora ganhem pontos pela franqueza, a explicação por falharem num ponto gerencial tão importante não convence. Será que esses mesmos líderes ignorariam os resultados financeiros dizendo: "Não sou muito bom em matemática"?

Os gerentes que deliberadamente deixam de aproveitar o poder do feedback positivo não estão apenas diminuindo sua eficiência gerencial, mas também o poder dos salários que pagam. Aqueles que obtêm mais pontos no quarto elemento são 2,5 vezes mais propensos a concordar que "do meu ponto de vista mais objetivo, recebo um salário adequado pelo serviço que faço" do que aqueles na outra extremidade da escala do reconhecimento.[22]

Se isso não é suficiente, os gerentes que ainda precisam de mais um motivo para mudar de conduta deveriam considerar uma experiência recente em que os participantes tiveram uma semana para escrever e entregar "pessoalmente uma carta de gratidão a alguém que tenha sido especialmente gentil com eles, mas que nunca recebera um agradecimento adequado". A entrega da carta esteve estatisticamente relacionada ao aumento da felicidade e à diminuição da depressão por até um mês após a comunicação.

Essas mudanças positivas aconteceram com a pessoa que *fez* o elogio.[23]

Uma das maneiras mais eficazes de melhorar o reconhecimento dos funcionários é descobrir as formas de feedback mais significativas para eles. Para descobrir como gerir melhor sua equipe, Elżbieta Górska-Kołodziejczyk começou a ter encontros individuais com os trabalhadores. "Comecei ouvindo o que eles tinham a dizer, entendendo como viam as coisas, como queriam que o trabalho fosse organizado, o que mais esperavam, que materiais estavam faltando", disse ela. "Ao mesmo tempo, anotei os problemas e as questões que eles gostariam de ver resolvidos. Quando nos reunimos de novo, fiz um relato do que havia sido feito. Aquilo nos aproximou mais." Ela ignorou os comentários de que estava mimando os funcionários e seguiu seus instintos.

Devido à sensibilidade extrema aos elogios públicos, Elżbieta descobriu a importância das conversas particulares não apenas para identificar o tipo de elogio mais importante para cada funcionário, mas também para não provocar ciúmes. "Todos disseram que preferiam que eu falasse com eles em particular no início de seus turnos em vez de elogiá-los na reunião." Ela estava decidida a continuar fazendo elogios, mas sabia que precisaria ser cautelosa quanto ao momento e local. "Eu não economizava elogios, mas como transmiti-los de modo que todos ficassem satisfeitos? Isso foi difícil."

"Ela diz coisas como: 'Meninas, bola pra frente. Bom trabalho. Foi ótimo!'", disse Irena Krajewska, que trabalha no depósito há cinco meses. "Elżbieta fica contente quando vê todo mundo. Ela é como uma colega, sem formalidades." Um sinal do clima entre a gerente e sua equipe é que eles se dirigem e referem uns aos outros no tratamento informal da língua polonesa, algo que só é feito quando as duas partes concordam que mantêm uma relação amigável.

Indagada sobre como reconhece um funcionário que realizou um bom serviço, Elżbieta estende os braços e, com uma das mãos, segura o pescoço de Ania Haffke, sua funcionária há dois anos, dá um beijo na bochecha dela e abre um grande sorriso. "Ela é acessível, como uma colega", diz Haffke. "Ela também é exigente. Melhor nem contar o que ela diz quando quer alguma coisa. Mas não fica controlando as pessoas a cada minuto. Ela aponta os erros e enganos dos funcionários sem elevar a voz. Mostra a você como fazer as coisas certas."

Os funcionários do depósito ainda estão se acostumando a receber reconhecimento, mesmo em particular. Eles frequentemente reagem com timidez e depreciam seus esforços como se fossem apenas sua obrigação. Mas Elżbieta sabe que aquilo significa algo para sua equipe: eles estão aprendendo que "suas cabeças não serão cortadas se receberem elogios em público", e suas palavras positivas aos poucos surtem o efeito desejado. "Às vezes eles ficam um pouco tímidos, mas o rosto e os olhos falam pela pessoa", afirmou. Os funcionários contam que se sentem mais dispostos a se ajudarem mutuamente e agradecem uns aos outros pela ajuda recebida, e um espírito de reciprocidade vem surgindo numa equipe que antes não era muito unida.

Num esforço para responder positivamente à reação inicial da equipe de ciúmes e favoritismo, Elżbieta agora se certifica de que qualquer elogio possa ser respaldado por exemplos claros e diretos. Ela só faz elogios públicos à equipe inteira, como na vez em que escreveu no livro de anotações após o fim de semana: "Obrigada a todos por deixarem tudo tão limpo!"

Os homens da equipe foram os mais difíceis de persuadir. "No início eles eram como cimento", comparou ela. Ressentiam-se por ela ser mulher e por ter presunção de dar ordens a eles, com toda a experiência que tinham. Eles recebiam suas instruções como caprichos pessoais, não como diretrizes de segurança fundamentais. Elżbieta sentiu que eles estavam tentando atraí-la para um conflito com alguns de seus comentários depreciativos, mas se recusou a morder a isca. "Eu fingia que não tinha ouvido nem visto nada. Eles não estavam cumprindo as minhas ordens. Eu sorria e dava outras ordens. Não mostrava nenhuma raiva."

Na Polônia, predominantemente católica, muitas pessoas comemoram mais o dia de seu santo de devoção do que seu próprio aniversário. Elżbieta mantém um calendário com as datas importantes para seus funcionários e nessas ocasiões leva à sua equipe predominantemente feminina flores que cultiva em casa ou outras pequenas demonstrações de afeto. E para os homens? "Dou para eles pirulitos em forma de coração ou ursinhos de pelúcia. Às vezes uma caneta. Algo que os surpreenda e divirta. E eles se surpreendem." Aos poucos, seguir seus instintos começou a fazer diferença. "Um sorriso e palavras gentis abrem qualquer porta", afirma Elżbieta.

Recentemente, ela e um dos homens de sua equipe chegaram a um entendimento. "Ao fim de sua última avaliação, tivemos uma conversa franca", contou a gerente. Embora se apresse a dizer que não é psicóloga, Elżbieta acredita que, ao dar ao funcionário tarefas especiais e depois mostrar quão bom foi seu desempenho, ela aumentou sua confiança, tornando-o mais aberto a elogios e às instruções dela. "Ele se arrependeu de ter se comportado daquela maneira e admitiu que tinha errado. Vamos acabar tomando uma cerveja juntos algum dia."

A gerente também tentou aumentar a autoestima da equipe, lembrando-lhes que, sem seus esforços, a fábrica inteira pararia e que eles eram tão importantes como qualquer outro departamento. Tentou instilar neles o conselho recebido de seu pai de "se esquivar de pessoas tolas" e "evitar a insensatez".

"Fiquem em posição ereta", ela os instruiu. "Ergam suas cabeças. Não se importem se alguém da produção gritar com vocês. A produção são eles *e* nós."

A gerente contou que precisou de dois anos de trabalho duro, 12 horas por dia, quando assumiu inicialmente a função para mudar a cultura do depósito. Ela introduziu computadores no controle do estoque. Encorajou o treinamento diversificado para que os membros da equipe pudessem se ajustar às mudanças das exigências do trabalho. Solicitou verbas para criar uma "sala social" com geladeira, micro-ondas, armários, mesa e cadeiras para tornar mais agradável a vida da equipe. Todos esses esforços fizeram o nível de comprometimento dos funcionários pular do quartil mais desiludido do banco de dados da Gallup para o quartil superior. A equipe progrediu de uma "desorganização" para um "verdadeiro depósito". A mudança chamou a atenção da *Klip*, a revista corporativa da International Paper, para a fábrica de Kwidzyn. Eles sondaram Elżbieta e sua equipe sobre a redação de um artigo.

Inicialmente relutante, a equipe acabou concordando. Quando o artigo foi publicado na revista, tornou-se o coroamento de todo o seu trabalho duro. Eles se sentiram reconhecidos de uma forma que nunca haviam previsto. "Todos pegaram um exemplar. Todos queriam ter a revista", contou Elżbieta. "Eles estavam orgulhosos e muito felizes com o rumo que as coisas tinham tomado. Houve um monte de discussões de que valia a pena tentar, valia a pena trabalhar. Atualmente, eles se veem de forma diferente. Eles se valorizam. Sabem que seu trabalho significa muito aqui."

O Superintendente do Departamento de Acabamento Włodzimierz Wódecki dirigiu-se em particular a Elżbieta um dia enquanto examinava as melhorias no depósito. "Ele me contou que eu havia feito um trabalho nota 10", disse ela. "Nunca vou me esquecer disso. Realmente me deu muita satisfação. Foi minha compensação por todas as horas gastas aqui, pelo trabalho que fiz, por todos os meus esforços e transtornos." Seus olhos ficam marejados quando pensa nos anos em que esperou fazer essa diferença e agora enfim aquilo estava acontecendo.

"Devo ser maluca. Sou tão positiva em relação às pessoas", disse Elżbieta. "Sei que algumas pessoas zombam de mim pelas costas, mas isso não me incomoda. Tenho minha própria filosofia e ela me mantém viva."

Elżbieta almeja que seus funcionários se sintam cada vez mais alegres na fábrica de papel, sabendo que, se tiverem um bom dia de trabalho, terão uma vida melhor em casa. E no futuro, "mesmo que não trabalhem mais aqui, espero que se lembrem de mim como uma mãe bondosa – se lembrem da época em que trabalharam aqui e sorriam".

O QUINTO ELEMENTO

Alguém que se importe

Certa manhã – ninguém lembra mais quando exatamente – metade da central de atendimento da Qwest em Idaho Falls foi deixada com as luzes apagadas. Somente as telas dos computadores brilhavam naquela metade do grande espaço semicircular, fazendo os funcionários restantes se lembrarem dos colegas que haviam pedido demissão ou sido despedidos sem serem substituídos.

Quando se encontravam perto da máquina de refrigerantes, as pessoas contavam o tempo que faltava para o contrato de locação do prédio vencer. A empresa certamente esperaria até lá. Ou não?

Os resultados daquela central eram fracos, constantemente um dos piores entre as 11 centrais que a Qwest Communications International mantinha espalhadas pelos Estados Unidos. O desgaste era grande. O comparecimento, baixo. Os índices de satisfação dos clientes e a receita eram péssimos. A empresa de telecomunicações havia parado de contratar pessoal e o fechamento da unidade parecia tão próximo como aquele lado escuro da sala. "Estávamos todos prevendo que em algum momento seríamos mandados embora", contou Donna Jenkins, uma operadora de telemarketing.

"Eu tentava arrumar qualquer motivo para não ir trabalhar", relatou a funcionária Chyanne Smith. "Eu pensava: 'Um caminhão bateu no meu carro. Não quero ir trabalhar hoje.'" Os funcionários às vezes batiam as portas com força. E de vez em quando ouviam os colegas reclamando com os amigos pelo telefone. Alguns pediam transferência para outras centrais da Qwest.

O sindicato e a gerência local estavam em conflito. O descontentamento dos funcionários nunca tinha sido tão grande. Eles se sentiam temerosos e desmotivados. Os rumores sobre os problemas chegaram à central de atendimento da Qwest em Pocatello, Idaho. Quem queria sair de Idaho Falls estava disposto a dirigir 80 quilômetros em busca de melhores condições de trabalho.

Em abril de 2003, a Qwest incumbiu Larry Walters, que tinha 13 anos de empresa, da intimidante tarefa de tirar a operação de Idaho Falls da beira do precipício. Walters aceitou a missão sem hesitar e fez as malas para mudar-se de Helena, Montana, para a central de atendimento problemática em Idaho. Sentindo-se honrado com a oportunidade, bastou uma "conversa de dois minutos" para ser recrutado. "Em 48 horas, eu estava aqui, morando num hotel", contou Walters.

As coisas começaram a melhorar antes mesmo de sua chegada. Os funcionários estavam satisfeitos por verem uma mudança – qualquer que fosse. Sentiram-se encorajados pelo pouco que sabiam de Walters, de suas visitas ocasionais a Idaho Falls. Ele sempre se certificava de que havia café para o pessoal. Perguntava sobre seus interesses. Parecia genuinamente interessado em suas vidas.

Mas agora ele era mais do que um visitante e o tempo estava se esgotando para a central. "Eu sabia que podia reverter a situação, mas conseguiria fazer isso rápido o suficiente para ter um impacto sobre nosso serviço ao cliente e para atender às exigências da Qwest?", questionou Walters.

Diante de tal desafio, Walters poderia ter invocado sua autoridade e exigido melhorias. "Precisamos aumentar nosso número de clientes!", ele poderia ter anunciado. "Peguem o telefone e vendam mais!" Muitos gerentes em situações semelhantes tentaram esse tipo de atalho, como se fossem o faraó Ramsés no filme *Os dez mandamentos* declarando: "Assim seja escrito; assim seja feito!" A curto prazo, dar ordens às vezes funciona. Mas existem limites para quanto se consegue obter por meio de diretivas, incentivos financeiros, medo da punição e um controle intensivo do trabalho das pessoas. Todas as organizações inevitavelmente dependem do envolvimento psicológico de seus funcionários com os colegas e o gerente imediato.

Uma das questões cruciais para um líder de equipe tentando obter o máximo de seu pessoal é se eles formam uma equipe coesa, cooperativa, disposta ao sacrifício e motivada – ou seja, uma tribo. Essas atitudes constituem a essência do quinto elemento da gestão de excelência. Elas são medidas pela reação à afirmação: "Meu supervisor, ou alguém no meu trabalho, parece importar-se comigo como pessoa."

O fato de que ser um ótimo gerente requer uma habilidade especial para influenciar as emoções desagrada a muitos supervisores. Henry Ford certa vez teria perguntado: "Por que sempre obtenho a pessoa completa quando o que realmente quero é um par de mãos?" Seria mais fácil se as equipes conseguissem limitar suas necessidades afetivas ao lar, à igreja ou à vizinhança, mas as reações das pessoas não podem ser desligadas assim tão facilmente. Aqueles que acreditam que a afirmação "alguém no meu trabalho parece importar-se comigo como pessoa" é mais apropriada a um programa de auditório do que ao discurso de um gerente voltado para resultados precisam entender melhor como funciona a motivação humana.

Diante de uma decisão que afeta outra pessoa, a mente tem duas formas bem diferentes de avaliar as alternativas. Uma das melhores ilustrações dessa diferença está em dois cenários hipotéticos publicados na influente revista *Science*:

1. "Um bonde desgovernado está indo na direção de cinco pessoas que serão mortas se ele continuar no mesmo rumo. A única maneira de salvá-las é apertar uma chave que virará o bonde para um conjunto alternativo de trilhos. Isso vai causar a morte de uma pessoa em vez de cinco. Você viraria o bonde para salvar cinco pessoas à custa do sacrifício de uma?"
2. "Como antes, um bonde ameaça matar cinco pessoas. Você está ao lado de uma pessoa estranha e robusta numa passarela sobre os trilhos, entre o bonde desgovernado e as cinco pessoas. Neste cenário, a única forma de salvar as cinco pessoas é empurrar o estranho de cima da passarela, de forma que ele caia sobre os trilhos. Ele morrerá, mas seu corpo impedirá que o bonde atinja os outros. Você deveria salvar as outras cinco pessoas empurrando esse estranho para a morte?"[1]

Do ponto de vista matemático, as duas situações são idênticas: sacrificar uma pessoa para salvar cinco. No entanto, a maioria das pessoas diz sim para o primeiro cenário e não para o segundo. "Quando as vítimas não passam de estatísticas em algum ponto dos trilhos, como na primeira situação, as áreas do cérebro relacionadas à inteligência social e à emoção não se manifestam, e enxergamos o problema racionalmente", escreveu Richard Conniff. "Mas nossas emoções entram em ação quando o vínculo é pessoal."[2]

A experiência do bonde é apenas uma entre muitas mostrando que as pessoas tratam as outras de maneira diferente quando desenvolvem um vínculo. Experiências realizadas após o Holocausto mostraram que as pessoas se mostravam mais propensas a aplicar o que pensavam ser um choque doloroso num estranho se houvesse uma barreira os separando.[3] Algo tão simples como saber o nome do adversário num jogo torna os participantes mais generosos.[4] Um mero "par de mãos" será transferido, negligenciado, demitido ou considerado dispensável bem mais facilmente do que uma "pessoa inteira". Talvez o executivo de RH que reclamou que as demissões andavam devagar demais – "Quero ficar à porta e contar os rostos desesperados saindo", comentou – tivesse sido mais humano se os conhecesse pessoalmente. Os funcionários reconhecem a diferença e se esforçam mais num grupo quando sentem que são mais do que um número.

A importância do quinto elemento na central de atendimento da Qwest pode ser vista num estudo conduzido por quatro professores em 2002. Eles queriam saber se atendentes de telemarketing de outra empresa fraudariam seus relatórios para aumentar sua remuneração. Dado o incentivo financeiro para trapacear, a empresa deparou com a questão de até que ponto deveria monitorar suas 16 centrais de atendimento. Deveria gastar mais dinheiro para fiscalizar o trabalho, ou poderia confiar nos funcionários? Um dos melhores indicadores da confiabilidade de um funcionário era sua percepção de se a empresa "se importa com o meu bem-estar pessoal". "A 'consciência' sozinha não está condicionando as ações dos trabalhadores observados na experiência", concluíram os pesquisadores. Comparados com aqueles que sentem que a empresa cuida deles, "um número desproporcional dos trabalhadores que veem o empregador como injusto e indiferente" trapacearão quando acharem que poderão sair impunes.[5]

Para aqueles trabalhadores que se sentem "como apenas um número", mas que não conseguem se imaginar trapaceando, deixar o emprego é uma alternativa ética igualmente dispendiosa para a empresa. A correlação entre sentir-se negligenciado e pedir demissão tem sido repetidamente observada em estudos isolados de empresas do banco de dados da Gallup e em análises combinando dados de muitas organizações.[6] Nas empresas com alto índice de rotatividade de funcionários, os grupos de trabalho no quartil inferior da afirmação do quinto elemento registram uma taxa em média 22% superior à de seus colegas do quartil superior. Nas organizações em que as demissões são menos comuns, a diferença aumenta para 37%. Embora um funcionário com um gerente de raça diferente esteja mais propenso a pedir demissão do que alguém supervisionado por um colega da mesma raça, obter um nível alto no quinto elemento corrige essa diferença racial.[7]

Os motivos pelos quais as pessoas têm essa necessidade de que alguém se interesse por elas envolvem questões bem mais amplas sobre a própria humanidade. Aqueles inclinados a uma explicação religiosa veem o fato de "se importar" como uma obrigação divina. São Paulo instou os Coríntios a que "os membros tenham igual solicitude uns com os outros. Se um membro sofre, todos os membros compartilham o seu sofrimento".[8] Os ensinamentos de Buda enfatizam que "mil pessoas podem viver numa comunidade, mas não haverá um verdadeiro companheirismo enquanto não se conhecerem e mostrarem solidariedade umas pelas outras".[9] Todas as grandes religiões pregam um princípio semelhante.

Os antropólogos veem as pessoas de hoje como descendentes dos seres humanos mais cooperativos de todos os tempos. No passado hostil, pessoas que não trabalhassem em grupo não tinham apenas um dia de trabalho ruim – elas morriam. "A sociedade funciona não porque a inventamos conscientemente, mas por ser um produto antigo das predisposições que desenvolvemos", afirmou o escritor de ciência britânico Matt Ridley. "Está na nossa natureza. [...] Embora sejamos misantropos, somos incapazes de viver sem os outros. Mesmo num nível prático, passou-se talvez um milhão de anos até que algum ser humano fosse total e convincentemente autossuficiente: capaz de viver sem permutar suas habilidades pelas de seus colegas humanos. [...] Uma das coisas que distingue a humanidade das outras espécies e explica o nosso sucesso no meio ambiente é nossa coleção de instintos hipersociais."[10]

Gerações atrás, era fácil identificar o objeto desses "instintos hipersociais". Nas culturas agrárias, irmãs, irmãos, tias, tios e primos moravam a poucas fazendas de distância. Os clãs nômades atraíam todos os membros nas caçadas ao caribu, às focas ou a qualquer outra fonte de alimento. Por serem parentes próximos, os membros do grupo eram parecidos. Para se distinguirem ainda mais, costumavam adotar símbolos tribais, como os tecidos xadrez escoceses. Os clãs do passado compartilhavam uma profusão de experiências. Confiavam uns nos outros porque haviam demonstrado suas virtudes, porque trair a tribo era impensável e perigoso, e porque os instintos que serviram aos seus ancestrais os impeliam à cooperação mútua. Importar-se uns com os outros era normal.

O guerreiro corporativo de hoje em dia, que tem um currículo de duas páginas e já viajou por todo o mundo, só precisa retroceder algumas gerações para encontrar ancestrais que talvez nunca tenham se afastado muito de sua cidade natal, nunca tenham mudado de emprego, trabalharam décadas com as mesmas pessoas e para quem um bom trabalho em grupo era algo muito sério. Em seu livro *The Children's Blizzard*, David Laskin conta a história dos fazendeiros pioneiros da Dakota do Sul, ilhados pela neve e correndo o risco de morrer de fome porque não haviam conseguido moer trigo, em suas casas primitivas, para obter farinha. A imigrante ucraniana Anna Kaufman "soube que algumas famílias estavam fervendo suas sementes de trigo não moídas para preparar uma espécie de mingau, mas sabia que não conseguiria manter os filhos vivos com aquela dieta. Sem farinha eles nunca sobreviveriam ao inverno", ele escreveu. "Finalmente, quando ficou claro que o tempo não melhoraria, seis fazendeiros da família Schweizer decidiram fazer o percurso de 32 quilômetros até o moinho mais próximo. Cada um levou uma carroça cheia de sacos de grãos e um grupo de cavalos, e cada grupo abria uma trilha por cerca de 800 metros até que os animais estivessem exaustos. Aí aquele grupo ia para o fim da fila e o próximo grupo abria caminho pelos 800 metros seguintes. Foi uma viagem longa e cansativa, mas os homens retornaram com farinha, e Anna pôde preparar pão para sua família."[11]

Aviões, trens e automóveis, comunicações instantâneas e a natureza dos próprios empregos acabaram com a tribo tradicional, mas não com as motivações tribais. A definição de tribo do dicionário – "cada uma das partes em que se dividiam algumas nações ou povos antigos, geralmente com um território e algum tipo de chefia, e com atribuição de um ancestral comum" e "nas sociedades ditas primitivas, grupo social que ocupa um mesmo território e se avoca origem comum; compõe-se de unidades autônomas menores (por exemplo, clãs), geralmente fundadas sobre o parentesco, e organiza-se em torno de uma autoridade política"* – guarda uma estranha semelhança com o que observadores externos veem na sede de uma grande corporação. A reverência pelos fundadores da empresa substitui aquela pelos ancestrais comuns. Embora falte uma religião, toda empresa desenvolve suas ortodoxias e lendas poderosas. Toda organização coesa desenvolve um vocabulário exclusivo, piadas internas, canções, símbolos e uma maneira de trajar que vigoram dentro de seus territórios protegidos pelo crachá. As diferenças entre um clã antigo e o exército de funcionários de camisas brancas da IBM de 1950, de Thomas Watson, eram mais de estilo do que

---

* Definições tiradas do *Novo dicionário eletrônico Aurélio versão 5.11a* e do *Dicionário eletrônico Houaiss da língua portuguesa 1.0. (N. do E.)*

orgânicas. Porque não são computadores, os trabalhadores talvez se motivem mais pela necessidade emocional de apoiar seus companheiros do que em razão do apelo cognitivo de um plano de participação acionária dos funcionários.[12] No entanto, não é incomum que as empresas invistam neste último item tanto ou mais que no primeiro.

As tribos são mais fluidas hoje em dia. Um menino nascido duas décadas atrás, além de provavelmente não ter tido uma grande família à sua volta durante os anos de sua formação, pode nem sequer ter tido o pai em casa. Sua "tribo" pode ter mudado a cada poucos anos ao sair da creche para a escola primária, para uma escola nova (caso sua mãe tenha se mudado), para o time de futebol da colônia de férias, e para sua escola do ensino médio, faculdade e grêmio acadêmico. Um dia ele se vê em seu novo grupo de trabalho, seja uma loja, agência bancária, terminal de carga, redação de jornal, canteiro de obras ou escritório de advocacia. Embora sua participação nos grupos possa ter sido transitória ao longo da vida e certamente mais instável do que a de seus ancestrais, sua natureza ainda o impele a pertencer a um grupo. Ele pode exibir isso em forma de orgulho pela tradição étnica, ostentando a camisa de seu time ou adotando o nome do mascote de sua universidade. Mas são grandes as chances de que sua autoimagem seja condicionada pela participação num grupo. Como o *Wall Street Journal* descreveu o dilema de certo homem de negócios, "a influência constante dos laços da faculdade ou do grêmio acadêmico no mundo dos negócios é estranha mas difícil de evitar".[13]

Todavia, sob as condições certas, tribos novas e produtivas se formam dentro de uma empresa. Pessoas com antecedentes distintos, de raças diferentes, que estudaram em diversas faculdades e cresceram com costumes variados ainda assim se tornam um grupo unido. Elas desfrutam os benefícios sociais de pertencer ao grupo e se sentir apoiadas. A empresa colhe as recompensas de um trabalho de equipe melhor.[14]

Para Larry Walters ou qualquer outro gerente, essa inclinação significa que uma grande variação no esforço de sua equipe dependia do grau em que seus membros se sentiam parte de um grupo, uma coesão às vezes chamada de "capital social". "O capital social faz de uma organização, ou de qualquer grupo cooperativo, mais do que uma coleção de indivíduos visando atingir seus objetivos particulares", escreveram Don Cohen e Laurence Prusak. "O capital social reduz o espaço entre as pessoas. Seus elementos e indicadores característicos incluem altos níveis de confiança, redes pessoais robustas e comunidades vibrantes, compreensões compartilhadas e uma sensação de participação equitativa num empreendimento conjunto – todas essas coisas reúnem os indivíduos num grupo. Esse tipo de vínculo favorece a colaboração, o comprometimento, o pronto acesso ao conhecimento e aos talentos, e o comportamento organizacional coerente."[15]

Esses benefícios não surgem sem que os membros das unidades de negócios sintam que alguém se interessa pessoalmente por eles, um fato que pode ser um duro despertar para alguns gerentes. "Quando me tornei gerente, eu tinha 22 anos. Era muito objetivo e orientado para os resultados", contou um administrador numa entrevista. "Eu costumava dar tarefas às pessoas e creio que era muito rude com aquilo. Eu dizia: 'Veja bem, preciso que você faça X-Y-Z', e ia embora. Uma senhora mais velha da minha equipe me disse, sem meias palavras, que eu era um imbecil. Tínhamos um relacionamento respeitoso, por isso me sentei com ela e disse: 'Quero ouvir sua opinião. Por que você acha que sou um imbecil?' E ela respondeu: 'Você nunca diz bom-dia ou pergunta por nossas famílais ou como foi nosso fim de semana.' Aquilo deixou em mim uma impressão que durará pelo resto da vida."

Para recuperar a central de atendimento da Qwest em Idaho Falls, Larry Walters embarcou numa estratégia composta de quatro pontos: aproximar-se dos funcionários da linha de frente, enfatizar os resultados, conversar francamente com o sindicato e se afastar de alguns dos seis "instrutores". Ele temia que aqueles gerentes subordinados a ele que supervisionavam de 10 a 12 operadores eram resquícios da era gerencial anterior.

Larkin Beauchat era um instrutor que vinha esperando algo melhor. Ele persistia apesar das dificuldades. Naquela altura, "aquilo era apenas um emprego", relembrou ele. Mas estava disposto a seguir um verdadeiro líder. "Naquele primeiro dia, Larry nos chamou e disse: 'Atualmente estamos em último lugar entre as centrais de atendimento. Temos que dar a volta por cima'", contou Beauchat. "Então ele comentou que os empregos dos gerentes estavam em risco e que nos próximos dois a quatro meses cada um de nós seria avaliado por nosso desempenho, bem como pela percepção de Larry do que estava acontecendo na central."

"O que mais me impressionou foi sua disposição de entrar em ação e tentar mudar a mentalidade", afirmou o instrutor Matt Tower.

A primeira reunião com os gerentes naquela manhã, recorda Walters, revelou-se um de seus maiores desafios, "porque a maioria dos gerentes não queria mudar; eles adotaram a atitude de 'Estamos fazendo as coisas do nosso jeito'". Walters não se importou em ameaçar os instrutores rebeldes. De fato, se eles estivessem determinados a se entrincheirar, ele usaria sua conversão ou sua demissão para enviar uma mensagem ao pessoal da central que havia sido intimidado por alguns dos instrutores. "Quando voltei ao meu quarto de hotel, estava animado", disse Walters, "porque aqueles instrutores saíram da reunião assustados, e os atendentes viram aquilo e perceberam que algo iria mudar."

Walters batalhou para que quatro dos instrutores trabalhassem com ele, para que parassem de gerenciar por meio da intimidação, para que aprendessem mais sobre o sistema telefônico e entendessem as frustrações dos atendentes. Um por um, falharam no teste. "Eu simplesmente não conseguia fazer com que eles mudassem de conduta. Eles diziam as coisas certas na minha frente, mas não agiam de acordo com suas palavras – não mudavam seu comportamento para fazer a coisa certa", contou o gerente. Beauchat e Tower receberam bem a mudança e sobreviveram a ela. Os outros quatro não.

As reuniões de Walters com o sindicato foram descritas por ambos os lados como diretas e francas, criando a base para uma excelente relação de trabalho. Kathy Berger, funcionária da central de atendimento de Idaho Falls e secretária-tesoureira do escritório local do sindicato Communications Workers of America, descreve Walters numa linguaguem estranhamente efusiva para uma ativista. "Ele é meu herói", revelou. "É absolutamente tudo para mim." Walters fez por merecer o elogio, explicou Kathy, sendo coerente e direto. Eles se reúnem todas as terças-feiras às 10 da manhã, quase sem falta, para discutir os mais diversos assuntos. Ele nunca omite a verdade, declarou ela, e parece entender que, aumentando a afiliação ao sindicato e dando aos seus membros empregos mais gratificantes, a saúde da central beneficia tanto o sindicato quanto a Qwest.

"Nós simplesmente analisamos os fatos e concordamos em trabalhar juntos para melhorar as coisas", contou Kathy. "Acabou aquele negócio de os gerentes locais terem segredos e não deixarem ninguém no sindicato saber. Sua atitude foi: 'Você tem um problema? Me procure e vamos conversar sobre ele. Conto para você o que sei e você me conta o que sabe.' Acho que nunca vi uma relação sindicato-empresa melhor do que na nossa central, e Larry é totalmente confiável. De verdade." Kathy disse que soube que as coisas seriam diferentes quando ela e Walters estavam lidando com uma queixa de um funcionário. Depois que chegaram a um acordo, Walters sugeriu: "Da próxima vez que você receber uma queixa, vamos tentar o seguinte: venha falar comigo antes que se torne uma ação reclamatória e vamos ver o que poderemos fazer."

Quando ocorreu o desentendimento seguinte, Kathy aceitou a oferta de Walters. Ele entendeu a preocupação do funcionário. Eles chegaram a um acordo, e a ação reclamatória foi evitada. Como resultado, o número de ações reclamatórias um ano após Walters ter assumido a unidade caiu para a metade apesar de o número de funcionários da central haver aumentado seis vezes.

Quando Walters chegou na central de atendimento, ficou surpreso por não encontrar os resultados da equipe divulgados de forma destacada. Ele resolveu incentivar a equipe a sair do último lugar na classificação das centrais da Qwest. "A decoração das paredes parecia boa, mas não havia um espaço para os resultados! Uma semana depois que cheguei, os resultados foram afixados na parede. Qual era a nossa posição em vendas, no serviço ao cliente, em retenção? Qual a nossa posição em comparação com as outras centrais? Eu queria começar a desenvolver na nossa unidade aquela sensação de orgulho pelo que fazemos." Ele estimulou a equipe. "Eu estava realmente mostrando às pessoas: 'Você não vê que estamos em último lugar em vendas? Isso não o incomoda?'"

O foco nos resultados poderia ter dado em nada não fossem as armas secretas de Walters: uma preocupação genuína por seus funcionários combinada com um estilo motivacional teatral e autodepreciativo. Os funcionários de Walters conseguem citar uma série de fantasias e outros artifícios que ele usou para animar a equipe. Ele calça patins e desliza pela central cantando e tocando violão. (Seus funcionários logo ressaltam que ele não sabe tocar violão.) Um dia, Walters comprou hambúrgueres para todos e convenceu a lanchonete a lhe emprestar uma fantasia de copo de milkshake para usar enquanto distribuía os sanduíches. Lisa Roberts, que Walters recrutou da unidade de Pocatello para ser instrutora, lembra que na primeira vez que se encontraram ele estava vestido com um uniforme de super-herói. Depois ela comprou uma fantasia de Bob Esponja para ele.

Mas o traje mais memorável foi uma brincadeira quando a Qwest concordou em liberar o MSN. Walters arrumou uma fantasia de borboleta do MSN e "voou" pelo escritório estimulando a equipe. "Você já viu o Larry? Ele é alto e magrela. Colocou uma fantasia de borboleta do MSN com capuz que cobria tudo menos seu rosto, e ficou andando pelo escritório com aquilo. Tivemos que deixar os clientes esperando, de tanto que ríamos", contou Kathy.

"Isso ajuda as pessoas a sentirem que ele é uma pessoa real", afirmou Lisa. "Não é do tipo: 'Estou acima de todos e vocês deveriam ter medo de falar comigo.'"

Dentro das fantasias de borboleta, de copo de milkshake ou de super-heróis está um gerente que quer conhecer cada um de seus funcionários e torce pelo sucesso deles. "Eu adoro essas pessoas e não estou apenas brincando", revelou Walters. "Sei os nomes delas. Sei os nomes de seus cônjuges. Implico com elas quando seus times perdem. A primeira coisa que digo de manhã não é 'Como estão seus números?', e sim 'Como foi o jogo do seu filho ontem à noite? Quem venceu?' O pessoal voltou a acreditar que somos uma equipe."

Os funcionários da central de Idaho Falls recitam dois mantras ensinados por Larry: "Por amor" e "Vocês são todos astros do rock". De pé sobre uma mesa no meio do escritório, ele diz que os ama e que acredita que podem realizar grandes coisas – mensagens que eles não ouviam antes de sua chegada. "Larry mudou toda a minha atitude em relação à Qwest", disse Chyanne. "Dois anos atrás, eu não tinha nada de bom a dizer sobre a empresa. Agora, quando as pessoas perguntam se ainda trabalho lá, respondo: 'Sim, e pretendo me aposentar ali.' Sinto orgulho de vir trabalhar e de dizer que sou funcionária da Qwest."

Mudar o grupo de instrutores, concentrar-se nos resultados, desenvolver uma parceria com o sindicato, aproximar-se dos funcionários e temperar tudo isso com o uso de várias fantasias divertidas surtiu o efeito esperado. Os números melhoram a cada dia. Os índices de satisfação dos clientes aumentaram 5%. A receita por chamada cresceu 16%. A produtividade das vendas disparou 68%. A diretoria da Qwest, vendo a reviravolta, decidiu começar a contratar mais gente para a unidade de Idaho Falls. As luzes voltaram a se acender em todo o prédio, agora cheio de atividade. Em março de 2004, a Gallup realizou a pesquisa dos 12 elementos na central de atendimento de Idaho Falls. Funcionários que apenas um ano antes descreviam seu local de trabalho de forma negativa classificaram sua vida profissional acima do 70º percentil do banco de dados americano da Gallup – um nível incrivelmente alto para um grupo tão grande e sindicalizado.

Uma tarde, Paula Kruger, vice-presidente executiva do grupo de mercados consumidores da Qwest, estava na cidade visitando Walters e discutindo mudanças na central. Apontando para o prédio vizinho, Walters disse, meio de brincadeira: "Dentro de dois anos, quero aquele prédio."

"Por que esperar dois anos?", perguntou ela. "Você está fazendo as coisas certas. Vamos partir para a ação." Uma justificativa fundamental para a empresa contratar mais pessoas era o sucesso de Walters em motivar equipe. Não fazia sentido contratar mais gente se fossem fechar. Mas o pessoal de Walters estava se divertindo bastante, se apegara demais a ele e estava tendo muito sucesso para que aquilo fosse um problema. Em abril de 2004, a

Qwest anunciou a expansão que tornaria aquela central a maior da empresa. A alta diretoria da Qwest e autoridades foram a Idaho Falls para uma grande entrevista coletiva à imprensa. Walters comprou dezenas de pincéis atômicos permanentes e pediu aos trabalhadores que autografassem dezenas de guitarras que ele tinha comprado para os seus "astros do rock". "Chorei quando anunciaram a expansão", confessou Walters. Havia cerca de 150 funcionários no dia do anúncio. Eles foram à loucura. Batiam palmas, gritavam e se empolgavam, e eu desatei a chorar. Alguns gerentes choraram também."

Dirk Kempthorne, governador de Idaho, estava na plateia. Ele se aproximou de Walters e observou: "Nunca vi ninguém ser tão ovacionado. Você devia entrar para a política, porque essas pessoas adoram você e o que você fez." Reduzida a apenas 65 pessoas quando se localizava num só prédio meio às escuras, a central de atendimento da Qwest em Idaho Falls logo passou a empregar mais de 400 pessoas em dois prédios. Walters foi promovido a diretor local, acima dos líderes de equipes, cada um responsável pelos funcionários de um dos prédios. A central, a pior em vendas da empresa antes da chegada de Walters, superou a meta de vendas de janeiro de 2004 e passou para o primeiro lugar.

Bolas de gás flutuam sobre as estações de trabalho. Grandes bolas de beisebol, cartazes de "aplausos" e uma bandeira pirata pendem do teto. Os operadores sorriem enquanto empilham cuidadosamente as latas vazias de Mountain Dew, Coca-Cola e Red Bull que os mantêm ativos. Agora aquele é um local divertido de se trabalhar. E quem está ali há tempo suficiente para saber pelo que a central passou se mostra grato a Larry Walters por lhes dizer, de forma única, como serem astros do rock.

"Ter estado em último lugar e agora ser o número um é realmente sensacional", declarou Lisa. "Parece fácil agora, mas vimos o outro lado."

O SEXTO ELEMENTO

Estímulo ao desenvolvimento

Quando era adolescente em Lethbridge, Alberta, Pete Wamsteeker procurava um emprego. Ao encontrá-lo, conheceu também um ídolo. Um homem que frequentava a mesma igreja que ele e tinha uma empresa de rações ofereceu-lhe um emprego. Na época, Wamsteeker tinha 15 anos.

Em seu primeiro gerente o garoto encontrou alguém que enfrentava a adversidade com altivez, tinha bons valores e investia muito tempo nas outras pessoas. O proprietário era incapaz de fazer qualquer "julgamento de valor" em relação às outras pessoas, contou Wamsteeker. "É comum você ouvir as pessoas dizerem: 'Aquele sujeito é um palhaço.' Ele nunca fazia isso. Todos eram importantes. Tudo se resumia em servir bem aos outros e 'Você tem que respeitar as pessoas pelo que elas são.'"

Nos anos seguintes, o homem de negócios desafiou seu jovem funcionário. "Eu era um garoto de 15 ou 16 anos, e ele perguntava coisas como: 'Quais são os seus planos?', 'O que você está fazendo?', 'Por que você iria para a faculdade?' Alguns diriam que ele estava sendo socrático,* mas ele me desafiava sobre aquilo que eu aprendia e minha maneira de agir."

*Alusão à maiêutica socrática, método de ensino em que, por meio de perguntas, extraem-se as respostas do próprio aluno. (*N. do T.*)

Perto de concluir o ensino médio, Wamsteeker candidatou-se a várias faculdades e foi aceito. O gerente continuou pressionando o jovem sobre sua intenção de abandonar um emprego estável em sua cidade natal.

"Deve ter sido no verão entre meu último ano no ensino médio e meu primeiro ano na faculdade", contou Wamsteeker. "Ele me chamou à sua sala e disse: 'Agora quero que você reflita se realmente quer ir para a faculdade. Você pode continuar aqui, eu lhe pagarei um bom salário e realmente não precisará da faculdade. Você nasceu para este negócio.' Ele falava sem parar e tive vontade de dizer: 'Já chega!'"

O empresário continuou testando a determinação do rapaz de 18 anos, perguntando o que ele pretendia fazer com sua formação superior e se ele percebia os sacrifícios que teria de fazer para concluir a faculdade.

– Garoto, isso vai ser caro! Você sabe quanto custa uma faculdade hoje em dia? – perguntou o gerente.

– Sei exatamente quanto custa – respondeu Wamsteeker.

– E quanto é?

Wamsteeker informou o preço de uma das faculdades que pretendia cursar. O dono da empresa de rações pegou o talão e preencheu um cheque para ajudar a pagar a faculdade de Wamsteeker.

"Ele me entregou o cheque e disse: 'Você vem trabalhar para mim no próximo verão? Acho que é o tipo de cara que tem um lugar nesta empresa a longo prazo. Estou extremamente orgulhoso da sua determinação.'"

Ele ajudou Wamsteeker durante seus anos de faculdade e, mais pelos motivos por trás de sua generosidade do que pelo dinheiro em si, deixou uma impressão duradoura no garoto que contratara na porta da igreja. "É muito encorajador", afirmou Wamsteeker. "Ele cresceu com os valores certos. Fez as coisas certas e, sabe, é preciso se orgulhar disso. Você tem que ouvi-lo porque ele sabe o que está fazendo. Ele tem uma marca de caráter. Esse homem modelou valores que repercutiram em tudo o que sou. Sempre tive medo de desapontá-lo."

Pouco antes de Wamsteeker se formar na faculdade, seu empregador vendeu a empresa à Cargill, o conglomerado agrícola e de alimentos com sede em Minneapolis. No processo de negociação da venda, o gerente garantiu uma vaga para Wamsteeker na empresa. Duas décadas depois, Wamsteeker é um ótimo gerente da Cargill e aplica os princípios que aprendeu na adolescência.

Quando Ulisses partiu na longa viagem que o levaria à Guerra de Troia, deixou para trás a esposa Penélope, o filho Telêmaco e todas as suas propriedades. O poeta Homero escreveu que os assuntos foram deixados nas mãos de "um velho amigo de Ulisses, a quem o rei confiou toda a sua família ao partir, com ordens de [...] manter tudo intacto".[1] Supõe-se que, entre outras coisas, incumbiu o amigo do aconselhamento e dos cuidados de seu jovem filho. O conselheiro especial teria "controlado todo o curso da vida de Telêmaco para que ele se elevasse aos píncaros da glória".[2]

O conselheiro tornou-se símbolo de uma necessidade humana básica, uma ideia que repercute pelas salas de negócios atualmente. Seu nome é Mentor.

A noção de um guia pessoal é uma ideia antiga que vive ressurgindo em formas como as relações entre o mestre artífice e o aprendiz, o doutorando e o orientador da tese, ou o residente e o médico. Os músicos aprendem ouvindo músicos melhores. Cirurgiões aprendizes observam os experientes. Trabalhando com alguém que supervisiona o progresso da pessoa menos experiente consegue-se algo impossível de se obter de qualquer outra maneira. É disso que se origina o sexto elemento da gestão de excelência, representado pela afirmação: "Alguém no trabalho estimula meu desenvolvimento."

Embora os mentores existam há séculos, o mecanismo neurológico por trás do poder do exemplo foi descoberto apenas no início dos anos 1990, e por acaso. Um grupo de pesquisadores liderados pelo Dr. Giacomo Rizzolatti, um neurocientista da Universidade de Parma, na Itália, colocou pequenos eletrodos nos cérebros de macacos perto das regiões responsáveis por planejar e executar os movimentos. Se o macaco pegava alguma coisa, um monitor eletrônico ligado aos fios no cérebro do animal emitia um som – "biiip, biiip, biiip" – para registrar a ativação daqueles neurônios.

Então algo aconteceu – algo tão incomum que os pesquisadores acharam que só podia ser um erro. Se o macaco via um dos cientistas fazendo alguma coisa – tomando um sorvete, pegando um amendoim ou uma banana –, o monitor registrava a ativação das células do cérebro como se o macaco tivesse feito aquilo, quando na verdade ele só havia observado. "Levamos vários anos para acreditar no que estávamos vendo", contou Rizzolatti ao *The New York Times.* Descobriu-se que a estrutura por trás do fenômeno era o que se denominou "neurônios espelho", células espalhadas por regiões-chave do cérebro que imitam tudo o que o macaco vê os outros fazendo.[3]

Pesquisas subsequentes descobriram um conjunto bem mais complicado de neurônios espelho em pessoas. Acredita-se que esse circuito, que faz o ser humano imitar o que vê, explique por que um bocejo pode ser contagioso, por que um recém-nascido mostrará a língua se vir outra pessoa fazer o mesmo e por que meninos às vezes imitam os dribles de seus jogadores de futebol favoritos. "Isso explica muito sobre como aprendemos a sorrir, falar, andar, dançar ou jogar tênis", dizia um artigo de capa de 2006 da revista *Scientific American Mind.* "Num nível mais profundo, sugere uma dinâmica biológica para nossa compreensão dos outros, a complexa troca de ideias que chamamos de cultura, e disfunções psicossociais que vão desde a falta de empatia ao autismo."[4]

A descoberta dos neurônios espelho, segundo um pesquisador, "altera completamente nossa crença sobre o funcionamento do cérebro". "Os neurônios espelho farão pela psicologia o que o DNA fez pela biologia", disse outro.[5] A implicação é que os seres humanos não se limitam a observar passivamente as outras pessoas em ação, mas em suas mentes "fazem" aquilo que veem. Quando um ídolo do futebol marca um gol na Copa do Mundo, parte do cérebro dos fãs faz com que eles também marquem o gol. O fenômeno ajuda a explicar o poder da televisão e do cinema em levar os espectadores para dentro da ação. Mais importante para os negócios, as descobertas demonstram que, se uma empresa deseja que seus funcionários assimilem rapidamente as "melhores práticas", não existe caminho mais rápido para o cérebro de um pupilo do que assistir a um bom ídolo em ação. "Os neurônios espelho", disse Rizzolatti, "permitem que captemos as mentes dos outros não pelo raciocínio conceitual, mas pela simulação direta."[6]

O sexto elemento requer esse tipo de orientação pela interação pessoal. Ele depende de uma única pessoa mais do que a compreensão que constitui o primeiro elemento, os recursos que respaldam o segundo ou as oportunidades que definem o terceiro. Enquanto todos esses elementos requerem a interação pessoal entre gerente e funcionário ou entre colegas, o sexto requer que o conselheiro invista mais na formação de seu pupilo. Por esse motivo, e pelo poder dos neurônios espelho quando uma pessoa serve de mentora para outra, o sexto elemento da gestão de excelência é também um canal para todos os outros.

É difícil progredir em qualquer dos outros elementos sem o sexto. Considere o grupo razoavelmente grande – em média, quatro em cada dez funcionários – que sente que nem seu gerente, nem mais ninguém está cuidando de seu desenvolvimento. Apenas 1% daqueles que não têm um mentor conseguem se sentir realmente comprometidos com seu empregador pela força dos outros 11 elementos.[7] Por outro lado, dois terços dos funcionários que dizem ter alguém no trabalho que estimula seu desenvolvimento se classificam como "comprometidos", enquanto um terço é "não comprometido" e menos de 1% é "totalmente desmotivado". Essas estatísticas indicam que, independentemente das promessas do site ou departamento de pessoal da empresa, ter um mentor é fundamental e faz parte do contrato social não escrito que os trabalhadores esperam quando são contratados.

Infelizmente, no afã de incentivar esse elemento de forma artificial em toda a organização, muitas empresas criam programas oficiais de "aconselhamento" que tentam juntar as duas pessoas ou impor relações que, para serem eficazes, precisam surgir naturalmente. Como explicou um executivo em seu site na internet: "O que tem sido historicamente uma interação informal, extraoficial, voluntária, por consentimento mútuo e autosselecionada entre duas pessoas se transformou num programa – um estratagema institucionalizado para tentar forçar o que provavelmente só pode acontecer de modo natural –, e uma mercadoria na sacola de truques que muitos consultores carregam de um cliente para outro."[8]

O gerente costuma ser o primeiro da fila para ocupar esse papel na vida de seu funcionário, mas não é o único candidato. Médicos costumam ser geridos por administradores que não estudaram medicina, mas pedem conselhos ao chefe dos cirurgiões ou um médico mais experiente e acessível. Jornalistas iniciantes podem ter seus textos revisados pelos editores, mas aprendem a apurar as matérias observando repórteres veteranos. Os músicos obedecem ao maestro, mas aprendem muito com outros músicos que tocam o mesmo instrumento.

O escritor Don Cohen certa vez observou que algumas das caminhonetes de entrega da United Parcel Service estavam sempre estacionadas, por volta das duas da tarde, perto de um parque de Massachusetts por onde ele costumava passar. Os motoristas se sentavam nos bancos próximos, almoçando e conversando. Curioso, Cohen um dia perguntou se aquela era apenas uma maneira de não almoçarem sozinhos.

"Sim, eles se reuniam para ter companhia durante o almoço, mas 'conversamos sobre toda e qualquer coisa', inclusive bastante sobre o trabalho", escreveu Cohen. "Motoristas que trabalhavam na cidade há mais tempo ensinavam aos mais novos como encontrar ruas e endereços sem sinalização e quando era mais fácil encontrar certos clientes para fazer uma entrega. Os veteranos também compartilhavam outros conhecimentos especiais, como quais clientes gostavam que os pacotes fossem deixados na garagem ou ao lado da casa e os horários de saída dos colégios, quando crianças atravessavam a rua e ônibus escolares atravancavam o trânsito." Os motoristas contaram ao escritor que costumavam trocar pacotes para equilibrar a carga, ajudar alguém a chegar mais cedo em casa ou corrigir um erro do centro de triagem.[9] Esses encontros podem parecer insignificantes, mas dado que grande parte do desempenho excepcional está nos detalhes e a importância da imitação para o aprendizado humano, podem ser um dos mecanismos mais importantes para se criar uma cultura voltada para os resultados.

Apesar de sua importância em qualquer ponto da carreira, a frequência dos vínculos do sexto elemento declina gradualmente com a idade e o tempo de casa. Mais da metade dos funcionários entre 18 e 24 anos, e daqueles com menos de seis meses no emprego, dizem que alguém no trabalho estimula seu desenvolvimento. Mas a porcentagem cai para apenas um em cada quatro trabalhadores com mais de 55 anos, e para um em cinco com

10 ou mais anos de empresa. Não há nada que indique que um mentor seja menos importante para os gerentes ou funcionários antigos do que para os novatos, mas parece que muitas empresas não se preocupam com a orientação de seus colaboradores mais experientes e fiéis tanto quanto com a dos recém-chegados.[10]

Coerente com o circuito de imitação biológica, o sexto elemento também constitui os vínculos mais fortes entre os diferentes níveis de uma empresa. Executivos com um mentor têm mais chances de se tornar um deles, criando um efeito cascata do presidente da empresa até os funcionários da linha de frente. Entre todos os 12 elementos, o sexto é o mais sensível a esse fenômeno de "o gerente imitar o que vê".[11] Um supervisor dedicado tem tanto a vontade de retribuir a seu empregador quanto um interesse específico em ver novos talentos contribuírem para o sucesso da empresa.

A orientação de um funcionário mais jovem e inexperiente por um gerente constitui um estereótipo, por se aproximar mais da relação entre Mentor e Telêmaco. Mas na acepção mais ampla, captada pelo sexto elemento, um mentor é qualquer um que, aos olhos do funcionário, garante o sucesso de seu percurso. O aspecto importante não é qual termo, entre tantos, se aplica a esse protetor – amigo, instrutor, conselheiro, padrinho, orientador, apoiador –, mas se o funcionário sente que não está sozinho na empresa. Como um funcionário agradecido disse a respeito de sua orientadora na entrevista da Gallup: "Ela viu coisas em mim que eu mesmo não conseguia ver, me incentivou a ter um desempenho melhor, conseguiu minha promoção, me apoiou e me animou numa época em que eu pensava: 'Meu Deus, desta vez não vou afundar? Será que consigo fazer isso?' E me disse: 'Você pode tropeçar um pouco, mas não vai cair. Nós não vamos deixar.'"

Resultados semelhantes usando métodos quantitativos foram obtidos dezenas de vezes em diversos cenários. Por exemplo, estudantes do primeiro ano do MBA que receberam auxílio de colegas do segundo ano para direcionar o programa do curso revelaram que essa orientação os ajudou a se adaptarem à pós-graduação, e quanto mais ajuda recebiam dos alunos veteranos, menos tensos se sentiam.[12] O fato de manuais de treinamento ou sistemas computadorizados de "gestão do conhecimento" terem fracassado repetidamente demonstrou que as informações, dos fatos objetivos aos conselhos mais informais mas proveitosos, viajam com muito mais eficácia pelos canais pessoais. "Nós experimentamos o trabalho como uma atividade humana e social que envolve as mesmas necessidades e respostas sociais das outras partes de nossas vidas: a necessidade de vínculo e cooperação, apoio e confiança, uma sensação de pertencimento, justiça e reconhecimento", escreveu Cohen e o coautor Laurence Prusak. "Mas os analistas ainda costumam ver as organizações como máquinas (para produzir bens, serviços ou conhecimento) ou como uma reunião de indivíduos autofocados – agentes livres ou 'empresas de um' – que de alguma forma conseguem coordenar seus objetivos individuais por tempo suficiente para realizar uma tarefa."[13]

No início da década de 1980, Kathy E. Kram, professora da Universidade de Boston, entrevistou gerentes jovens numa empresa de utilidade pública no nordeste dos Estados Unidos sobre as suas carreiras. Sua pergunta-chave: "Você sente que algumas dessas pessoas que mencionou hoje se interessou pessoalmente por você e pelo seu desenvolvimento?" Em entrevistas subsequentes, ela perguntou àqueles gerentes sobre seus mentores.

Com base naquelas entrevistas, a professora identificou uma série de benefícios recebidos pelos jovens gerentes. "Por meio das funções do cargo, incluindo orientação, aconselhamento, proteção, exposição e visibilidade, e de atribuições profissionais desafiadoras, um gerente jovem é assistido no aprendizado do funcionamento da vida organizacional e na preparação para as chances de progresso", escreveu. Igualmente importante, os pupilos recebiam apoio "psicossocial" – um modelo, uma sensação de aceitação e confirmação de que estavam se saindo bem, aconselhamento e amizade. As pessoas precisam de ídolos cujas realizações pareçam ao alcance.[14] Mentores pacientes e acessíveis podem trazer à realidade objetivos aparentemente impossíveis e dar aos seus aconselhados uma injeção de ânimo.

Muitas pessoas altamente realizadas se lembram de uma época, no início de suas carreiras, em que essa "injeção de ânimo" fez toda a diferença. "Na verdade", escreveu Scott Adams, cartunista criador da "comédia corporativa" *Dilbert*, "as pessoas mais influentes na minha vida provavelmente nem têm conhecimento do que me ensinaram." Adams contou como recebeu um não após outro, até que Sarah Gillespie, uma editora da United Media, telefonou para lhe oferecer um contrato. "De início, não acreditei nela. Perguntei se teria que mudar meu estilo, arranjar um parceiro – ou aprender a desenhar. Mas ela acreditava que eu já era bom o bastante para ser um cartunista com distribuição nacional. Sua confiança em mim mudou completamente o meu referencial, meu pensamento sobre minhas próprias habilidades. Isso pode parecer estranho, mas assim que desliguei o telefone, consegui desenhar melhor. Você pode ver uma melhoria acentuada na qualidade dos quadrinhos que desenhei após a conversa."[15]

As vantagens de ser um pupilo são claras e às vezes tão enfatizadas que ofuscam os benefícios de ser um mentor. Contudo, a realização de estimular o desenvolvimento de outra pessoa é recorrente em várias entrevistas de Kathy. "Confesso que a maior satisfação para mim é ver alguém em quem acredito ir além das expectativas e ser reconhecido", afirmou um supervisor. "Vê-los fazer um excelente trabalho e serem reconhecidos por isso é provavelmente a coisa mais gratificante, como ver seu filho se formar na universidade, ou ver sua mãe obter um diploma aos 45 anos – é esse tipo de orgulho que você sente. Você sabe que acreditou nessas pessoas, ajudou-as no percurso, mas não disse a elas o que fazer... é como criar filhos... quando você vê essas pessoas serem promovidas, fica realmente satisfeito. Você pode dizer: 'Tive uma participação nisso.'"[16]

Pete Wamsteeker precisou de tudo o que aprendera sobre ser um mentor quando pediram que deixasse o Canadá para fortalecer a unidade de negócios americana de rações para porcos da Cargill, em meados de 2002. Tendências arraigadas havia décadas tinham mudado a natureza do setor, abalando a posição da empresa.

Fundada em 1865, a Cargill é uma das maiores empresas privadas do mundo. Muitas pessoas que não conhecem o mercado talvez a associem a alguns aspectos mais raros de sua história, como a "dança do celeiro" que ela patrocinava nas noites de sábado, gerações atrás, numa estação de rádio AM de grande alcance em Minneapolis, ou a alta qualidade do material usado nos sacos de rações que as esposas dos fazendeiros podiam transformar em toalhas de mesa ou roupas. Naquela época, o modelo de negócios se resumia à criação de porcos pelos fazendeiros e à venda de rações pela Cargill. Predominavam as preocupações tradicionais – o tempo no Meio-Oeste americano e a adequação da capacidade das fábricas à demanda.

A criação de porcos atualmente é mais técnica, mais concentrada nas mãos de grandes empresas, que criam centenas de milhares de porcos e que, em certos casos, têm suas próprias moendas para produzir ração. "O mercado de carne de porco consolidou-se, passando das mãos do que chamaríamos de clássico fazendeiro americano para as mãos de pessoas com espírito bem mais empresarial, adquirindo dimensões industriais", explicou o especialista em comércio Mark Hulsebus. O desafio para

Wamsteeker foi melhorar a posição da Cargill num setor que já não precisava tanto do que a empresa tradicionalmente fornecia.

De uma perspectiva empresarial, um porco não passa de uma versão orgânica da equação mais básica da contabilidade: receita – despesas = lucro. Quando tudo funciona bem, a criação de um porco desde que nasce até chegar ao mercado custa 100 dólares, e o animal será vendido por cerca de 120 dólares, dando ao produtor uma margem de lucro de 20 dólares. Mas fatores fora do controle do produtor, muitos deles ligados aos mercados financeiros globais, podem reduzir ou eliminar os lucros e até mesmo causar prejuízos. Se as granjas criam frangos em excesso, derrubam o preço tanto do frango quanto do porco. A ração para porcos é feita basicamente de milho, fonte de carboidratos, e soja, fonte de proteína. O aumento do preço do petróleo aumentou a demanda por milho, que pode ser usado na produção do combustível alternativo etanol. O preço que um motorista paga na bomba de gasolina está associado ao preço do torresmo que coloca na feijoada.

O que de início parece uma fórmula simples logo se torna complicado. Com o tempo, tomar as decisões certas sobre onde e quando comprar rações, a quem vender os porcos e como aumentar a eficiência entre essas duas coisas pode significar a diferença entre um criador de porcos prosperar ou ir à falência. Uma empresa de criação de porcos em escala industrial pode não precisar de sacos de ração Cargill, mas ter o know-how é fundamental. Será que Wamsteeker iria conseguir formar uma equipe de consultores e especialistas capaz de reunir o que a Cargill sabia sobre biologia dos porcos, rações e mercados financeiros a fim de satisfazer as necessidades dos maiores criadores de porcos dos Estados Unidos?

A resposta dependia tanto do talento de Wamsteeker como orientador e das habilidades interpessoais de sua equipe quanto dos conhecimentos técnicos da empresa. "Os criadores de porcos são sobreviventes", afirmou Mike Astrauskas, um dos 10 "consultores sobre porcos" do grupo de trabalho. "Antes havia milhares deles, mas agora existem 50 empresas que detêm 50% da criação. Eles não contam tudo a todo mundo. Quando você estabelece um relacionamento, eles entendem que você está tentando ajudar o negócio deles, e lhe contam o que precisa saber, mas só o estritamente necessário."

Luke Wells trabalhava na Cargill havia poucos anos quando foi transferido para o grupo recém-formado de Wamsteeker, sediado em West Branch, Iowa. "A primeira vez que você o vê, percebe que há algo diferente nele", disse Wells. "Você passa algum tempo com Pete e logo nota que sua paixão é desenvolver pessoas e equipes."

Há muitos anos, Wells e Wamsteeker estiveram num churrasco, antes de um jogo de futebol na Iowa State University, na hospitaleira barraca de um de seus maiores clientes. O cliente havia pedido que Wells pesquisasse algumas informações para ele. "Fomos até ele no meio daquele grupo, com um monte de gente o cercando, e demos a informação que ele buscava", contou Wells. "Eu estava nervoso. Foi logo no início de meu trabalho com Pete e, sinceramente, estava num emprego novo, fazendo coisas que nem sabia se conseguiria fazer."

Após a conversa com o cliente, Wamsteeker falou em particular com seu funcionário: "Senti que você estava um pouco nervoso lá", admitiu ele. O gerente tentou abrandar o medo de Wells e fortalecer sua autoconfiança. "Quero que você seja como um lutador profissional", aconselhou. "Quero que você vá à luta por conta própria. Não me importo se você for derrubado algumas vezes. Mas você precisa ter confiança de que nunca o deixarei ser nocauteado."

Estimular o desenvolvimento de alguém consiste, em grande parte, em ajudá-lo a encontrar o tipo de trabalho compatível com seus talentos. Desse modo, o sexto e o terceiro elementos estão intimamente relacionados. Para muitos dos membros de sua nova equipe, uma das formas mais importantes pelas quais Wamsteeker pôde ser um mentor foi encontrando essa compatibilidade entre seus talentos e suas tarefas.

A empresa se esforçou para encontrar a posição certa para outro funcionário promissor, que não estava na posição adequada: Patrick Duerksen. "Ele é um sujeito muito tranquilo. Bastante ponderado. Costuma ser mal compreendido por ser quieto e um pouco difícil de se conhecer", relatou Wamsteeker. Diversas opções – trabalhar em empreendimentos eletrônicos, tornar-se gerente comercial, um período trabalhando com vendas – não levaram ao resultado desejado. "Depois que conheci Patrick melhor, fiquei convencido de que haveria um cargo certo para ele, no qual pudesse se concentrar naquilo que faz melhor", explicou o gerente.

Um dos aspectos cruciais da criação de porcos é a "produtividade". Ela envolve diversas variáveis, como o número de leitões que uma porca produz, as condições ideais para o rápido crescimento dos animais e os melhores processos durante a produção. Melhorar esses fatores reduz as despesas e aumenta os lucros. Wamsteeker pôs Duerksen nessa função, e os resultados apareceram logo. "Nós desenvolvemos esse cargo de especialista em produtividade, e eu diria que, no departamento de rações suínas da Cargill num nível global, ele é provavelmente uma das pessoas mais requisitadas com essa capacidade", declarou Wamsteeker. "Ele realmente floresceu. É muito gratificante."

Duerksen atribui parte de seu sucesso ao fato de Wamsteeker ter sido seu defensor, alardeando seus talentos dentro da empresa. "Pete dedica tempo a perguntar e entender o que você está fazendo", contou. "Um gerente ruim olharia apenas o que está na superfície e não questionaria nada além disso."

Hulsebus cresceu numa fazenda a sudeste de Iowa e se graduou em zoologia pela Iowa State University, mas na Cargill ele se dedicou à matemática da produção de alimentos. "Sou um cara analítico e muito bom em matemática, tenho afinidade com os números", declarou. "Muitas pessoas me fazem perguntas e costumo responder: 'É uma questão de números.'"

Hulsebus teve dificuldades quando tentou ser líder de vendas. "Senti que ele queria se envolver com vendas e ajudar na orientação das pessoas, mas não queria supervisioná-las", contou Wamsteeker. Ao ser designado especialista em vendas, Hulsebus foi trabalhar com Duerksen e outro especialista, e quando os três foram desafiados a criar formas inovadoras de ajudar os criadores de porcos, coisas incríveis aconteceram. Usando softwares patenteados e processos com nomes sugestivos como "PigPlan", "SowPlan" e "MarketFlex", a equipe da Cargill ajuda os criadores a preverem seu fluxo de caixa e receita sob várias perspectivas, para encontrar aquela que maximiza seus lucros. "Frequentemente, as pessoas se deixam levar pelo calor do momento e esquecem que no fundo estão trabalhando com uma margem por cabeça", afirmou Hulsebus.

Astraukas gosta de contar às pessoas que, ao ser contratado sete anos atrás, "me deram um laptop, um cartão American Express e uma passagem de avião e disseram: 'Vá em frente. Se vire!'" Praticamente não havia treinamento. Os funcionários recém-formados hoje em dia passam por um processo educacional de um ano, durante o qual aprendem fisiologia suína, nutrição e o negócio da criação de porcos. Mas todo esse treinamento não adianta de nada sem alguém que oriente o novo consultor e o prepare para lidar com uma clientela exigente. "Pete é muito bom nisso. Ele não joga esses rapazes no mercado simplesmente", declarou Astraukas. "Pete permite que eles vençam. Eles adquirem confiança e entendimento. A maioria dos criadores que visitamos é de profissionais que percebem facilmente quando um consultor não entende as complexidades do negócio, e eles não vão negociar com pessoas que não entendem do assunto. Eles não são um bando de fracos. São homens de negócios sobreviventes, calejados e bem-sucedidos."

A forma de Wamsteeker pôr o sexto elemento em prática gira em torno de uma série de perguntas, não muito diferentes do interrogatório pelo qual passou na empresa de rações em Lethbridge. "Eu quero mesmo, de verdade, saber tudo o que puder sobre você", diz ele. "Não posso servi-lo com eficácia sem saber o que o deixa motivado." Depois, quando a pessoa vai embora, ele toma notas que possa consultar quando estiver orientando aquele funcionário. O gerente diz que faz isso em parte porque "não posso investir superficialmente" e porque adora ver o sucesso de sua equipe.

"De início me perguntei: o que ele está querendo?", confessa Astraukas. "Mas ele realmente queria saber. Ele quer mesmo conhecer as pessoas. É comprometido com seus funcionários."

"Ele faz a pergunta certa de uma maneira não ofensiva", relatou Wells. "Conquistou o direito de fazer essas perguntas."

O comprometimento de Wamsteeker com sua equipe não se limita ao aconselhamento. Os funcionários também contam que o gerente rapidamente intervém para solucionar problemas técnicos, os defende junto à diretoria da empresa em Minneapolis e – com quase três décadas de atuação no setor agrícola – sabe do que está falando. "Pete entende das coisas", reconhece Astraukas. "Ele está neste ramo faz um bom tempo, mas realmente compreende o aspecto humano." A equipe contou que a abordagem do gerente para com seus funcionários é a mesma que ele adota em relação à empresa: invista no relacionamento, faça a coisa certa, e os resultados virão por si mesmos.

Perguntar a Wamsteeker por que ele tem esse estilo de gerenciamento é como perguntar por que ele mede 1,90m ou por que tem cabelos louros. "Simplesmente fui programado dessa forma. É assim que vejo o mundo. Realmente quero fazer a coisa certa." E, claro, existe também o desejo de não desapontar seu mentor, que ele visita e com quem joga golfe quando vai a Lethbridge, e que sempre pergunta sobre a família de Wamsteeker, assim como o gerente da Cargill pergunta sobre os parentes de seus funcionários.

Quando a equipe de Wamsteeker foi pesquisada sobre os 12 elementos no verão de 2006, suas respostas a situaram nos primeiros 20% das unidades de negócios do banco de dados da Gallup. As respostas relativas ao sexto elemento estiveram nos primeiros 10%.

Sua abordagem e sua filosofia fazem de Wamsteeker um gerente um tanto incomum dentro da empresa. A observação "não é um cara típico da Cargill" é frequentemente repetida em entrevistas com seus funcionários. "Pete não é o gerente tradicional da Cargill, mas sinto que pessoas como ele farão sucesso como o novo tipo de líder da empresa", afirmou Wells.

"Durante muitos anos, fui visto como fraco, incapaz de tomar decisões difíceis sobre pessoal", relembrou Wamsteeker, que ressalta ter bastante disposição para enfrentar os problemas quando necessário. "De forma gratificante, o ponteiro das empresas agora está oscilando, tendendo para a nossa organização. Agora a alta diretoria está dizendo: 'Há um grande mérito nisso! Temos realmente que focar os pontos fortes das pessoas. É preciso orientá-las e desenvolvê-las. Temos que enxergar seu potencial. Precisamos mesmo dar ênfase ao comprometimento."

Quando quer resumir, Wamsteeker declara: "Realmente quero fazer a coisa certa."

O SÉTIMO ELEMENTO

Sentir que suas opiniões contam

A menina de 10 anos carregava um pequeno tigre de pelúcia enquanto o técnico em radiologia Matt Fry a conduzia até um grande aparelho de ressonância magnética. A paciente já conhecia o território. Três anos antes, ela passara por uma cirurgia para a remoção de um tumor no cérebro e era o que o pessoal chamava de "frequentadora assídua" da unidade de Diagnóstico por Imagem do Hospital For Sick Children de Toronto, no Canadá.

Mesmo assim, ela tinha chorado muito na área de preparação para o exame. Fry estava pronto para oferecer lenços de papel e algumas de suas tradicionais frases tranquilizadoras, como: "É só uma câmera grandona."

"Posso pegar seu tigre só por um segundo?", perguntou ele. Relutante, ela o entregou. Fry segurou-o ao lado do aparelho para se certificar de que não continha metal e logo o devolveu. O técnico pediu para a menina a subir na maca. "Você às vezes dorme durante o exame?", perguntou ele. Ela fez que sim com a cabeça. "Eu sempre durmo", disse Fry, esperando acalmar os temores da meninar a lembrando de que ele mesmo estivera no aparelho várias vezes.

Fry gentilmente a ajeitou na maca e perguntou duas vezes se ela estava bem aquecida, enquanto ligava os motores que a levaram ao centro do círculo magnético. Ele colocou o tigre sobre a barriga da menina para que ela pudesse vê-lo pelo espelho dentro do tubo.

O técnico se dirigiu para a sala de controle e começou o exame. "Lembre-se, você vai conseguir me ouvir falando com você pelo microfone", explicou à menina. "Ela vai ficar bem", disse-me ele. "Quando a deixei sobre a maca, tinha um enorme sorriso no rosto." A tecnologia depara com lágrimas e bichos de pelúcia diariamente no hospital infantil. Os desafios singulares de tratar crianças gravemente enfermas exigem quase sempre um pouco mais: mais explicações, mais palavras tranquilizadoras, mais tempo.

O tempo, porém, é escasso. Os pacientes e funcionários que entraram no hospital naquele dia passaram pela manchete do *National Post*: "PROVÍNCIAS FIXAM NOVOS TEMPOS DE ESPERA PARA CIRURGIAS: Pacientes devem receber prótese de quadril em seis meses e pontes de safena em duas semanas." Em junho de 2005, a Suprema Corte do Canadá decidiu que longas esperas por atendimentos médicos no Quebec violavam a declaração de direitos da província, intensificando um debate nacional sobre a questão.

Alguns anos atrás, pacientes que precisassem de uma ressonância magnética não emergencial no hospital infantil de Toronto tinham de esperar em média nove meses – às vezes, esse tempo de espera passava de um ano. Estendendo seu horário de funcionamento, refinando a marcação dos pacientes e – talvez o mais importante – incentivando uma atmosfera de mais respeito entre os diferentes profissionais que trabalham nos centros de diagnóstico por imagem, o hospital conseguiu reduzir seu tempo de espera para quatro semanas. Segundo os funcionários, saber que suas opiniões contavam foi a base da mudança.

O hospital infantil de Toronto é uma das principais instituições de assistência e pesquisa pediátrica do mundo. Sua equipe conta com mais de 5 mil funcionários, além de outros 1.200 no instituto de pesquisas. Lida com quase 99 mil pacientes-dia,* mais de 23 mill horas de centro cirúrgico, 47.500 atendimentos na enfermaria e mais de 300 mil atendimentos a pacientes que não precisam ser internados. O hospital, administrado pelo governo, gastou 538 milhões de dólares canadenses no ano fiscal de 2004/2005.[1]

Embora o hospital atenda a área de Toronto, tratando enfermidades relativamente brandas, como dores de ouvido ou cortes profundos que precisam de pontos, muitas das crianças estão entre as mais gravemente doentes do Canadá. Uma procissão constante de problemas de partir o coração chegam ao hospital. Alguns têm traumatismos graves, como o adolescente atingido por um caminhão e levado às pressas para a emergência. Outros têm anomalias congênitas, como o coração do lado errado do peito, ou precisam de transplantes de órgãos. Há ainda pacientes com câncer ou que estão se recuperando de uma cirurgia para extração de tumores.

No início e ao longo de todo o tratamento, é essencial que os médicos examinem o interior dos corpos de seus jovens pacientes. O departamento de Diagnóstico por Imagem emprega várias tecnologias diferentes, dos tradicionais raios X até ultrassom, tomografia computadorizada e ressonância magnética. A beleza de todos os métodos é que permitem uma visão detalhada sem quaisquer incisões. Significa também que há uma grande demanda no departamento, tornando-o um gargalo e, por isso, deixando-o sob constante pressão. "Não se pode fazer uma cirurgia de quadril, um tratamento oncológico, uma cirurgia cardíaca ou um procedimento oftalmológico sem que o paciente passe antes

* Paciente-dia é o total do número de dias gastos por todos os pacientes internados no hospital durante o mês. (*N. do E.*)

pelo Diagnóstico por Imagem", explicou Ellen Charkot, chefe dos técnicos em radiologia do hospital, onde trabalha há 30 anos.

O diagnóstico por imagem requer esforços combinados de pelo menos quatro tipos de profissionais: enfermeiras, técnicos, anestesistas e radiologistas. A coordenação entre os técnicos e as enfermeiras parece fazer toda a diferença no aumento do fluxo de pacientes sem comprometimento da qualidade das imagens.

Estratégias para maximizar a produção através de um gargalo são bastante consagradas e ensinadas na maioria das faculdades de administração. Mas essas soluções pressupõem um alto controle sobre os "inputs" que não funciona com crianças. Com a maioria dos pacientes adultos, o processo de obtenção das imagens pode ser acelerado explicando-se a eles como proceder. Uma sessão de ressonância magnética pode durar de 30 a 60 minutos, talvez até mais. O paciente precisa ficar imóvel por longos intervalos, num espaço às vezes claustrofóbico. Um adulto é menos emotivo, mais resistente à dor e bem menos inquieto. Os movimentos impedem a obtenção de imagens claras.

Quanto tempo é preciso para obter uma boa tomografia ou ressonância magnética de uma criança? "Depende da criança. Depende do dia", respondeu a técnica Christine Billanti. Cada paciente é único. As decisões que cada um deles exige da equipe são complicadas. Uma forma segura de obter uma boa imagem é sedar o paciente para que não se mexa enquanto está no aparelho. Mas a sedação demora um pouco para passar, prendendo as enfermeiras na área de recuperação e atrasando o processo. O melhor é que o paciente consiga ficar quieto por tempo suficiente sem precisar ser sedado. Mas isso também oferece alguns riscos. Se a criança se mexer, o procedimento terá de ser repetido. Isso também gera atraso e, no caso de uma tomografia computadorizada, faz com que o paciente receba o dobro de radiação para a obtenção da imagem.

No hospital infantil, a dificuldade de tomar esse tipo de decisão era agravada por desacordos e falta de respeito entre os técnicos, mais preocupados em obter uma imagem nítida, e as enfermeiras, basicamente responsáveis pelos cuidados com a criança durante o exame. As enfermeiras tendiam a ser contra a sedação; os técnicos, a favor, na esperança de obter uma boa imagem na primeira tentativa. "Do ponto de vista dos técnicos, é uma medida de segurança. Vamos supor que uma criança tente ficar quieta, mas não consiga. Ela já recebeu uma dose de radiação porque houve a tentativa de captar a imagem", explicou Catherine Pratt, chefe das enfermeiras do departamento de Diagnóstico por Imagem. Por outro lado, "se elas ficarem realmente quietas, talvez seja possível obter uma boa tomografia computadorizada em cerca de três a quatro minutos. Então as enfermeiras pensam: 'Por que sedar uma criança por duas horas para fazer um exame de 10 minutos?'"

Isso levava a uma animosidade constante entre os dois grupos, os técnicos achando que as enfermeiras os "intimidavam" durante o procedimento, e as enfermeiras vendo os técnicos como "apertadores de botões". Nenhum lado achava que o outro respeitava seus conhecimentos. Por causa dessa discordância, outras formas de cooperação também se tornaram inviáveis. Nenhum lado estava disposto a entrar em ação e ajudar, dividindo as responsabilidades. Os técnicos permaneciam nas salas de controle, com os aparelhos, e as enfermeiras ficavam na área de enfermagem. A comunicação era falha, impedindo os dois grupos de coordenar apropriadamente quando um paciente devia ser liberado e o próximo ser chamado.

"O que as pessoas não haviam percebido", disse Ellen, "é que, quando você junta um grupo diversificado de pessoas numa situação sem examinar a dinâmica, sem planejar como trabalharão juntas, o que acontece – especialmente entre profissionais – é uma pequena disputa de território, cada uma protegendo a sua área, e uma verdadeira incompreensão do que a outra pessoa está fazendo." Nada disso ajudava a diminuir o tempo de espera.

"Como descrever a situação de uma forma gentil?", pergunta a enfermeira Marie Little enquanto observa um paciente sedado numa sessão de ressonância magnética. "Já viu o filme *Babe, o porquinho atrapalhado*? Cada animal quer desempenhar o papel de outro: o pato, por exemplo, quer ser o galo para acordar o fazendeiro de manhã. Era o que acontecia aqui. O problema era que os grupos não conheciam ou não respeitavam os papéis um do outro."

O vice-presidente do hospital, Brendan Gibney, em busca de alguém capaz de fazer a diferença, contratou três diretores um após o outro. Da terceira vez acertou. Em maio de 2001, Susan Jewell, formada em enfermagem, tinha seis anos de experiência em administração, mas nunca havia trabalhado com radiologia. Mesmo assim, "era uma pessoa cheia de vida – muito dedicada ao hospital", disse Gibney. "Ela precisava aprender muito, mas tinha a vitalidade, o interesse, a dedicação e a personalidade que achei que realmente funcionariam."

A nova diretora executiva do departamento de Diagnóstico por Imagem era perfeita para o cargo. Ela sentiu que seu colega e principal parceiro, o radiologista-chefe Dr. Paul Babyn, não se sentia à vontade com a promoção dela e não sabia o que esperar. Muitos funcionários do hospital não entendiam o departamento e suas limitações. O horário de funcionamento era insuficiente, mas ela não estava em condições de exigir mais de uma equipe já bastante desmotivada. Os melhores profissionais podiam simplesmente pedir demissão e escolher outro emprego em qualquer parte do Canadá ou nos Estados Unidos.

O tempo de espera era inaceitável por qualquer padrão. "Me reuni com Paul Babyn e perguntei qual deveria ser meu foco naquele primeiro ano", contou Susan. "Ele respondeu: 'Quero que você reduza a lista de espera da ressonância magnética.' Perguntei: 'Há quanto tempo você trabalha aqui?' Ele disse: 'Desde que consigo me lembrar.'" Naquela época, o tempo de espera médio para conseguir uma tomografia computadorizada com anestesia era de 27 semanas. Para uma ressonância magnética era de 41 semanas. "Era horrível", disse Susan.

Havia ainda a tensão entre técnicos e enfermeiras. "Tratava-se de uma cultura absolutamente arraigada e impenetrável; de acordo com eles, um problema antigo e sem solução", contou.

Os gerentes que se defrontam com um gargalo operacional, como o departamento de Diagnóstico por Imagem do hospital infantil de Toronto, se veem tentados a projetar uma solução ideal sem se preocupar com o que os membros da equipe pensam. Um manual típico de "gestão da produção e operações" dá vários conselhos sobre os passos a serem programados e as fórmulas a serem calculadas, mas tende a tratar os trabalhadores como engrenagens na máquina, cuja taxa de produção pode ser melhorada por "modificações comportamentais no controle da qualidade" ou por meio de uma "sequência comportamento-desempenho-recompensa-satisfação".[2] Embora sejam sempre necessários sistemas projetados por especialistas que ajudem a maximizar a produção, quase todos eles dependem bastante da motivação das pessoas que o operam. Essa motivação requer que os trabalhadores concordem fortemente com a afirmação: "No meu trabalho, minhas opiniões parecem contar." Esse é o sétimo elemento da gestão de excelência.

Para avaliar esse elemento, os gerentes precisam saber como a história da administração promoveu uma postura autoritária em relação aos trabalhadores que é conflitante com o sétimo elemento. Para compreender por que devem ouvir seu pessoal, os gerentes têm que conhecer Henry Noll.

Segundo a opinião geral, Noll era um bom trabalhador. Voltava andando para casa após 10 horas de trabalho em ritmo acelerado "quase tão descansado como ao vir correndo trabalhar de manhã".[3] Ele era um homem econômico, poupando o bastante de seu salário de 1,15 dólar por dia, em 1899, para comprar um pequeno lote de terra. Antes e após seu turno na Bethlehem Iron Company, na Pensilvânia, trabalhava na construção das paredes de uma pequena casa de tábuas de dois andares.[4] Não era um homem muito grande, pesava apenas 60 quilos, mas era forte e atlético. Trabalhava na Bethlehem havia três anos quando foi descoberto por Frederick Winslow Taylor, que acabou o tornando famoso.

Embora fosse de família rica, Taylor foi aprendiz numa usina. Vivia testando o aperfeiçoamento de processos, particularmente com tornos, metalurgia e as ferramentas usadas para cortar metal. Taylor estava obcecado com a produção, como ajudar os empregados a "fazerem seu trabalho da melhor forma e no tempo mais curto".[5] Em 1899, voltou sua atenção para o problema das 80 mil toneladas de gusa depositadas num pátio a leste da usina e tentou aplicar à produtividade humana a abordagem científica anteriormente usada nas máquinas.

Gusa era um bloco de metal com 10 centímetros de largura, 10 centímetros de altura e 80 centímetros de comprimento. Pesava cerca de 40 quilos. Mais de 1,7 milhão desses blocos estavam depositados no pátio da Bethlehem. Taylor recrutou uma equipe de homens para testar com que rapidez conseguiam carregar um vagão de uma locomotiva com o ferro.

Cada bloco tinha de ser levantado, carregado através de tábuas de madeira até o vagão e entregue a outro homem que a empilhava no lugar. A taxa normal de carga era de 12,5 toneladas por homem numa jornada de 10 horas. Desafiados a carregar o vagão o mais rápido que pudessem, 10 homens correndo com o ferro de um lado para o outro das tábuas conseguiam completar a tarefa em 14 minutos, uma taxa, se mantivessem aquele ritmo insustentável, de 71 toneladas por homem por dia. Com ajustes para descanso e atrasos, Taylor estimou que um trabalhador "de primeira classe" conseguiria carregar 45 toneladas por dia.[6]

Por que alguém iria trabalhar a um ritmo duas a três vezes acima da média? Em sua visão utópica, Taylor supôs que se tratava simplesmente de pagar melhor por um trabalho mais árduo e persuadir os trabalhadores a deixarem um grupo de supervisores metódicos pensar por eles, usando os métodos de Taylor. "O desenvolvimento de uma ciência (de administração de tarefas) envolve o estabelecimento de muitas regras, leis e fórmulas, que substituem o julgamento do trabalhador individual e que só podem ser usadas com eficiência depois de terem sido sistematicamente registradas, indexadas, etc.", escreveu ele ao resumir sua abordagem em *The Principles of Scientific Management*.[7]

Desde o princípio houve problemas. Embora Taylor reconhecesse em seus textos e palestras que os trabalhadores evitavam a remuneração por tarefa temendo que a gerência retribuísse a produtividade mais alta com pagamentos menores, foi exatamente isso que aconteceu na Bethlehem. Quando pagos por dia, os trabalhadores recebiam cerca de 1,15 dólar. Dois dos auxiliares de Taylor fixaram o pagamento por peça a 3,75 centavos a tonelada, o que significava que um trabalhador teria de carregar mais de 30 toneladas para igualar o que recebia antes por menos da metade daquele peso. Um trabalhador poderia ganhar 1,69 dólar se atingisse a marca supostamente possível de 45 toneladas, mas isso implicava carregar quase 1.000 blocos durante seu turno, quase 100 por hora. Dez homens que concordaram em testar o trabalho por tarefa se arrependeram e voltaram para a equipe de diaristas. Taylor se assegurou de que fossem demitidos. Sete outros homens foram recrutados. Somente cinco se apresentaram. Um deles era Henry Noll.

Os cinco homens carregaram em média 32 toneladas naquele dia, mas dois acabaram desistindo. Os colegas de Noll ficaram entre 35 e 40 toneladas cada um, enquanto ele atingiu a marca de 45,75 toneladas, ganhando 1,71 dólar. Em pouco tempo, só restava ele. "Outros homens foram recrutados, alguns dos quais conseguiram acompanhar seu ritmo", escreveu o biógrafo de Taylor, Robert Kanigel. "Mas a maioria desistiu após alguns dias ganhando 80 ou 90 centavos, ou após receber mais e, no entanto, concluir que aquele trabalho era insuportável."[8] Sendo o único a resistir, Noll tornou-se o modelo de Taylor. O expert em eficiência alegou que seu trabalhador não era incomum, que muitos trabalhadores que não fizessem "corpo mole" ou desobedecessem às ordens consegueriam igualar aquela produção. Mas o engenheiro não tinha em grande conta o intelecto de seu trabalhador ideal, como mostra a recordação de Taylor de suas instruções a Noll sobre como obter um pagamento maior.

"Se você for um homem caro", recomendou Taylor, "fará exatamente o que esse homem mandar amanhã, da manhã até a noite. Quando ele disser para você apanhar um bloco e andar, você o apanhará e andará, e quando ele disser para sentar e descansar, você sentará. Você fará isso o dia inteiro. E nada de respostas rudes. Um homem caro faz exatamente o que lhe mandam, sem responder. Entendeu?"[9]

Em certos aspectos, Taylor conseguiu revolucionar a indústria. Qualquer pessoa que já tenha tentado organizar um mutirão entre membros da família percebe rapidamente que dispor das ferramentas certas e de um bom planejamento pode evitar horas de esforço desperdiçado e conflitos de casal. Melhorias graduais nas linhas de produção reduziram significativamente os custos e aumentaram a qualidade de tudo, desde automóveis até alimentos industrializados e aparelhos eletrônicos portáteis. Taylor chamou essa abordagem de "científica"; atualmente também é chamada de reengenharia. Trata-se simplesmente de uma abordagem metódica para se trabalhar de forma mais inteligente. Com os computadores e robôs modernos, o trabalho pesado, previsível e repetitivo pode ser realizado por máquinas.

Mas Taylor também gerou o "taylorismo", termo pejorativo usado para descrever sua visão pessimista das habilidades dos funcionários e do tratamento dos homens como máquinas. "Seria possível treinar um gorila inteligente de modo que viesse a manusear o gusa com mais eficiência do que qualquer homem", escreveu. "No entanto [...] a ciência de manusear gusa é tão grandiosa e complexa que mesmo o homem mais adequado a esse tipo de trabalho é incapaz de entender seus princípios ou de trabalhar de acordo com eles sem a ajuda de um homem mais instruído."[10] Os métodos de Taylor provocaram audiências no Congresso, ajudaram a instigar o movimento trabalhista que ele julgou desnecessário com sua abordagem e estimularam péssimas práticas gerenciais que persistem até hoje.

"A administração científica era degradante", escreveu Kanigel. "Ao reduzir o trabalho a instruções e regras, descartava os conhecimentos e habilidades humanos. Ao supervisioná-lo com um cronômetro, espreitando-o, classificando-o, tratava você como um pedaço de carne. Você não deveria pensar. Qualquer orgulho profissional que você possa ter possuído um dia precisa ser sacrificado no altar da eficiência, seu papel se reduzindo a executar a vontade de outros homens pagos para pensarem por você. Você era um ser teleguiado, apto apenas a obedecer ordens. A administração científica, então, explorava as pessoas com pouca consideração não apenas pelas limitações de seus corpos, mas também pelas capacidades de suas mentes."[11] E como se já não tivesse insultado Noll o suficiente em suas conversas com ele e nas descrições que publicou, Taylor foi um passo além. Em vez de usar seu verdadeiro nome, chamou-o simplesmente de "Schmidt".

O fantasma de Taylor ainda assombra a maneira como muitas empresas fazem negócios. Uma empresa pediu que os mesmos especialistas que projetaram seus sistemas de informática escrevessem protocolos de interação com os clientes. Os manuais com 2,5 centímetros de espessura descreviam, em detalhes tayloristas e passos apresentado num fluxograma, como o funcionário deveria se portar e como o cliente deveria reagir, definindo um limite de cinco minutos para a interação. As centrais de atendimento telefônico costumam cronometrar a atividade de seus atendentes. Os bancos mantêm marcadores de desempenho para cada etapa de seus processos, que, embora facilmente observáveis, podem perder o sentido quando realizadas sem emoção. Algumas empresas chegam até mesmo a determinar qual dos 12 elementos seus departamentos devem priorizar a cada mês – o primeiro em janeiro, o segundo em fevereiro, e assim por diante. Em julho, a diretoria ironicamente manda seus funcionários se esforçarem para fazer suas opiniões contarem.

As empresas aéreas, que estão entre os piores vilões, costumam confiar os passageiros a uma tripulação de Schmidts que seguem um roteiro e tratam os passageiros como trabalhadores da Bethlehem transportando gusa. A experiência de um passageiro que voa com frequência mostra a relação direta entre os sentimentos de *empowerment* dos funcionários e a qualidade do serviço ao cliente.

– Tem chocolate quente? – perguntou o passageiro quando a aeromoça se aproximou com o carrinho de bebidas.

– Claro que não – respondeu ela com um olhar de desdém.

– E suco de laranja?

A aeromoça fez que sim com a cabeça e começou a servir o suco. Enquanto isso, o passageiro insistiu:

– Não entendo por que a companhia não tem chocolate quente a bordo – disse ele. – É tão fácil de armazenar. E mais fácil de preparar que o café que vocês fazem fresquinho.

– Nós costumávamos ter – respondeu a aeromoça, entregando ao passageiro seu copo de suco. – Talvez os comissários de bordo bebessem. Não me pergunte. Minha opinião não conta muito aqui.[12]

Milhares dessas pequenas interações têm muito mais influência sobre a reputação de uma empresa do que suas aspirações enunciadas, que nesse caso incluíam "Os clientes vêm sempre em primeiro lugar" e "Lute sempre para melhorar".[13] Quando, alguns meses depois, a Gallup conduziu uma pesquisa exploratória usando um novo indicador da fidelidade dos clientes, não se surpreendeu ao descobrir que uma companhia aérea, a Northwest Airlines, ficou perto do último lugar. Nem foi surpresa descobrir que as ações das companhias aéreas com maior índice de fidelidade dos clientes, como a Southwest, registraram melhor desempenho na bolsa de valores após as tragédias do 11 de Setembro do que as das empresas sem a mesma credibilidade.[14]

O mecanismo que associa o sétimo elemento a um melhor desempenho da empresa parece ser maior senso de responsabilidade e envolvimento psicológico com as coisas sobre as quais temos voz ativa. Por mais fortes que sejam os incentivos externos, parece que não se comparam ao impulso interior de promover algo que seja, pelo menos em parte, uma ideia própria. Quase metade dos funcionários que dizem que sua opinião conta no trabalho também acha que seu emprego atual traz à tona suas ideias mais criativas. Entre os neutros ou negativos quanto ao sétimo elemento, somente 8% por cento sentem que sua criatividade está sendo bem aproveitada.

Lou, o gerente de Peanut apresentado no início deste livro, esforçou-se para ouvir sua equipe cética quando aceitou o cargo de gerente. "Depois que perceberam que não sou o tipo que diz 'É assim que vamos fazer as coisas agora porque eu sou o chefe', eles disseram: 'Ei, esse cara realmente ouve a gente!'" Seus funcionários sugeriram reorganizar a área de expedição, colocando os produtos de maior saída perto de onde os caminhões entravam para ser carregados. "Permiti que viessem nos fins de semana (quando não havia caminhões) para reorganizar as coisas do jeito que queriam", disse Lou. "Afinal, esta é a casa deles." Existe alguma dúvida de que o empenho teria sido bem menor se a ordem de reorganização tivesse partido do gerente?

Neste elemento, como em todos os 12, muitas ações modestas e espontâneas dos funcionários criam diferenças significativas nos indicadores da empresa. Por exemplo, quando as fábricas de uma grande organização foram classificadas pelas respostas à afirmação de que "as opiniões contam", as do quartil superior apresentaram uma média de um em cada três funcionários concordando fortemente, enquanto as do quartil inferior tiveram média de um em cada sete. O risco de acidentes naquele mesmo ano nas fábricas do quartil inferior foi maior do que o dobro do risco naquelas do quartil superior. Em uma escala maior, aumentar a proporção de funcionários com avaliações positivas no sétimo elemento – de um em cinco para para um em três – teve um impacto substancial sobre a experiência dos clientes, a produtividade, a retenção dos funcionários e a segurança. Todos esses itens juntos geram, em média, um aumento de 6% na rentabilidade.[15]

Incorporar as ideias dos funcionários tem um retorno duplo. Primeiro, a própria ideia costuma ser boa. Segundo e igualmente poderoso, o fato de a ideia vir dos próprios funcionários faz com que eles tendam a se empenhar muito mais em sua execução. Receber bem as opiniões dos funcionários também aumenta a sensação de inclusão entre eles. Quando os 12 elementos são comparados com um número de declarações testando a percepção de preconceito racial ou sexual, a afirmação de que "a opinião importa" está mais fortemente correlacionada com sentimentos de que os funcionários são sempre tratados com respeito, de que a empresa os trata com justiça.[16]

Mais de um século após a experiência de Taylor e Noll, e a apenas uns 300 quilômetros de distância, dois professores enfrentaram o mesmo problema de como aumentar a produtividade. Derek Jones e Takao Kato visitaram uma pequena fábrica no centro de Nova York para investigar se convidar os funcionários a compartilharem suas opiniões sobre melhorias no processo geraria os benefícios esperados.

O nome verdadeiro da empresa não foi revelado. Em seu artigo, Jones e Kato a chamaram de "PEÇAS". PEÇAS era uma subsidiária de uma multinacional. Produzia uma variedade de pequenos componentes usados por fabricantes maiores. Seus clientes exigiam alta qualidade. Portanto, seus 134 operadores de máquinas tinham de tomar cuidado para não se desviar das especificações dos projetos. As peças fora do desvio padrão eram descartadas.[17]

As semelhanças com os problemas que Taylor procurou resolver são intrigantes. Assim como Taylor, Jones e Kato estavam estudando um ambiente industrial. Assim como Taylor em suas experiências com tornos e metal, os professores estavam investigando como combinar homem e máquina (ou mulher e máquina; 62% dos funcionários de PEÇAS eram do sexo feminino) para maximizar a produção. Assim como Taylor, Jones e Kato estudavam a produtividade de trabalhadores de remuneração baixa. Somente um terço dos operadores de PEÇAS tinha formação além do nível médio, e praticamente nenhum completara o ensino superior. O salário médio era de 7,64 dólares por hora.

Além dos avanços na tecnologia durante o século que os separa, a grande diferença entre os estudos é que, enquanto Taylor desejava uma obediência cega ao pensamento da gerência, os executivos de PEÇAS convidavam os funcionários a criar estratégias que melhorassem o trabalho com que estavam tão familiarizados. Por exemplo, a área de expedição de 37 metros quadrados "originalmente era bastante desorganizada, e o acesso a ela era no mínimo difícil", escreveram Jones e Kato. "Uma equipe reorganizou a área, gerando um espaço livre de 16 metros quadrados. Isso permitiu aos trabalhadores de todas as estações acessarem a expedição rápida e tranquilamente." Os operadores desenvolveram um novo sistema de rotulagem para as peças sobressalentes, reduzindo tanto o tempo necessário para essa tarefa quanto os defeitos causados pelo uso de peças erradas. Os funcionários desenvolveram um sistema de exaustão melhor para a estação de soldagem de arame, revisaram os manuais e reorganizaram os locais das máquinas para aumentar a eficiência.[18]

PEÇAS proporcionou um bom ambiente para o estudo da contribuição dos funcionários, porque, na época da pesquisa, somente alguns operadores tinham direito de participar da "equipe" selecionada para o novo programa de maior participação. Os professores entrevistaram 90% dos operadores pessoalmente e puderam comparar os comentários daqueles incluídos ou não na iniciativa. "Em comparação com os não membros, os participantes da equipe achavam que tinham mais poder, sentiam que a gerência dividia mais informações com eles, comunicavam-se mais frequentemente tanto com os gerentes e supervisores dentro de seus grupos de trabalho ou equipes quanto com trabalhadores de outros grupos", escreveram os pesquisadores. "Além disso, os resultados da pesquisa indicam que os participantes das equipes se esforçam mais no trabalho. Também há fortes indícios de que as atitudes e, potencialmente, o comportamento dos membros da equipe vinham sendo afetados de outras formas. Assim, encontramos sinais de que os participantes têm maior comprometimento com a organização e mais confiança na gerência. [...] Os membros da equipe estão mais satisfeitos com suas tarefas e se mostram mais otimistas quanto à aplicação e às contribuições de seus conhecimentos e suas habilidades."[19]

O fabricante de Nova York também foi um bom local de pesquisa porque a empresa mantem estatísticas individuais sobre a produção de cada operador, taxa de defeitos e tempo parado. A produção dos funcionários da "equipe" foi, em média, 3% maior, e a taxa de defeitos, 27% menor. Embora a empresa tivesse de dedicar um tempo extra para reunir as contribuições, os resultados reforçam a tese de que "o envolvimento dos funcionários melhora o desempenho da empresa por meio de diversos canais, incluindo o aumento do esforço voluntário dos trabalhadores".[20]

Em algum lugar Henry Noll está sorrindo.

Susan Jewell passou seus primeiros meses no departamento de Diagnóstico por Imagem ouvindo as pessoas, tentando entender suas opiniões e coletando fatos sobre o problema do tempo de espera. Entre suas conclusões: algumas das pessoas que estavam gerindo os funcionários haviam perdido a credibilidade e precisavam sair ou ser transferidas; ela precisaria defender fortemente o departamento junto ao restante do hospital; várias áreas precisavam ser remodeladas para melhorar o fluxo de pacientes; e as horas de funcionamento dos aparelhos precisavam ser estendidas. Mas no fundo nada iria melhorar muito enquanto a divergência entre técnicos e enfermeiras persistisse.

"Eu sabia que se dissesse simplesmente 'Temos que estender o atendimento até as 11 horas da noite', seria o mesmo que dar um tiro no pé, porque aquilo não seria bem recebido", contou ela. "Eu precisava de pessoas dedicadas e entusiasmadas de verdade, que realmente compreendessem o que precisávamos fazer." O Dr. Babyn concordou que o empenho dos funcionários era um pré-requisito para melhorar a eficiência. "Você precisa que eles estejam motivados para encorajá-los a reconhecer que talvez precisemos enfrentar um período difícil para chegar ao nível seguinte", disse ele.

Uma das reuniões convocadas por Susan envolveu Catherine Pratt, chefe das enfermeiras do departamento, e Guila BenDavid, gerente dos técnicos. A diretora explicou que queria que eles dessem o exemplo da cooperação que pretendia obter entre os dois grupos de profissionais. "Temos que deixar tudo isso para trás. Quero vê-los de mãos dadas pelos corredores deste setor." Os três decidiram que, junto com as reformas da área de trabalho, precisavam contratar um facilitador e organizar um workshop, na esperança de fazer com que técnicos e enfermeiras trabalhassem melhor em conjunto.

Aqueles que compareceram ao evento disseram que ele começou como qualquer uma dessas reuniões que duram o dia inteiro. Exercícios para quebrar o gelo ajudaram o grupo a interagir à vontade. Foram estabelecidas algumas regras básicas: deveriam falar um de cada vez, sem acusações, de forma resumida, e dando feedback positivo. E, o facilitador enfatizou, falando o que precisa ser dito: "Ponha as cartas na mesa."

Uma técnica que pareceu ter funcionado foi um exercício de desempenhar papéis, onde os técnicos se fizeram de enfermeiras e vice-versa. Com um pouco de exagero em suas percepções equivocadas e algumas provocações, os dois grupos abordaram as principais questões de discordância entre eles. "Vamos deixar esta criança sem sedação? Ela é tão fofinha!", disse um técnico imitando uma enfermeira. Outro sentou-se e começou a ler uma revista. Para não ficar para trás, uma das enfermeiras que imitava um técnico disse friamente: "Não me importa. Vamos sedá-la!"

Jewell e seus gerentes reagiram rapidamente à dramatização. "Vejo que vocês estão brincando, mas deve haver algo de verdadeiro nisso", afirmou Guila. "Toda brincadeira tem um fundo de verdade, certo?" Usando o humor como trampolim, técnicos e enfermeiras começaram a discutir as questões reais: por que recomendavam ou não a sedação em certas situações, como ambas as profissões se sentiam desrespeitadas, como a falta de comunicação ou de cortesia interferia no trabalho e como eles poderiam fazer melhorias.

Guila lembra que teve esperanças quando uma das enfermeiras mais difíceis, que seria capaz de criar barreiras contra as mudanças – "É da personalidade dela; ela é assim" –, começou a demonstrar apoio. "Ela se preocupou em fazer o grupo trabalhar melhor. Não se levantou para defender o ponto de vista das enfermeiras. Fiquei realmente surpreso e contente ao ver aquilo." Susan notou que as pessoas tinham uma sensação de alívio ao perceberem que havia uma chance de reconhecer os problemas e resolvê-los.

Grande parte da discussão girou em torno de quem ficaria responsável por diferentes aspectos do processo. No fim, todos concordaram que havia apenas uma tarefa – a sedação – que era de domínio exclusivo das enfermeiras, e uma – a operação dos aparelhos – que só podia ser realizada por um técnico. "Além daqueles dois papéis, todo o restante deveria ser fluido", disse Catherine. "Não é tarefa dos técnicos arrumar a cama após um exame, assim como não é tarefa das enfermeiras fazer qualquer outra coisa." Eles fizeram um pacto de parar de fugir do trabalho e agir como uma equipe, não dois grupos autônomos. Também concordaram em se comunicar melhor.

Eles prometeram menos negatividade e mais elogios no departamento. Quando os participantes foram solicitados a escrever um pequeno elogio para os colegas sentados de cada um de seus lados, "todos ficaram realmente surpresos e acho que algumas pessoas custaram a acreditar no que o colega ao lado escreveu", declarou Guila. A secretária do departamento, que achava que ninguém notava seu trabalho, jamais esperaria receber um bilhete dizendo que o departamento não seria capaz de chegar ao fim do dia sem ela.

"Acho que eles realmente aprenderam uns sobre os outros", comentou Susan. "Depois traçamos alguns planos tangíveis sobre como eles iriam trabalhar melhor juntos e o que especificamente iriam fazer em termos de papéis combinados, comunicação e expectativas. Acho que posso dizer que aquele encontro foi o ponto da virada."

A equipe reconhece que quase todos os funcionários se mostraram dispostos a cumprir os acordos daquele dia para que tivessem sucesso. "Todos pressupõem que você quer estar no mesmo barco, mas colocar isso em prática é diferente", admitiu a técnica Christine Billanti. Muitos gestos pequenos, como as enfermeiras permanecerem na sala de controle com os técnicos e ambos os profissionais se encontrarem com mais frequência, permitiram que as boas intenções do encontro fossem postas em ação. "É como qualquer outra relação; foram as pequenas coisas", reconheceu Billanti. "Mas fizeram uma grande diferença", acrescentou a técnica Nancy Padfield.

Os funcionários dizem coisas incríveis sobre a liderança de Susan. "Ela tem visão de raios X", elogia Catherine, sem tentar fazer um trocadilho. "É como se ela pudesse ver dentro de você e soubesse onde você dá certo e onde não dá. Ela não quer que a gente faça algo que não adore todo santo dia." O Dr. Babyn elogia sua capacidade de ajudar uma equipe a focar os objetivos certos. Gibney, seu chefe, diz simplesmente: "Acho que ela tem um estilo gerencial inato."

"Ela tem a capacidade, quer saiba disso ou não, de fazer as pessoas se sentirem que são importantes, que elas contam", afirmou Ellen Charkot. "E fez isso de forma sutil. Não é que ela tenha chegado aqui e todos, de repente, tenham começado a sentir que este é um ótimo local onde se trabalhar e tenham pensado: 'Quero permanecer aqui e sei que minhas contribuições são valorizadas.' Foi um processo gradual, mas significativo. Acho que ninguém aqui pode dizer que ela não é vista como uma pessoa que está contribuindo para o sistema inteiro."

Somente depois que tinha um grupo empenhado Susan sinalizou para eles a necessidade de estender o horário de atendimento para receber mais pacientes. Uma vez reduzidos os conflitos dentro da equipe, a maioria dos funcionários pôde se concentrar na sua paixão por ajudar aquelas crianças, um fervor evidente em muitos dos pequenos gestos vistos no departamento.

A parte de cima do interior do aparelho de tomografia está cheia de adesivos para as crianças olharem. Adesivos são o truque para induzir os pacientes não sedados a ficarem quietos. Como se isso não bastasse, há um globo espelhado, daqueles usados em discotecas, pendurado num canto. Um dos técnicos imita sons de pássaros. Outro canta. Cada profissional tem sua técnica favorita para relaxar uma criança nervosa.

A certa altura, a equipe decidiu realizar um atendimento especial no sábado para oito crianças que, devido a problemas respiratórios ou de outra natureza, não podiam ser sedadas. Elas teriam que ficar quietas por tempo suficiente para se obter uma imagem nítida ou serem submetidas à anestesia geral, um processo mais lento e arriscado.

Catherine trouxe seus netos para aliviar o medo dos pacientes. "De algum modo, quando uma criança fala com outra, você consegue que elas façam as coisas", contou ela. "Minha neta dizia: 'Venha! Venha nesse brinquedo comigo!' Ela se deitava ali, e a cama entrava e saía." A equipe pintou os rostos das crianças e deu brinquedos de brinde. Um paciente vestido com a fantasia de seu super-herói favorito fez o técnico cantar com ele o tema do

Homem-Aranha enquanto era preparado para o exame. "Foi um dia divertido, e conseguimos fazer os oito exames com sucesso. Então valeu a pena", relatou Catherine.

A vida dos funcionários também melhorou. "Antes do encontro, tínhamos um caos organizado", reconheceu Nancy. "Agora, não existe mais 'nós' e 'eles'. Temos que trabalhar juntos. Todos são mais gentis com os outros." Todas as sextas-feiras eles almoçam juntos na sala de controle, em vez de saírem separados. O chefe da radiologia comentou ter notado a diferença no clima de trabalho: "É um ambiente mais barulhento."

Aumentar o empenho e eliminar a animosidade entre enfermeiras e técnicos foi fundamental para a redução do tempo de espera. Após um tempo, embora variasse um pouco, a espera para ressonância magnética caiu de 41 semanas para quatro. E, para tomografia computadorizada, a redução foi de 27 semanas para três dias. Sem fazer os funcionários sentirem que suas opiniões contam, "jamais teríamos conseguido reduzir a lista de espera. Nunca!", declarou Susan. "A equipe não teria nenhum motivo para fazer um esforço extra, porque não via seu líder imediato – mais precisamente, eu – como alguém preocupado em melhorar seu ambiente de trabalho. Nessas condições, por que haveriam de se importar?"

Devido ao impacto sobre os pacientes e aos sentimentos profundos dos funcionários em relação ao trabalho, a melhoria representa uma grande realização. A equipe fala sobre como a pouca idade de seus pacientes torna as histórias tristes, mas sua juventude também significa que existe uma chance de ajudar a mudar toda uma vida. "Não consigo me imaginar fazendo qualquer outra coisa", comentou Susan. "Essas crianças são tudo para nós."

O OITAVO ELEMENTO

Forte ligação com a missão da empresa

O fornecedor que deveria abastecer o aquário da loja Cabela's, prestes a ser inaugurada, tinha deixado um furo. Por isso o gerente da loja despachou uma dupla de funcionários numa caminhonete especial para conseguir alguns peixes. Isso teria resolvido o problema, "mas de algum modo eles ligaram o oxigênio forte demais no tanque", contou Mike Boldrick, o gerente. "Quando chegaram aqui, restava apenas um pequeno *walleye* letárgico."

Como se aquilo não bastasse, as percas também precisavam de socorro. Elas haviam sido capturadas em grande profundidade e, por causa da diferença de pressão, suas bexigas natatórias tinham se expandido, de modo que o ar extra precisava ser expelido para salvá-las. Tudo isso seria bem simples, se os peixes fossem o único problema. Mas como pendurar o pequeno aeroplano no teto do andar de cima? Onde colocar todas as mercadorias da grande barraca que não pôde ser armada porque não havia cimento, que não fora aplicado por causa dos índices recorde de chuva?

Como os gerentes conseguiriam ficar acordados nas reuniões marcadas para as 5 horas da tarde se estavam exaustos em função de suas 100 horas de trabalho semanais? Onde estavam as três dúzias de rádios para dar aos vigilantes que o oficial dos bombeiros agora estava exigindo porque o reservatório de água havia secado em consequência do rompimento de um cano?

Eles estavam em condições de receber o presidente dos Estados Unidos em, digamos, 20 minutos?

Em 12 de agosto de 2004, a Cabela's inaugurou uma loja espetacular com mais de 16 mil metros quadrados em Wheeling, West Virginia. Autoridades, clientes e funcionários – tanta gente que a polícia rodoviária teve de bloquear a nova saída da estrada – se reuniram para ver a inauguração de uma grande estátua de uma ursa com filhotes lutando contra duas águias, posicionada na frente da loja. Mal se podia imaginar os desafios que Boldrick e sua equipe de centenas de funcionários tiveram de enfrentar por trás dos bastidores para tornar aquele dia possível. Ao orientar uma tropa de homens e mulheres comprometidos com a missão de seu novo empregador, Boldrick e sua equipe de gerentes superaram um número impressionante de desafios para bater o recorde da empresa de menor tempo de inauguração de uma loja nova. Com isso, também obtiveram níveis incríveis de empenho dos funcionários sob circunstâncias em que o moral poderia ter desmoronado.

A loja de Wheeling era a 10ª filial da Cabela's, uma rede de vendas de equipamentos para atividades ao ar livre por catálogo, famosa em todo o país cuja presença física no varejo dos Estados Unidos vinha se expandindo rapidamente. Em 1961, Dick e Mary Cabela lançaram a Cabela's como uma empresa de fundo de quintal, vendendo um pacote de iscas artificiais anunciadas na revista *Sports Afield*. A Cabela's é agora uma empresa de 1,5 bilhão de dólares que nos últimos anos abriu seu capital para tentar superar suas concorrentes. Cada loja nova traz muita esperança. Antes da inauguração, a loja de Wheeling e seu desempenho projetado eram tema de discussões da diretoria da empresa com analistas de Wall Street. Boldrick e sua equipe de gerentes estavam sob forte pressão enquanto se preparavam para o dia da inauguração.

Veterano no ramo do varejo, com 15 anos de experiência, Boldrick estava na Cabela's havia apenas dois anos quando lhe ofereceram a chance de montar a loja de Wheeling. Ele impressionou os gerentes que recrutou por ser dinâmico, mas se manter calmo sob pressão. "Ele é confiável, tem os pés no chão. Acredita no que está fazendo e por isso consegue vender a ideia para todo mundo", comentou o gerente de prevenção de perdas Michael Rock. Boldrick alertou os gerentes potenciais para as dificuldades à frente e descartou aqueles que pareceram amedrontados. "Você vai trabalhar de 12 a 15 horas por dia. Vai trabalhar como nunca", dizia a eles. "Mas também vai se divertir muito e ver mais realizações num curto período de tempo do que jamais imaginou."

"Nós meio que esquadrinhamos as pessoas naquele processo de entrevistas", disse Boldrick. "Se a pessoa me olhava de forma estranha, eu sabia que ela não estava à altura do desafio."

Enquanto o prédio estava sendo erguido, Boldrick e seus gerentes trabalharam em trailers no canteiro de obras e num hotel vizinho, entrevistando pessoas para 400 cargos de linha de frente. Para aqueles que estariam no andar de vendas, as atividades ao ar livre eram mais importantes do que a experiência no varejo. "Se você me trouxer alguém que se dedica com paixão pela vida ao ar livre, poderei ensinar o que ele precisa saber sobre vendas", disse Troy Gatti, gerente de recebimento durante o período da grande inauguração. Para muitos candidatos, seus hobbies nunca tinham sido tão úteis às suas carreiras. "O que você gosta de fazer no fim de semana?", perguntavam a eles. "Onde você gosta de pescar?" "Que tipo de espingarda de caça prefere?" Os candidatos foram classificados pelo tipo de atividade ao ar livre que praticavam, e os melhores de cada área foram contratados até preencherem todos os departamentos.

Então veio a parte difícil.

O oitavo elemento da gestão de excelência é representado pela afirmação: "A missão/objetivo da minha empresa me faz sentir que meu trabalho é importante." Como acontece com os outros 11 elementos, o grau em que uma equipe concorda com essa afirmação reflete seu desempenho numa ampla série de indicadores, muitos dos quais se mostrariam cruciais à inauguração da loja da Cabela's na West Virginia. Por exemplo, as unidades de negócios do banco de dados de comprometimento da Gallup classificadas no quartil superior nesse elemento ostentam uma rentabilidade em média de 5 a 15% superior à das unidades do quartil inferior. Grupos de trabalho orientados pela missão sofrem 30 a 50% menos acidentes e têm uma rotatividade de 15 a 30% menor.[1] Funcionários que têm afinidade com a missão de sua empresa também tendem a afirmar que o humor ou os risos desempenham um papel positivo em sua produtividade.[2]

O curioso do oitavo elemento é quão distante está do trabalho em si e do bem-estar material do funcionário. A ausência de muitos outros elementos – clareza quanto ao trabalho, equipamento apropriado, compatibilidade com os talentos da pessoa, feedback constante – acaba realmente prejudicando a produção. É fácil ver por que são necessários à realização do serviço. Não se pode dizer o mesmo do oitavo elemento, uma necessidade estritamente emocional e de nível mais amplo, como se o funcionário não tivesse estímulo para fazer tudo o que é capaz sem saber como seu trabalho se encaixa no grande esquema das coisas.

Os dados mostram que é exatamente isso que acontece. Se um emprego fosse apenas um emprego, o local de trabalho não seria importante. Um bom salário, benefícios adequados, um horário razoável e condições de trabalho confortáveis seriam suficientes. O emprego cumpriria sua função de pôr comida na mesa e garantir dinheiro para a educação dos filhos. Mas uma característica tipicamente humana se manifesta depois que as necessidades básicas são satisfeitas. O funcionário procura um sentido em sua vocação. Por razões que transcendem as necessidades físicas satisfeitas quando se ganha a vida, ele quer contribuir para um propósito maior. Algo dentro dele procura alguma coisa em que acreditar.

Às vezes, essa peculiaridade da natureza humana faz com que as pessoas exaltem o mais corriqueiro dos produtos, como fizeram no estranho documento emitido em 1922 pela Associação dos Produtores de Sorvete do Pacífico, que começa assim: "Acreditamos no sorvete."

Eles a chamaram de "Declaração de Princípios". Ela atribui ideais sublimes a um produto bastante comum. "Acreditamos", continua a declaração, "no futuro grandioso que temos à frente, porque o sorvete é o único produto que contém todas as propriedades vitais e revigorantes próprias do leite, combinadas com variedade e sabor não encontrados em nenhum outro derivado desse produto".[3] Além do entusiasmo no estilo da década de 1920, a Declaração de Princípios dos Produtores de Sorvete do Pacífico revela um sentimento bem mais profundo e antigo, que vai além de produzir e vender sorvete, buscando um sentido nas coisas corriqueiras.

De certa perspectiva, sorvete é apenas sorvete, mais uma entre tantas sobremesas, pouco digno de glorificação. Mas para alguém que compra o creme, administra a fábrica, se esforça para encontrar os sabores certos e se emociona vendo uma criança saborear uma casquinha, estar no ramo dos sorvetes é um meio de dar uma pequena contribuição à qualidade de vida – à felicidade – de seus clientes. Assim, quando a Blue Bunny Ice Cream chama seus misturadores de sabor de "artesãos com uma criatividade colossal" que não trabalham simplesmente na cidadezinha de Le Mars, Iowa, e sim na "Capital Mundial do Sorvete", produzindo a "guloseima favorita dos Estados Unidos", está falando de uma coisa em que realmente acredita.[4] As pessoas se apegam a propósitos maiores. Os fabricantes de sorvete "acreditam" no sorvete.

As empresas costumam adotar ideais elevados como parte de sua missão. As lojas Lowe's Home Improvement visam não apenas vender madeira e ferragens, mas oferecer "praticamente tudo de que os clientes precisam para construir, embelezar e desfrutar suas casas".[5] A Kodak não se limita a vender filmes, ela "continua a expandir as maneiras pelas quais as imagens afetam a vida das pessoas".[6] A Kellogg's aspira a algo mais do que produzir cereais. Em vez disso, "tornamos o mundo um pouco mais feliz oferecendo a vocês o que temos de melhor".[7] O Siam Commercial Bank, na Tailândia, procura "nos dedicar à qualidade e correção de nosso negócio, trabalhar como uma equipe para fornecer os melhores serviços, respeitar os valores humanos e participar, com o máximo de nossa capacidade, da nossa sociedade e nação".[8]

Como na Declaração de Princípios dos Produtores de Sorvete, existe muita influência do marketing nessas afirmações. Também há um motivo por que essas afirmações atraem os clientes e, quando respaldadas pela cultura da empresa, motivam fortemente os funcionários. Os trabalhadores anseiam por algo nobre em que possam acreditar e se envolver.

O professor Mihaly Csikszentmihalyi, da Claremont Graduate University, conta que estava ministrando seminários sobre as crises da meia-idade para altos executivos empregando "as melhores teorias e resultados de pesquisas em psicologia do desenvolvimento". Os seminários eram bem recebidos, mas faltava alguma coisa. "Eu tinha lá minhas dúvidas se aquele material fazia muito sentido", escreveu. O Dr. Csikszentmihalyi decidiu tentar iniciar as palestras examinando a *Divina Comédia* de Dante, o poema de mais de 600 anos que começa assim: "Da nossa vida, em meio à jornada, achei-me numa selva tenebrosa, tendo perdido a verdadeira estrada." O professor esperava que instilar as discussões com um sentido maior ajudaria no aprendizado. "Eu estava preocupado com o modo que os executivos estressados receberiam essa parábola de tantos séculos atrás. Tive medo de que considerassem aquilo um desperdício de seu precioso tempo", revelou o professor. "Eu não precisava ter me preocupado. Jamais tivemos uma discussão tão aberta e séria sobre as armadilhas da meia-idade e as opções para enriquecer os anos que ainda viriam como naquele dia, depois que falamos da *Divina Comédia*."[9]

Relatos como o do Dr. Csikszentmihalyi dão uma pista de por que estudos quantitativos estão descobrindo que o poder motivador do salário, de comissões e até de prêmios é limitado. "Os dados mais recentes indicam que o dinheiro está perdendo seu poder como principal motivador, em parte porque a população em geral vem percebendo cada vez mais que, acima do nível mínimo necessário à sobrevivência, o dinheiro pouco acrescenta ao seu bem-estar subjetivo", escreveu a pesquisadora Amy Wrzesniewski.[10] Funcionários de grupos de trabalho com altos níveis de comprometimento, desde iniciantes até altos executivos, às vezes contam que abriram mão de um salário maior a fim de ingressar ou permanecer numa empresa que eles acreditavam que lhes oferecia um trabalho mais interessante com uma equipe mais agradável.

Por que as pessoas são atraídas por um propósito maior é um mistério. É difícil encontrar um motivo aceitável para isso fora da esfera da adoração (o que talvez explique por que as religiões são mais duradouras do que as empresas). A necessidade parece universal. Quando uma pesquisa da Gallup perguntou, em 1990, "Que importância você atribui à crença de que sua vida é significativa ou tem um propósito?", 83% dos entrevistados responderam "muito importante" e 15% responderam "razoavelmente importante".[11] A crença de que se está fazendo algo significativo é relevante para a saúde psicológica e até mesmo física das pessoas.[12] Não é necessário que os gerentes entendam por que as pessoas precisam se dedicar a um empreendimento maior do que elas próprias; basta que reconheçam essa necessidade e se esforcem por satisfazê-la.

A profundidade dessas ligações surpreendeu até pesquisadores profissionais da "significância" do local de trabalho. Em 1993, a aluna de doutorado da Universidade de Utah Melissa M. Koerner realizou entrevistas com profissionais de saúde que ajudavam os necessitados numa cidade não revelada do Oeste dos Estados Unidos. Ao conversar com os auxiliares, enfermeiras e um médico, constatou que sua ligação com o trabalho beirava um "aspecto sagrado". "O foco original da pesquisa era a natureza da relação entre os profissionais de saúde e seus pacientes; a presença do aspecto sagrado nessa relação não fazia parte da área de investigação inicial", escreveu Melissa. "Entretanto, durante a pesquisa, relatos e comentários com tinturas religiosas foram tão predominantes entre os informantes que o aspecto sagrado acabou se tornando o ponto central do estudo."

Uma enfermeira de 41 anos chamada Linda descreveu como ajudar uma família por várias crises a fez criar laços de profundo afeto com eles e sentir que seu trabalho era importante. "Conheci essa família quando o marido chegou aqui muito doente. Ele tinha câncer no pâncreas e faleceu três ou quatro meses depois que o conheci. A esposa estava grávida do primeiro filho deles. Cuidei da menininha após o parto, e depois da mãe. Eu simplesmente gostava dela. Gostava de toda a família", contou Linda. "Envolver-se em todo esse processo de morte, de nascimento e vida de outras pessoas faz você sentir que o que está fazendo é realmente útil e bom."[13]

Melissa percebeu que os pacientes e os profissionais de saúde mencionavam repetidamente muitos dos aspectos tradicionais do bom serviço: responder prontamente e mostrar empatia e segurança, por exemplo. "Já ao descreverem suas experiências médicas mais positivas, tanto os profissionais quanto os pacientes muitas vezes enfatizavam qualidades sagradas, em vez de seculares", escreveu ela. "Eles discutiram 'relações especiais' baseadas em 'vínculos humanos reais, profundos e básicos'. Um deles contou 'um tipo de história mágica'; outros falaram sobre 'realmente fazer diferença'. [...] Um paciente usou insistentemente o termo 'misterioso' para descrever seu relacionamento superpositivo com seu médico. Tanto os profissionais como os pacientes viam suas melhores experiências e os relacionamentos de assistência médica como extraordinários, significativos e relevantes."[14]

Não é difícil entender por que os profissionais de saúde consideram seu trabalho importante. Afinal, dedicam-se a preservar vidas, trazer bebês ao mundo e melhorar diretamente a qualidade de vida de seus pacientes. Por isso as organizações de assistência médica costumam obter níveis maiores no oitavo elemento. O mesmo acontece com escolas, instituições que atuam no sistema judiciário e organizações de preservação ambiental. O intrigante é como alguém que trabalha numa clínica ou num hospital pode achar que sua atividade não é relevante. Mas alguns acham: um terço dos funcionários de hospitais dão uma resposta negativa a esse elemento. Menos da metade dos trabalhadores de quaisquer setores se sente fortemente ligada ao objetivo de suas organizações.[15]

Igualmente surpreendente são as altas porcentagens de trabalhadores em carreiras menos ligadas à vida que sentem uma forte afinidade com os objetivos de suas organizações. No banco de dados da Gallup, um quarto ou mais dos trabalhadores do varejo, das finanças e da indústria química concorda fortemente que o propósito de suas empresas faz com que eles sintam que seu trabalho é importante. Embora seja mais fácil encontrar um funcionário inspirado pela missão em carreiras tipicamente altruístas, como o magistério e a medicina, a sensação de que o emprego faz sentido é menos função do setor econômico do que do próprio ambiente de trabalho.

Esse sentimento pode estar presente em qualquer profissão, por mais comum que ela pareça. Recentemente uma executiva contou que, quando seu pneu furou na estrada, um bom samaritano parou para ajudá-la a substituí-lo pelo estepe. "Eu era motorista de reboques", contou ele enquanto soltava os parafusos do pneu furado. "Sinto saudades. Era ótimo ter uma profissão em que sabia que teria a chance de ajudar as pessoas todos os dias."

Por outro lado, profissionais de sucesso às vezes acham que as mordomias e a alta remuneração não são suficientes. "Sou um consultor experiente em atendimento a organizações sem nenhuma cultura", contou o líder de uma empresa internacional de estratégia. "Elas não têm cultura porque se formaram a partir da contratação de funcionários experientes que não desenvolveram nenhuma ligação ou processos em comum. Trata-se, na verdade, de culturas de colaboradores independentes que dividem um espaço. [...] Você não sente que se encaixa porque não há nada em que se encaixar."[16]

Um pequeno grupo de sociólogos se especializou no estudo das ocupações que chamam de "trabalho sujo", as profissões degradantes, desagradáveis ou estigmatizadas que estão na outra ponta do espectro em relação às profissões que toda criança diz que quer exercer quando crescer: astronauta, médico, atleta ou cientista. Os trabalhos sujos incluem empregos como lixeiros, guardas penitenciários, camareiras de hotéis, engraxates e enfermeiros de hospitais psiquiátricos.[17] A impressão inicial é que esse tipo de trabalho prejudicaria a autoimagem da pessoa que o executa devido à falta de sentido.

O professor da Arizona State University Blake Ashforth pensou que, em meio aos profissionais que realizam esses serviços, encontraria uma subcultura de funcionários raivosos e deprimidos. Mas se surpreendeu com a força do desejo que essas pessoas tinham de tornar seus trabalhos significativos. Esses profissionais costumam ignorar o estigma social e veem o valor cotidiano do que fazem. "Quando as pessoas têm um problema com o encanamento, ficam felizes de nos ver", afirmou o proprietário de uma desintupidora.[18] Uma mulher contou a um jornal de Nova Jersey que largou um emprego na área de recursos humanos, no qual estava havia sete anos, para trabalhar num abrigo de animais, mesmo tendo que sacrificar muitos cães e gatos. "O contracheque (no emprego antigo) já não era suficiente. Eu queria mais", explicou. Por causa das tarefas que provocam sofrimento, "há dias que volto para casa e abraço meu cachorro por um tempão. Cada dia é uma nova batalha".[19] Um guarda penitenciário contou ao *Wall Street Journal* que sabia que "não era legal" trabalhar numa prisão, mas gosta da missão de "proteger o público e seus colegas de trabalho – e até de proteger os próprios presos uns dos outros".[20]

Não existe um trabalho intrinsecamente significativo. Existem algumas condições que tornam triviais os papéis que em tese são mais importantes e outras que tornam recompensador trabalhos aparentemente horrorosos. "Uma implicação da busca e do desejo motivados e socialmente imbuídos de significado é que *qualquer* tarefa, emprego ou organização podem ser cheios de sentido. O desejo gera a realidade", escreveu Ashforth e seu colega de pesquisa Michael G. Pratt.[21]

Um enfoque desse fenômeno divide as visões que as pessoas têm de seus empregos em três categorias. O grupo menos empenhado o encara como um simples emprego: uma inconveniência necessária e um meio de ganhar dinheiro para alcançar seus objetivos pessoais e aproveitar a vida fora do trabalho. O segundo grupo vê seu trabalho como uma carreira. Essas pessoas apreciam o alto salário, o prestígio e o status que surgem à medida que sobem na hierarquia corporativa. O terceiro grupo considera seu trabalho uma "vocação". "Nas vocações, o trabalho constitui um fim em si mesmo e costuma estar associado à crença de que o trabalho contribui para um bem maior, tornando o mundo um lugar melhor", escreveu a pesquisadora Amy Wrzesniewski.[22] Assim como na pesquisa de Melissa sobre o "aspecto sagrado", o termo "vocação" não possui necessariamente uma definição religiosa. Cada pessoa filtra o mundo por suas próprias lentes. "O indivíduo que executa o trabalho é quem define para si mesmo se este contribui para tornar o mundo um lugar melhor", enfatizou Amy.[23]

Qualquer que seja a compreensão que o funcionário tem do mundo e de seu papel nele, se vir uma ligação forte o suficiente para considerar seu trabalho uma vocação, tirará mais proveito dele e renderá mais para a organização. "Somente para aqueles com uma vocação o trabalho é uma atividade totalmente enriquecedora e significativa", escreveu Amy.[24] Por causa dessa ligação, eles têm mais identificação e comprometimento com a equipe, menos conflitos, confiam mais na gerência, tomam decisões melhores e dedicam mais tempo ao trabalho, remunerado ou não.[25] Aqui também o emprego em si não determina seu significado. "Um professor que vê seu trabalho como um simples emprego e só está interessado em ganhar bem não tem uma vocação. Por outro lado, um lixeiro que acredita que seu trabalho torna o mundo um lugar mais limpo e saudável tem", escreveu a professora.

Os dados não indicam que todos os trabalhadores gostariam que seu emprego fosse pleno de interações cósmicas. Para muitos, será suficiente saber que seu trabalho ajudou a empresa a criar uma ração melhor para gado, a entregar milhões de encomendas no prazo ou a vender uma nova linha de vestuário. Entretanto, uma grande quantidade de funcionários que só pensam no contracheque e não se importam com o objetivo maior da empresa pode prejudicar consideravelmente a retenção de pessoal, as atitudes dos clientes, a segurança, a produtividade e – em última análise – a lucratividade.

Em geral, e contrariando muitos altos executivos que superestimam a sua influência, as empresas não têm uma cultura homogênea. Os líderes da empresa não exercem tanta influência sobre os funcionários como os gerentes da linha de frente. O oitavo elemento é a maior exceção a essa tendência. O que os executivos sentem com relação à missão da empresa está fortemente ligado às avaliações dos gerentes de nível médio. E o que esses gerentes pensam sobre o oitavo elemento está diretamente relacionado às avaliações dos funcionários de linha de frente. Ao contrário da maioria dos outros elementos da gestão de excelência, este se dissemina de cima para baixo, perdendo força no caminho, mas mantendo uma forte ligação com o grau de comprometimento da alta diretoria com a missão da corporação.[26]

A segunda metade da afirmação do oitavo elemento – "A missão/objetivo da minha empresa *me faz sentir que meu trabalho é importante*" – requer mais do que apenas persuadir os funcionários de que seu empregador atua numa linha de negócios honrada. Os funcionários mais motivados e produtivos se esforçam porque sentem que seu trabalho faz diferença na realização desses objetivos dignos. Apesar da alta correlação entre o comprometimento da alta administração e dos funcionários da linha de frente com a missão da empresa, esse elemento, mais do que qualquer outro, perde força ao percorrer seu caminho do topo para a base. Enquanto dois terços dos executivos de uma empresa típica concordam fortemente com a afirmativa do oitavo elemento, menos de um terço dos funcionários no nível mais baixo também concorda. Os funcionários costumam estar plugados, mas com frequência descobrem que chega pouca energia às suas tomadas. Visto que é muito mais provável que um cliente se encontre com um funcionário da linha de frente do que com um membro da diretoria, essa perda de energia torna difícil para uma empresa transmitir sua paixão aos clientes.

Assim, ao mesmo tempo que Mike Boldrick estava tentando agendar com eletricistas a instalação da rede elétrica da nova loja da Cabela's, ele precisava assegurar que o desejo de ser "a maior loja do mundo de artigos para atividades ao ar livre" fosse plenamente transmitido a todos os membros da equipe de Wheeling.

Em 8 de julho, chegara a hora de a equipe da Cabela's transformar o novo prédio em loja. Mas a obra não estava pronta. "As únicas seções concluídas eram as de Pesca, de Camping e de Presentes", disse Boldrick. "O restante da loja ainda estava sem carpete. Tínhamos elevadores móveis gigantes ali. Ladrilhos estavam sendo colocados. As caixas registradoras não tinham chegado. Uns 500 ou 600 paletes de materiais de construção ainda estavam no prédio."

Era uma segunda-feira. As mercadorias começariam a chegar na quarta. "Os operários da obra ainda estavam por lá, de modo que tínhamos que trabalhar no meio deles", disse a gerente do departamento de vestuário, Susan Sacks. Enquanto as mercadorias eram carregadas em caminhões com destino a Wheeling, as instalações para receber aqueles produtos ainda não haviam sido montadas. O primeiro teste da nova equipe foi se conseguiria montá-las em 48 horas. "O fornecedor das instalações me pedira para arrumar oito pessoas para ajudá-lo. Mandamos todo mundo", contou Boldrick. "Em vez de levar 48 horas, montamos tudo naquele dia mesmo, não apenas as instalações para as seções que teriam suas mercadorias entregues. O fato de aquela ser nossa primeira vez no prédio gerou muita motivação e nossos funcionários pareciam uma equipe de mecânicos num boxe de fórmula 1."

Só quem já esteve numa loja da Cabela's pode ter uma ideia do que aconteceu em seguida. Enquanto chegavam caminhões com iscas de pesca, varas de pesca e caixas para iscas, chegava também uma verdadeira arca de Noé de animais empalhados: veados, cabritos monteses, ursos, leões, zebras, búfalo da Índia e dezenas de outras espécies. "Podíamos ter milhares de varas de pesca chegando por uma porta e um carregamento de leões e rinocerontes chegando por outra, uma visão impressionante", contou Troy Gatti. "Tudo entrou no prédio pelas portas de trás. Até o elefante veio, em três partes, pelos fundos." O espaço era escasso. Havia 30 trailers estacionados no local, enquanto a equipe batalhava para se mudar para o prédio ainda inacabado.

No início do processo, Boldrick estabeleceu um cronograma de reuniões com todos os funcionários diariamente às 7 da manhã, meio-dia e 5 da tarde. Em parte uma transmissão de notícias, em parte um encontro para animar o pessoal, além de uma oportunidade de apresentar os funcionários uns aos outros, as reuniões puseram ordem no caos. "Havia muita confusão", contou Vern Kidwell, um especialista em produtos do departamento de caça. "As reuniões nos mantinham inteiros e em atividade." À medida que a montagem da loja se espalhou de um departamento para outro, as reuniões também aumentaram. Nos encontros iniciais, Boldrick simplesmente falava alto com o grupo. Depois ele passou a usar um megafone. Finalmente, os gerentes começaram a se posicionar no andar de cima, para que pudessem se dirigir a centenas de pessoas ao mesmo tempo. "Às vezes havia 500 ou 600 pessoas no prédio, e aquilo estava funcionando! As reuniões eram absolutamente fantásticas", declarou Gatti. Concluídas as instalações elétricas, Boldrick passou a usar o sistema de comunicação interna da loja.

Boldrick e seus gerentes usavam a técnica de "mostrar e contar" para apresentar as mercadorias e os membros da equipe uns aos outros. Os funcionários eram incentivados a subirem uma escada durante os encontros, se apresentarem, exibirem um produto e falarem sobre quais outros itens poderiam ser vendidos com ele. Em uma dessas reuniões, Boldrick desencadeou uma pequena competição entre os departamentos perguntando qual deles estaria pronto para a grande inauguração. "Quem vai ser o primeiro?", berrou ele do mezanino.

– Seremos nós! – proclamou Travis Glover, o subgerente de vendas do departamento de armas de fogo.

– Ouviram isso? – perguntou Boldrick. – Travis disse que vai colocar um vestido e fazer compras no primeiro dia se vocês o derrotarem. – Embora o departamento de Travis tenha perdido, ele não foi obrigado a pagar a aposta, "porque não foi ele quem disse aquilo; fui eu", explicou Boldrick.

Embora a loja estivesse progredindo rapidamente, nem tudo saía como planejado. "Noventa por cento dos eletricistas de Ohio deviam estar trabalhando na construção", relembrou Boldrick, mas a rede elétrica não estava pronta. Grandes elevadores móveis para instalar os conduítes tinham de ser deslocados pelos departamentos, fazendo com que as mercadorias tivessem de ser movidas. "Estávamos deslocando alguns produtos duas ou três vezes", relatou o gerente, dobrando ou triplicando o trabalho que tinha sido planejado. Enquanto isso, as mercadorias continuavam chegando. Antes que o departamento de pesca estivesse plenamente montado, os produtos de caça já estavam sendo descarregados. Os funcionários se esforçavam ao máximo para dar conta de tudo. "Quando você saía para seus dois dias de folga e voltava, não acreditava como a loja tinha mudado. Estávamos movendo montanhas", disse Kidwell.

Enquanto os outros departamentos iam se ajeitando, as áreas de vestuário ainda tinham um longo caminho pela frente. "Não tínhamos carpete", disse Sacks. "Nossos quiosques não estavam montados. Fomos os últimos a receber os produtos – graças a Deus –, mas também fomos os últimos a ficar prontos. Não tínhamos nem eletricidade. Ficamos frustrados, porque queríamos que nossos funcionários se acostumassem ao sistema de computador, mas não conseguíamos que nada funcionasse."

Shane Etzwiler era gerente sênior de comercialização de vestuário. Ele lembra que, mais ou menos na metade das quatro semanas e meia de preparação da loja, as roupas começaram a chegar. Se tivéssemos mais tempo, as roupas de camuflagem, calças, jaquetas para neve e outros artigos teriam chegado aos poucos, com tempo para fazer um inventário dos produtos recebidos e do que estava faltando. "Em vez disso, simplesmente nos bombardearam com tudo de uma vez", afirmou Shane. "Como lidar com 200 contêineres desmontáveis de mercadorias (misturadas), e no dia seguinte receber mais 100, e outros 100 um dia depois?" Era demais. "Acabamos acumulando 250 contêineres de roupas no fundo da loja. Nao foi fácil!"

Shane precisou viajar para Owatonna, Minnesota, para fechar a venda de sua casa. Deixou instruções de como prosseguirem com o trabalho, mas ao voltar encontrou pouco progresso e ainda menos tempo. "Eu só pensava que estávamos com sérios problemas", recordou ela. "Então, reuni toda a equipe e disse: 'Esta é a estratégia; é isto que vamos fazer para dar conta!'" Somente com um trabalho de equipe coordenado e um processo em dois estágios de triagem da mercadoria conseguiram voltar ao cronograma.

Ao se aproximarem da reta final, o ritmo frenético estava desgastando os gerentes. Boldrick dormia no máximo seis horas por noite. Muitos gerentes estavam trabalhando 100 horas semanais. Shane e Boldrick decidiram dar uma folga. "Eu disse para Mike: 'Estamos matando os gerentes. Vamos mudar as coisas; vamos tomar umas providências.'" "Na reunião das 5 horas, dava para ver alguns deles quase dormindo em pé", lembrou Boldrick.

"Dirigi-me à alta direção e anunciei: 'Programe meio dia de folga para todos, e quero tentar dar um dia livre para todo mundo antes da inauguração.'"

O próprio Boldrick decidiu ir para casa à uma da tarde de um sábado, pois precisava urgentemente de umas horas de sono. Estava cochilando quando, uma hora depois, recebeu um telefonema do gerente de marketing da loja:

– Desculpe acordá-lo, mas acabo de receber uma ligação do chefe da equipe de reconhecimento da Casa Branca. Ele vem aqui, e disse que talvez o presidente queira fazer uma visita mais tarde.

– É melhor eu voltar – observou Boldrick.

– Podemos cuidar de tudo.

– Não. Já estou indo.

Ao chegar na estrada interestadual, Boldrick ficou preso num engarrafamento. A polícia tinha fechado algumas saídas da rodovia, obrigando todos os carros a pegarem a saída que levava para a loja da Cabela's. Quando conseguiu chegar à loja, Boldrick foi saudado por quatro agentes do Serviço Secreto e o chefe da equipe de "reconhecimento".

– Sr. Boldrick, o presidente dos Estados Unidos gostaria de visitar a loja – informou o funcionário da Casa Branca. – Tudo bem?

– Claro – respondeu Boldrick. – Quando?

– Daqui a uns 20 minutos.

Devido ao trabalho para preparar a loja para a inauguração, havia 100 paletes de materiais de construção perto da porta da frente, exatamente por onde o presidente iria entrar. "Nunca na sua vida você viu 100 paletes serem removidos com tanta rapidez", contou Boldrick. O presidente Bush chegou mais cedo do que o esperado, pois estava passando por ali em campanha. "Seus ônibus pararam, ele veio andando e me encontrou na porta", relatou o gerente. "Nos cumprimentamos com um aperto de mãos, e ele atravessou a multidão, cumprimentando as pessoas e dando autógrafos. Ficou aqui cerca de 20 minutos."

"Estamos em guerra, e as pessoas ficaram fazendo perguntas sobre a situação", contou Rock. "Assistir àquilo tudo e entender o que estava acontecendo foi um espetáculo impressionante."

Com ou sem visita presidencial, a loja ainda tinha que cumprir sua data de inauguração. "Os releases haviam sido enviados. Não podíamos passar daquela data", relembrou Boldrick. Mas acontecimentos fora do controle deles vinham conspirando para dificultar as coisas. Um nível de chuva recorde fez com que o cimentado do estacionamento e das calçadas na frente da loja só ficasse pronto na última hora. Os eletricistas estavam atrasados. O sistema de inventário não estava funcionando. O reservatório da cidade ficara sem água, colocando o prédio em risco caso ocorresse a fatalidade de um incêndio. Os 680 animais empalhados tiveram que ser fixados nos seus lugares. Por meio do trabalho árduo e em equipe, os funcionários de Wheeling tiveram sucesso. Um dos principais fatores que tornaram isso possível foi o empenho dos funcionários. "Não importaria se o prédio tivesse desabado sobre nós. Teríamos nos organizado num canto e começado a vender, de tão bem que nos tratavam", declarou Kidwell.

A declaração de missão da Cabela's diz: "Como a maior loja do mundo de artigos para atividades ao ar livre, servimos com entusiasmo as pessoas que gostam desse estilo de vida, proporcionando inovação, qualidade e valor nos nossos produtos e serviços." Quando os funcionários da loja de Wheeling foram entrevistados pela Gallup sobre os 12 elementos, sua ligação com a missão se destacou. Mais de 60% concordaram fortemente que a "missão da Cabela's faz com que eu sinta que meu trabalho é importante". Menos de 10% dos grupos de trabalho do banco de dados da Gallup obtêm pontuação tão alta no oitavo elemento. Os funcionários da loja de Wheeling afirmam que sua missão e garra resultam de contratarem pessoas que adoram atividades ao ar livre e, depois, obterem o melhor delas.

Os membros da equipe de Wheeling contam que se esforçaram tanto para cumprir a data da inauguração porque estavam ansiosos para trabalhar numa loja que tem tudo a ver com seu entusiasmo pela recreação ao ar livre. "Não é só um emprego para eles", explica Rock. "Gostam de praticar essas atividades em seu tempo livre, de modo que o trabalho é como um divertimento para eles." Fotos de aventuras na natureza adornam quase todo o escritório e as estações de trabalho da parte administrativa da loja. Pergunte a qualquer pessoa por que gosta de trabalhar ali e ela falará, num tom poético, sobre lembranças de atividades ao ar livre com a família. "É um vínculo", reconheceu Sacks. "Meu avô sempre foi a pessoa mais importante para mim. Era isso que fazíamos. Pescávamos juntos. Todo domingo íamos ao lago. Se você gosta das mesmas coisas que sua família, passarão muito mais tempo juntos. É isso que obtenho ao ar livre."

Não é preciso instigar muito Tabatha Klug para fazê-la falar sobre suas experiências de caça. "Abati minha primeira lebre aos 7 anos", contou com orgulho. Um dia, ela exibiu um peru belamente montado para um colega, o 681º animal empalhado da loja. Ela não apenas abateu o animal, mas também o empalhou e armou. Tabatha parece ter um gosto especial por surpreender os clientes homens que nem imaginam que ela, por exemplo, já caçou um alce no Alasca ou pescou o maior peixe-agulha da West Virginia. Os homens às vezes a desafiam. "O que você entende de camuflagem? Você é uma moça", comentam. "O que estão procurando? Com certeza posso ajudá-los", é a resposta que ela costuma dar a essas provocações. Depois que ela lhes dá algumas boas dicas, a impressão deles começa a mudar. "Eles perguntam como sei tanta coisa sobre camuflagem", relata Tabatha. "Veja bem, eu caço, pesco e tenho licença para empalhar animais." Alguns a convidam para sair. "Eles realmente querem me levar para casa. Perguntam se sou casada." E ela rapidamente diz que é.

A paixão pela vida ao ar livre e pelo novo empregador fez com que a equipe de Wheeling superasse centenas de dificuldades. "Quando você tem funcionários empenhados, eles tomam a iniciativa por você, e há muito menos aconselhamento e tempo gasto com treinamento", disse Shane. "Eles estão convictos de que a Cabela's é um ótimo lugar para se trabalhar."

A equipe de Wheeling cumpriu o prazo. A loja foi inaugurada conforme planejado. "Tínhamos uma meta de vendas a atingir no dia de nossa grande inauguração e simplesmente a superamos", contou Shane, que depois foi promovida a gerente da loja. "Nós nos sentíamos nas alturas!"

Peixes mortos. Privação de sono. Um sistema de inventário que não funcionava, falta de computadores e de água. Um elefante desmontado. Tudo isso traz gratas lembranças a Boldrick, que, desde a inauguração da loja, foi promovido a segundo gerente-regional da empresa. "Foi divertido", afirmou. "Nunca duvidei de que conseguiríamos. Foi a maior diversão que já tive num emprego. Eu faria tudo de novo."

O NONO ELEMENTO

Colegas comprometidos com um trabalho de qualidade

Administrar uma loja da Best Buy não é uma tarefa simples. Uma unidade padrão da rede tem 4.200 metros quadrados repletos de milhares de produtos diferentes, desde cartões de memória até geladeiras, máquinas de lavar e secadoras. As lojas ficam abertas 77 horas por semana e possuem uma equipe de 120 funcionários, muitos deles jovens adultos em seu primeiro ou segundo emprego. A complexidade dos produtos exige um nível alto de treinamento, e as muitas distrações que tentam os funcionários em idade universitária mantêm a rotatividade potencialmente alta.

Por ano, uma loja vende em média dezenas de milhões de dólares em bens de consumo eletrônicos, computadores, CDs, DVDs e outras mercadorias. Mas sendo um negócio com baixa margem de lucro, a Best Buy embolsa apenas uma parte de cada venda.

No centro de cada loja Best Buy está um gerente-geral: um "controlador de tráfego aéreo" jovem e amigável, responsável, em última análise, por cada aspecto do desempenho daquela unidade. No verão de 2003, o gerente da Loja 484, em Manchester, Connecticut, era Eric Taverna, um veterano do varejo com 13 anos de experiência, que trabalhara no Sam's Club e estava na Best Buy havia três anos. Menos de um ano após assumir a loja de Manchester, um dos maiores desafios de Taverna foi aproveitar a energia de seu pessoal. Vários funcionários achavam que suas opiniões não contavam muito para a gerência e que seus colegas não estavam comprometidos em realizar um trabalho de qualidade.

Como com qualquer empreendimento varejista, a linha que separa lucro e prejuízo numa loja da Best Buy é muito tênue. Permanecer do lado certo dessa linha requer um gerente capaz de equilibrar vários aspectos conflitantes do negócio. O número de funcionários é suficiente para atender às necessidades dos clientes, mas enxuto o bastante para manter os preços competitivos? A segurança é suficiente para impedir furtos sem constranger os clientes honestos? Tudo está devidamente limpo? Tudo está disposto e etiquetado de forma adequada? Além desses aspectos básicos e tangíveis existem questões mais sutis, porém igualmente importantes, quanto ao comprometimento dos funcionários. Eles estão profundamente empenhados? Esses trabalhadores – em geral jovens com um olho no emprego e o outro na semana de provas ou no show do fim de semana – estão recebendo da empresa tudo aquilo de que precisam? Estão motivados a realizar um bom serviço? Essas não são perguntas triviais. Pesquisas extensivas conduzidas pelos analistas da Gallup constataram que o empenho dos funcionários era um componente crucial do desempenho de uma loja da Best Buy, afetando tudo: desde as atitudes dos clientes até a porcentagem de mercadorias furtadas e a própria lucratividade. Por esse motivo, Taverna e suas centenas de colegas por todo o país são também avaliados pela capacidade de manter o moral elevado.

Os resultados da avaliação dos 12 elementos, em julho de 2003, mostraram que a loja de Manchester tinha um bom nível de comprometimento, mas não chegava a ser ótimo. Quando comparada com outros grupos do banco de dados da Gallup no quesito comprometimento, a Loja 484 mal conseguiu se classificar no terço superior. Os funcionários davam notas particularmente baixas ao sétimo elemento ("No meu trabalho, minhas opiniões parecem contar") e ao nono, representado pela afirmação: "Meus colegas de trabalho estão comprometidos em realizar um trabalho de qualidade." O pior era que, embora o nível de comprometimento geral tivesse aumentado desde as administrações anteriores, as pontuações nesses dois elementos haviam diminuído.

"Os funcionários foram honestos em suas respostas, e isso dói", disse Taverna. "Receber um feedback desses é de arrasar. Aquela história de as 'opiniões contam' realmente me preocupou. Isso mostra que não sabemos ouvir." Ele acrescentou: "Muitos dos líderes da minha loja estão pela primeira vez no papel de gerentes, enquanto outros estão no cargo há 20 anos, mas nunca focaram as pessoas ou a cultura." Fazer com que toda a sua equipe gerencial dê um enfoque eficaz às questões humanas "constituía um enorme desafio".

Para Taverna, a capacidade de motivar uma equipe é uma parte essencial da gerência. "Desenvolver habilidades pessoais, para mim e meus gerentes, é a coisa mais importante, porque eles, por sua vez, são os que guiam o barco", declarou. "A loja é praticamente conduzida por rapazes de 21 anos", afirmou Bob Gaudette, gerente de merchandising, "e a quantidade de conhecimentos que eles têm por serem tão jovens é impressionante."

Taverna e sua equipe de cinco subgerentes levantaram essas questões durante a reunião trimestral seguinte com todos os funcionários. O gerente-geral submeteu os funcionários a uma pesquisa de opinião simples e informal, na qual tiveram que colar um post-it com um comentário ao lado de um dos 12 elementos que acreditavam que toda a loja deveria enfatizar. Não foi nenhuma surpresa que os adesivos tenham se acumulado em torno do item: "Meus colegas de trabalho estão comprometidos em realizar um trabalho de qualidade." Muitos dos comentários sugeriram soluções. "Queremos um 'fechamento em equipe'", informava uma das anotações, significando que os funcionários queriam fechar a loja juntos. "Queremos que todos sejam tratados igualmente, e seria bom se saíssemos da loja juntos, como uma equipe."

Uma das complexidades de dirigir qualquer empresa varejista é fechá-la ao fim do dia. Quando o último cliente vai embora, começa um alvoroço para fechar os caixas, guardar a receita do dia e preparar tudo para o dia seguinte. "Você fecha para abrir", relatou Taverna. No fechamento, tudo precisa ser limpo. As prateleiras devem ser reabastecidas. Centenas de itens das gôndolas têm que ser verificados e os displays luminosos, desligados. E tudo precisa estar pronto para receber o primeiro cliente do dia seguinte, às vezes menos de 12 horas após a saída do último. Durante as festas, existe ainda muito mais a fazer e menos tempo, porque o horário de funcionamento é estendido.

A situação em Manchester era complicada porque cada subgerente tinha um método de fechamento da loja. Se um funcionário trabalhasse num departamento menor, talvez conseguisse terminar suas tarefas e ir embora antes de seus colegas dos departamentos maiores – ou talvez não, dependendo do gerente. Embora a loja de Manchester fechasse às nove e meia da noite, não era raro alguns funcionários ficarem até quase meia-noite, enquanto outros haviam saído bem mais cedo.

Na prática, embora não intencionalmente, a Loja 484 tropeçava numa das situações mais desencorajadoras para qualquer equipe: permitir que algumas pessoas suportassem uma carga menor, enquanto outras tinham que carregar grande parte dela.

Aproveitadores. Espertinhos. Trapaceiros. Parasitas. Pesos mortos. Preguiçosos. Vadios. Encostados. Covardes. Sanguessugas. Indolentes.

Eles têm vários rótulos depreciativos. Ao longo da vida profissional, todo mundo depara com pelo menos algumas pessoas que procuram fazer o mínimo possível sem serem repreendidas. Poucos fatores são mais prejudiciais ao trabalho de equipe do que o funcionário que vive tirando vantagem do trabalho árduo dos outros.

A frustração é evidente nos comentários dos funcionários que dão nota baixa à afirmação sobre "colegas comprometidos em realizar um trabalho de qualidade". "Não gosto do tipo de pessoas que são contratadas e não se importam, não fazem nenhum esforço e só aparecem por causa da grana", reclamou um funcionário numa anotação anexada às suas respostas aos 12 elementos. "Precisamos separar melhor aqueles indivíduos que destroem dos que se empenham em construir."

"Não gosto de vir trabalhar e ter que ficar de babá dos colegas que têm pouca ou nenhuma consideração pelo emprego", admitiu outro. "Detesto ter que ficar o tempo todo ensinando às pessoas como fazer suas tarefas. Acaba se tornando minha obrigação corrigir o que eles não fizeram direito." Outros reclamam de "pessoas que não aparecem na hora da troca de turno", de "colegas que não fazem a sua parte e me obrigam a carregar tudo nas costas" e que "ninguém quer assumir a responsabilidade por nada".

O problema não é novo. Há 100 anos, o engenheiro agrícola francês Max Ringelmann realizou um dos primeiros estudos de como o trabalho de equipe afeta o desempenho. Ele pediu a homens recrutados para a experiência que puxassem uma corda com o máximo de força que pudessem. Repetiu a experiência variando o número de homens que puxavam a corda ao mesmo tempo. Obviamente, dois homens puxavam com mais força do que um, três com mais força do que dois, e assim por diante. Entretanto, quando dividida pelo número dos participantes, Ringelmann descobriu que a força feita por cada homem diminuía à medida que o número de participantes aumentava. Quanto maior o grupo, menor o esforço médio de cada homem.

Suponha que a força com que um homem consegue puxar a corda seja igual a 100%. Se dois homens estão puxando, cada um se empenha em média 93%. Quando quatro homens estão puxando, a média é apenas 75% de sua capacidade real. Quando o oitavo homem é adicionado, cada homem está aplicando somente metade de sua força. Na verdade, oito homens não puxam a corda com mais força do que sete, porque os outros relaxam o suficiente para subtrair aquilo que o oitavo homem acrescenta.[1] "Um das coisas mais notáveis nos grupos de trabalho é que eles conseguem tornar verdadeira a equação 2 + 2 = 5", afirma um manual de comportamento organizacional. "Claro que eles também têm a capacidade de fazer 2 + 2 = 3."[2]

Como as deserções podem se tornar uma bola de neve, causando derrotas devastadoras, os oficiais militares sempre se precaveram ao máximo contra elas. Em 1776, ao preparar suas tropas para sub-repticiamente instalarem canhões, erguerem fortificações e se posicionarem em Dorchester Heights para expulsar os britânicos de Boston, George Washington emitiu ordens de que "se qualquer homem em ação cogitar se esquivar, se esconder ou fugir do inimigo sem ordens do comandante, será instantaneamente fuzilado, como um exemplo de covardia".[3] Como os 5 mil homens do Exército Continental se empenharam harmoniosamente durante a noite, os primeiros raios de sol de 5 de março encontraram os britânicos completamente surpresos, um general americano observando que "talvez nunca tanto trabalho tenha sido realizado em tão pouco tempo" e um oficial britânico calculando que a façanha deve ter demandado de 15 a 20 mil homens.[4]

Em 1986, quando o governo dos Estados Unidos mudou a fórmula de cálculo dos impostos, descobriu-se que o grau de cumprimento das novas regras não estava relacionado ao aumento do imposto devido. O que houve na verdade foi uma forte influência de se os vizinhos, parentes e amigos apoiavam ou não as mudanças na legislação fiscal e pretendiam cumpri-las.[5] Num espírito semelhante, o estado de Minnesota descobriu que os cidadãos que receberam uma carta – nela informava-se que o cumprimento da legislação fiscal era, na verdade, maior do que as pesquisas de opinião mostravam – declaravam uma renda maior e faziam menos deduções.[6] A lição dessas fontes divergentes é o que torna tão importante que uma equipe possa reagir positiva e fortemente ao nono elemento. Se um grupo carece de uma ética de trabalho forte e seus membros não têm um senso de responsabilidade uns para com os outros, ele se torna conveniente para esconder um pouco de preguiça, para empurrar um pouco de trabalho para o colega ou acusar outras pessoas quando um cronograma fura.

Numa equipe comum, cerca de um em cada três funcionários concorda fortemente que seus colegas estão comprometidos em realizar um trabalho de qualidade. Mas o nono elemento é altamente sensível à presença de um ou mais encostados. Quando uma equipe percebe que um de seus membros está fazendo corpo mole, essa proporção cai para apenas 1 em cada 5. Se a equipe está livre de pesos mortos, a proporção dos que concordam fortemente com a afirmação salta para 50%, e a maioria da outra metade também dá respostas positivas, embora não tão enfáticas.[7]

As respostas a esse elemento são notavelmente parecidas entre os diferentes setores e tipos de trabalho. Mas, assim como os outros 11 elementos, variam drasticamente de uma equipe para outra. Existem muitos grupos de trabalho nos quais ninguém sente que os colegas estão comprometidos com a qualidade do serviço e outros em que todos percebem uma espécie de empenho coletivo. As consequências envolvem mais do que apenas puxar uma corda. Em um banco australiano, a variação no nono elemento é responsável por uma diferença de 14% na rentabilidade entre suas diversas agências.[8] Para um fabricante de alimentos da Europa, as avaliações de se todos estão fazendo a sua parte explicam uma variação de 51% nas ocorrências de acidentes de trabalho.[9] Os dados de desempenho de várias empresas correlacionados às pontuações no nono elemento mostram que pessoas que se sentem parte de uma equipe fortemente comprometida costumam ser mais seguras, tratam melhor os clientes, tendem menos a pedir demissão e são mais produtivas.

O professor de direito Dan M. Kahan ilustra o desafio que enfrentam os gerentes que têm suas equipes representadas por uma grande curva em forma de sino. Na extremidade direita estão os mais prestativos do grupo, os "colaboradores dedicados", que, por convicção pessoal, darão o melhor de si à causa comum, sem se preocuparem muito com o que os outros estão fazendo. Na extremidade esquerda estão alguns "caronas profissionais", pessoas que, em quase qualquer situação, deixarão o trabalho pesado para os outros e pouparão seus esforços. Entre os dois extremos estão aqueles que retribuirão em diferentes graus. A maioria das pessoas retribuirá a cooperação com cooperação e o egoísmo com egoísmo. Portanto, no princípio, cada equipe está fadada a entrar num desses dois círculos: o vicioso, que descamba para o "cada um por si", ou o virtuoso que ascende para o "um por todos e todos por um".

Cientistas criaram em laboratório as condições e observaram as consequências do rápido colapso com tanta frequência que o fenômeno é agora axiomático: reúna um grupo de pessoas e lhes dê a chance de ganhar mais fazendo contribuições para o bem-estar geral. Se você não der um jeito de eliminar os "caronas", cada vez mais pessoas desistirão, até que ninguém mais contribua para o bem comum.

Os pesquisadores suíços Ernst Fehr e Simon Gächter organizaram pessoas em grupos de quatro e depois deram a cada uma delas algum dinheiro e a opção de guardá-lo ou contribuir, com parte dele ou com o valor total, para um fundo comum. Esse fundo renderia 40% e seria dividido igualmente entre os participantes, independentemente de terem contribuído com tudo, uma parte, ou nada de seu montante inicial. No início, a maioria dos participantes investiu parte do dinheiro. A média foi um pouco mais de nove de um total de 20 pontos. Mas, com a continuação do jogo, os participantes que contribuíam perceberam que outros estavam se aproveitando. "As pessoas detestam ser 'exploradas', ou seja, serem aquelas que cooperam enquanto outros pegam carona", escreveram os pesquisadores.[10] Os participantes mais generosos desistiram. Aos poucos e consistentemente, reduziram a parte que investiriam no fundo comum até que, 10 rodadas depois, a contribuição média era de apenas três pontos. Convencidos de que estavam sendo passados para trás, os participantes começaram a guardar quase todo o seu dinheiro.

Os pesquisadores então acrescentaram uma condição. Na série de rodadas seguinte, os participantes poderiam gastar parte de seu dinheiro em pontos de "punição" que reduziriam os recursos dos aproveitadores. Embora gastar dinheiro para punir outro jogador reduzisse os recursos dos próprios punidores, eles estavam dispostos a pagar o preço. Ao menos podiam fazer alguma coisa para reagir aos caronas.

O desejo de vingança é uma força psicológica potente, possivelmente mais poderosa do que muitos incentivos que as empresas oferecem aos funcionários para simplesmente cumprirem suas tarefas ou fazerem vista grossa para a falta de ética de um colega. "Cuide apenas do seu trabalho" não funciona para um funcionário que vê um espertinho na sala ao lado. Com o auxílio da tomografia por emissão de pósitrons para observar o funcionamento do cérebro, nos últimos anos cientistas começaram a rastrear o mecanismo neurológico da vingança. Um estudo descobriu que o estriado dorsal, uma parte do cérebro que processa as recompensas esperadas, se ilumina quando a pessoa pensa em se vingar. Embora punir alguém possa ser dispendioso, muitas vezes é psicologicamente recompensador. Contra-atacar "proporciona alívio e satisfação, ativando regiões do cérebro relacionadas à recompensa", escreveram sete pesquisadores na respeitada revista *Science*.[11]

Acrescentar a chance de ajustar contas mudou completamente o jogo para os voluntários de Fehr e Gächter. Embora a contribuição média na segunda série de rodadas tenha começado quase igual à da primeira, cresceu a partir dali e algumas vezes chegou a atingir o máximo de 20 pontos. Com a chamada à responsabilidade, a "cooperação total surge como padrão comportamental dominante para os contribuintes individuais". As contribuições médias alcançaram 18,2 pontos, com 82,5% dos jogadores investindo tudo no fundo comum.

Os cientistas não se surpreenderam com o fato de as pessoas serem normalmente egoístas e não colaborarem bem durante um experimento no qual havia fortes incentivos para que guardassem o dinheiro. Na verdade, as previsões tradicionais do comportamento com base na matemática preveem muito mais egoísmo do que aparece na vida real. Mas quatro aspectos intrigantes desses tipos de experimentos levaram os teóricos a repensar suas ideias da interação humana. Um gerente precisa entender essas pequenas surpresas se quiser melhorar o trabalho de equipe em sua unidade de negócios.

Primeiro, embora haja incentivos para se dar bem desde o princípio, muitas pessoas começam arriscando parte de seu dinheiro, talvez para sentir o clima, talvez por um senso de moralidade. Elas chegam num emprego plenamente preparadas para cooperar com o grupo – se constatarem que essa é a norma.

Segundo, sem nenhum mecanismo para cobrar dos membros da equipe seu trabalho em prol do grupo, alguns vão se encostar.

Aproveitar-se assim do grupo cria ressentimentos que fazem com que muitos dos membros originalmente prestativos passem a reter informações, criando uma bola de neve que se transforma num grupo completamente egoísta, capaz de perder a chance de obter lucros substanciais. Nos experimentos de trabalho de equipe sem chamada à responsabilidade, "sabe-se bem que a cooperação se deteriora bastante com o tempo e alcança níveis muito baixos no período final", escreveram Fehr e Gächter.[12] "Diante desses fatos, não resta dúvida de que, na ausência de punição, os participantes não conseguem alcançar uma cooperação estável."

Terceiro, ainda que seja pessoalmente dispendioso punir outro membro da equipe, muitos participantes "investirão" para garantir que o jogo seja justo. Os pesquisadores chamam isso de "punição altruísta", porque requer que um participante gaste seu próprio dinheiro para reforçar o interesse do grupo. "Quanto mais abaixo da média do grupo ficar a contribuição de um participante, mais severamente ele será punido", disseram os pesquisadores.[13] Isso sugere que, mesmo com bônus baseados no desempenho que criam um risco de negligenciarem suas próprias recompensas por algum tempo, a atenção dos funcionários pode ser gravemente desviada por uma maçã podre dentro do cesto.

Quarto, se os membros da equipe podem ser punidos pela falta de empenho, os negligentes se comportarão melhor e as pessoas naturalmente participativas, vendo um sistema mais justo, ficarão mais dispostas a investir. O lucro do grupo aumenta.

Para um gerente, o contraste não pode ser mais claro. Ele vai aturar os indolentes e deixar que sua equipe se desmotive, possivelmente tolhida das fortes emoções da "punição altruísta", ou conservará os padrões de trabalho de modo que o grupo desfrute os benefícios de níveis crescentes de investimento individual nas realizações da equipe? Diante de um ou mais parasitas, uma equipe tem dois caminhos a tomar. Pode usar diferentes formas de coerção social para corrigir a conduta, ou devem poder contar com o gerente para punir os colegas preguiçosos.

A primeira opção, o autopoliciamento, não é raro, mas tem seus limites na rotina normal do escritório, loja ou fábrica. No litoral do Maine, pescadores de lagostas cortam, ilegalmente, as boias de armadilhas montadas de maneira irregular por alguns colegas. Uma professora da Universidade de Oakland (Michigan) deu um conselho de como evitar "caronas" escondidos em grupos de estudo normalmente diligentes. "Fixem claramente seus limites logo de início, porque os encostados têm uma capacidade incrível de detectar até onde conseguem se aproveitar dos outros", advertiu.[14] O ostracismo pessoal, recusar-se a trabalhar com um colega (quando há opção), uma conversa séria na hora do cafezinho, ou parar de enviar cópias eletrônicas das meticulosas apresentações ajudam a fixar limites para aqueles que sempre parecem chegar em casa a tempo para o jantar. Os times esportivos costumam ter um jogador que ajuda a liderar e até a repreender. Entretanto, o autopoliciamento sempre é limitado pela autoridade.

No fim, o treinador pode acabar tendo que afastar alguém do time. O segundo caminho, mais poderoso e óbvio no contexto empresarial, é o gerente controlar o problema. Os melhores líderes sabem intuitivamente o que os pesquisadores sociais constataram por meio de centenas de experimentos sobre cooperação. "A predominância desse tipo de reciprocidade forte é respaldada por diversos indícios", escreveu Kahan. "Os chamados experimentos de 'bens públicos' – as simulações em laboratório de problemas de ação coletiva – têm sistematicamente mostrado que a disposição dos indivíduos de dar contribuições dispendiosas aos bens comuns depende fortemente de sua percepção de que os outros estão dispostos a fazer o mesmo."[15] Um dos piores golpes ao espírito de equipe e à produtividade de um grupo é ter um membro preguiçoso e um gerente sem disposição para tomar uma providência.

Uma situação menos inflamável, mas mesmo assim frustrante, é criada quando os membros da equipe parecem estar tentando fazer um "trabalho de qualidade", mas lhes faltam condições para isso. A Gallup perguntou a uma amostragem aleatória de trabalhadores dos Estados Unidos o que os deixava mais frustrados: um colega que se esforça bastante mas não parece ter muita habilidade (um incompetente) ou um colega com habilidade mas que não se esforça (um preguiçoso). Por uma margem de seis para um, os trabalhadores se aborrecem mais com um preguiçoso do que com um incompetente.[16] Ainda assim, o nível de frustração com os incompetentes é alto e pode reduzir a proporção de pessoas que concordam fortemente com a afirmação sobre o nono elemento para um em quatro. Embora as intenções de muitos trabalhadores incompetentes possam ser boas, tornando-os candidatos a funções diferentes na mesma empresa, não é possível deixá-los numa vaga na qual não conseguem acompanhar o desempenho do restante do grupo.

Um bom gerente precisa constantemente se perguntar se sua equipe induz um colega novo ainda vacilante a mergulhar de cabeça. Essa foi uma das primeiras perguntas de Nancy Sorrels, a gerente do hotel Marriott apresentada no capítulo sobre o primeiro elemento. "Quais são os piores funcionários deste hotel, e há quanto tempo estão aqui?" Por que ela queria saber? "Quem é pior fixa o padrão, por mais que você negue isso."

Diante da deficiência no nono elemento na Loja 484 da Best Buy, Eric Taverna e seus cinco auxiliares desenvolveram um plano de três frentes para responder às preocupações de seus funcionários. Primeiro, todos os gerentes tinham que ser coerentes. "Quando não estou na loja e um funcionário traz um problema à gerência, todos temos que falar com base nos mesmos valores compartilhados", afirma. "Às vezes o gerente têm que dizer 'não' aos funcionários. Se eles acharem que podem procurar outro gerente e conseguir um 'sim', teremos um problema. Tivemos que lutar contra isso, e a luta continua."

Segundo, os funcionários que não estavam se esforçando foram convidados a deixar a Best Buy.

Terceiro, e respondendo mais diretamente à solicitação dos funcionários da Loja 484, Taverna e seus auxiliares projetaram um procedimento de "fechamento em equipe". "Tivemos de nos certificar de que todos os gerentes entenderam aquilo, compraram a ideia e concordaram que aquela era a coisa certa a fazer", explicou. "A medida não passou a funcionar com um passe de mágica. Tivemos de garantir que programamos aquilo corretamente. A última coisa que eu queria era escalar alguém até 22h30 e depois dizer: 'Você vai ter que ficar até 23h30.' Em seguida fomos até a loja e dissemos: 'Esta é a nossa proposta, e aqui estão os motivos.'"

Em geral, a reação ao plano foi positiva, mas Taverna e seus gerentes encontraram alguma resistência, particularmente entre aqueles que estavam satisfeitos com a hora em que saíam da loja. "De 120 pessoas, talvez 10% tenham dito: 'Não gostei.' Talvez outros 20% falaram: 'Vamos ver.' Mas cerca de 70% gostaram da ideia. Isso é normal, nós entendemos", relatou Taverna. "O mais importante foi que todos os gerentes e supervisores apoiaram o plano."

A nova política foi posta em prática com a aproximação das festas de fim de ano de 2003. Houve certo atrito. "De vez em quando ouvíamos alguns resmungos, ou um dos supervisores nos procurava e dizia: "Tem um funcionário andando pela loja e dizendo que esse negócio de 'fechamento em equipe' é uma droga", contou Gaudette. Mas, como Taverna acrescentou: "A mensagem precisava ser: 'Somos uma só loja, uma só equipe, e temos que nos ajudar.'"

Outros funcionários gostaram de ver que sua sugestão havia provocado uma mudança importante na loja, e poucos conseguiam contestar sua lógica. "A maioria aderiu porque eles próprios haviam dado aquela ideia", declarou Mike McCormick, o supervisor de estoques. "Era algo que eles queriam ver acontecer."

Após sua implementação, o conceito de "fechamento em equipe" precisou ser refinado. "No começo, todos foram obrigados a ficar", disse McCormick. "Percebemos que era preciso uma escala para o 'fechamento em equipe', mas o pessoal escalado para ir embora duas horas antes do fechamento realmente tinha que ir. Não era possível que todos ficassem, por causa dos custos com a mão de obra."

O verdadeiro indicativo de se o "fechamento em equipe" – e o risco que Taverna e seus gerentes correram ao ouvir os funcionários – tinha sido um sucesso foi a avaliação seguinte dos 12 elementos, em janeiro de 2004. "Aquilo foi exasperante, porque tentamos fazer algo nunca antes feito na loja", admitiu Taverna. "Tivemos medo de obter algumas reações contrárias."

Os resultados confirmaram o valor de ouvir os funcionários e fazer mudanças de acordo com suas sugestões. O grau de comprometimento dos trabalhadores da Loja 484 subiu de bom para ótimo, atingindo os primeiros 10% dos grupos de trabalho do banco de dados da Gallup. E houve aumentos significativos no sétimo e nono elementos. Não por coincidência, a loja de Manchester ultrapassou suas metas financeiras e, contrariando a tendência do ramo, reduziu a rotatividade.

"Quando soube das nossas novas pontuações, senti meu corpo tremer", contou Taverna. "Talvez, ao responder à pesquisa, as pessoas tenham olhado para trás e dito: 'Quer saber? Fizemos a coisa certa.'"

O DÉCIMO ELEMENTO

Um melhor amigo no trabalho

O Dr. Suresh Nagesh se perguntava como tinha se metido em tamanha confusão.

Ele chegou em janeiro de 2004 para dirigir a Unidade de Engenharia e Qualidade de Veículos da DaimlerChrysler em Bangalore, na Índia. Em vez de uma equipe, encontrou seis engenheiros trabalhando praticamente sozinhos.

Eles não tinham um bom relacionamento com o antecessor de Nagesh. A tensão de um cliente difícil parecia estar cobrando seu preço. Suas escrivaninhas estavam espalhadas por diferentes andares do prédio e, embora pudessem telefonar uns para os outros ou trocar e-mails quando tivessem uma pergunta, aparentemente interagiam o mínimo possível. Na hora do almoço, cada um ia para um lado. Nagesh nem sequer os via dizendo "oi" uns para os outros ou tendo discussões normais sobre trabalho no corredor. As notas de empenho do grupo estavam 60% abaixo das equipes do banco de dados global.

"Eles eram calados", relembrou o gerente. "Logo percebi que não havia homogeneidade na equipe. Faltava química entre eles. Uns reclamavam dos outros. E nada estava acontecendo – não havia nenhuma motivação."

Os membros da equipe certamente não estavam satisfeitos com a situação. "Minha empresa anterior tinha uma cultura diferente. Éramos todos bons amigos", comentou Keshavanand Prabhu. "Mas quando vim para cá, não encontrei nada disso. A ideia de confiar em alguém não existia. Eu não me senti realmente à vontade desse jeito."

Apesar das extensas horas de trabalho dos engenheiros, o trabalho não vinha sendo realizado no prazo, em grande parte devido àquela desunião. O desempenho fraco pôs toda a unidade sob o escrutínio dos executivos da DaimlerChrysler. A equipe de Nagesh, do jeito que estava, era um bom exemplo do que havia de errado em Bangalore. Para o gerente de 43 anos, com doutorado em mecânica computacional e uma carreira bem-sucedida na General Electric e na DaimlerChrysler, tratava-se de um desafio sem precedentes. "Cada grupo tem seus problemas, mas aquilo era totalmente estranho para mim", admitiu. "Nunca pensei que fosse acabar nesse tipo de situação."

O supervisor evocou tudo o que sabia sobre a natureza humana e administração na tentativa de transformar sua coleção de engenheiros numa equipe de verdade. Algumas das soluções eram bem básicas. A equipe precisava organizar melhor seus processos. Mais engenheiros tinham de ser contratados. Os funcionários precisavam de uma gerência mais direta e participativa. Todos necessitavam de uma sensação maior de ligação com a missão da empresa.

Nagesh começou mudando as reuniões de rotina do departamento. Enquanto no modelo de reunião anterior alguns funcionários simplesmente vinham, ficavam o tempo todo calados e iam embora, Nagesh agora passou a exigir que todos falassem sobre os projetos nos quais estavam trabalhando e o que fariam em seguida. "A primeira coisa que mudou foi a comunicação", declara Prabhu. "Ele era muito transparente. Nos contava tudo. Ele nos deu motivação dizendo que aquela era nossa equipe e que tínhamos de tentar atingir o objetivo. Os prazos e as metas do cliente, que pareciam muito difíceis, começavam a se tornar mais possíveis para nós."

Havia muita divergência sobre o sistema de reconhecimento, que alguns achavam injusto ou sujeito ao favoritismo. Respondendo às suas preocupações, Nagesh implementou um sistema novo, com base em critérios objetivos divulgados para toda a equipe.

Mas a necessidade mais premente era estreitar os laços do grupo de trabalho. O pessoal de Nagesh precisava se tornar mais amigo.

O mais controvertido dos 12 elementos é o décimo: "Tenho um(a) melhor amigo(a) no trabalho." Quando os executivos de uma empresa recebem da Gallup os primeiros resultados sobre o comprometimento de seus funcionários, o apresentador costuma perguntar se alguém tem alguma dúvida sobre as afirmações submetidas aos trabalhadores. Invariavelmente, um dos dirigentes pergunta: "Por que vocês fazem essa pergunta do 'melhor amigo'?" Às vezes, seu tom de voz exprime uma curiosidade genuína. Outras vezes, o tom é de zombaria. Os médicos se irritam com ela, por contrariar sua perspectiva clínica. Os advogados a ridicularizam: "Irrelevante", acusam. Os contadores a consideram distante demais dos demonstrativos financeiros.

Boa parte da cobertura da imprensa dada a *Primeiro quebre todas as regras!* demonstrou surpresa com o fato de a Gallup fazer uma pergunta aparentemente tão estranha como previsora do desempenho. "Um melhor amigo no trabalho?", escreveu um colunista do *Washington Post*. "O que é isso? O ensino médio?"[1] A revista *Time* considerou-a uma "variável mais sutil" do que muitas das outras 12.[2] O *Chicago Tribune* alertou os gerentes a terem cuidado: "Amizades no trabalho podem levar a ciúmes, inveja e preguiça."[3]

Claramente, a forma coloquial da afirmação parece um convite ao ceticismo. Como definir "um melhor amigo"? Não seria mais fácil avaliar uma afirmação sobre confiança, ou sobre a harmonia nas relações dentro do escritório? O problema é complicado, e perguntas formais nem sempre chegam ao âmago da questão. "Perguntas padrão de pesquisas sobre confiança não parecem medir a confiança", e sim a fidedignidade, concluiu um estudo do National Bureau of Economic Research. "Isso significa que grande parte do trabalho usando essas perguntas de pesquisa precisa ser reinterpretado de algum modo."[4]

Entre os executivos, as reações foram mais cáusticas e céticas do que na imprensa. Uma empresa cancelou a pesquisa dos 12 elementos porque havia acabado de distribuir um memorando desencorajando amizades.[5] Outras perguntaram se a pesquisa poderia ser feita com apenas 11 das 12 afirmações, omitindo o quesito do "melhor amigo". O fato de uma pergunta tão simples e, de fato, relacionada aos negócios se revelar tão provocadora mostra quão profundamente uma filosofia de "deixe sua vida pessoal do lado de fora" ainda permeia o mundo empresarial.

Uma empresa solicitou que um especialista da Gallup tirasse as dúvidas de sua equipe jurídica sobre o décimo elemento. Os resultados do grupo mostravam níveis de amizade modestos, sendo que um dos advogados deu a nota mínima às amizades no trabalho (anonimamente, é claro). "Esqueçam por um momento se vocês acham que alguém deveria ter respondido 'concordo fortemente' a esse elemento", disse o pesquisador. "Quem discorda fortemente dessa afirmação está sozinho no trabalho. Alguém aqui está tentando lhes dizer que está isolado e infeliz." Depois da reunião com a equipe jurídica, o especialista foi procurado por um dos advogados. "Sou a pessoa de quem você estava falando", revelou ele. "Você estava certo. Não sinto nenhuma ligação aqui. Não tenho ninguém em quem confiar. Estou procurando outro emprego."

A própria Gallup teria abandonado essa afirmação não fosse um fato persistente: ela é preditiva para o desempenho. Alguma coisa na profunda sensação de elo com os colegas da equipe faz com que um funcionário tome atitudes positivas para a empresa que normalmente não tomaria. As pesquisas iniciais que identificaram os 12 elementos revelaram um vínculo social bem diferente entre os funcionários de equipes com alto desempenho. Análises subsequentes em larga escala, envolvendo muitas empresas, confirmaram que o décimo elemento é um quesito cientificamente importante para a obtenção de vários resultados relevantes à empresa, incluindo rentabilidade, segurança, controle do estoque e – mais particularmente – o vínculo emocional e a fidelidade dos clientes para com a organização que os serve.

Quando comparada com várias maneiras diferentes de formular a pergunta, "Tenho um(a) melhor amigo(a) no trabalho" mostrou-se mais capaz de distinguir os grupos em que as amizades são suficientemente incentivadoras daqueles com relacionamentos apenas superficiais, que não resistiriam à adversidade. A aferição da amizade é suscetível ao que os cientistas chamam de "desejo de ser sociável", a tendência a dar uma resposta que garanta uma imagem favorável do entrevistado. A mesma tendência faz com que as pessoas às vezes afirmem que leem jornal quando, na verdade, não leem ou que quase não assistem à TV quando, na verdade, passaram toda a noite anterior grudadas ao aparelho, comendo salgadinhos. Simplesmente perguntar às pessoas se têm amigos não é suficiente, já que as pessoas preferem pensar que os outros gostam delas ou evitam confessar seu isolamento. Foi preciso uma mudança sutil na pergunta da pesquisa para obter o tipo de sentido que faça uma diferença mensurável nas organizações.

Embora seja o mais controverso, o décimo elemento não é o mais difícil de obter respostas fortemente positivas. Pouco menos de um terço dos entrevistados concorda fortemente que têm um melhor amigo no trabalho, resultado maior do que o do sétimo elemento (sentir que suas opiniões contam) e mais ou menos igual ao do quarto (reconhecimento e elogios). Talvez os executivos não vejam a necessidade desse item porque tendem a ter mais amizades no trabalho do que os funcionários da linha de frente. É especialmente irônico que a alta diretoria faça retiros fora da empresa – durante os quais joga golfe, tênis, pratica pesca e tem um convívio social – e durante as reuniões nesses retiros questione a necessidade de abordar as amizades nas pesquisas entre os funcionários.

Antes de examinar os resultados de seu grupo no décimo elemento, um funcionário de recursos humanos de uma empresa de bens de consumo declarou: "Nossa política é não ter relacionamentos próximos no trabalho. Nossos executivos detestam isso." Os resultados mostraram que a política da empresa vinha sendo ignorada, pois as amizades ali superavam a média das organizações. Na batalha entre a política da empresa e a natureza humana, a natureza humana sempre sai ganhando. Os dados indicam que as pessoas satisfazem suas necessidades sociais, independentemente das regras. As empresas deveriam aproveitar o poder desse tipo de capital social, em vez de combatê-lo. A rentabilidade das unidades de negócios classificadas no quartil superior nesse elemento é 1 a 2% superior à dos ambientes hostis do quartil inferior.[6]

Diversos estudos qualitativos do empenho dos funcionários indicam que os clientes não apenas sentem o nível de camaradagem nos locais onde compram, mas também que isso faz uma grande diferença na experiência deles, ainda que apenas pelo contágio natural. No setor de serviços, grupos de trabalho com altos níveis no décimo elemento recebem dos clientes avaliações 5 a 10% melhores do que as de grupos impessoais ou ressentidos, o que explica a diferença entre o sucesso e o fracasso em muitas organizações.[7]

Outras associações entre a afirmação do "melhor amigo" e os resultados da empresa são menos intuitivas, pelo menos à primeira vista. Numa empresa fornecedora de energia elétrica a amizade entre os membros da equipe se mostrou responsável por índices menores de acidentes. Quando perguntaram aos trabalhadores a razão disso, eles disseram que a resposta é simples: as pessoas cuidam de seus amigos. Um amigo lembra ao colega de colocar o capacete. Nos poucos segundos que antecedem uma queda, é mais fácil um amigo perceber o risco e correr para segurar a escada. Um amigo cuida da segurança de seu colega tanto quanto da sua própria e treme ante o pensamento de ter que informar à família do outro, que ele provavelmente conhece bem, que houve um acidente no trabalho. Isso não quer dizer que as pessoas queiram que os membros da equipe que não são seus amigos sofram acidentes. Mas sem um vínculo estreito é menos provável que haja o nível de vigilância que pode fazer a diferença entre um quase acidente e uma fatalidade. Uma equipe em que dois terços dos trabalhadores afirmam ter um melhor amigo no trabalho registra 20% menos acidentes do que uma equipe em que apenas um terço dos membros mantém esses laços de amizade.[8]

Uma das estatísticas pelas quais os varejistas são obcecados é o "furto". Suponha que uma loja receba um fornecimento de 100 laptops. Um mês depois, os registros mostram que a loja vendeu 25 deles e ainda dispõe de 73 em estoque. Os dois laptops faltantes são definidos como "furto". O que aconteceu com eles? Um pode ter sido furtado por um cliente. Mas ocasionalmente um funcionário leva um. O furto reduz drasticamente ou destrói a rentabilidade de uma loja. Para compensar o sumiço desse item comprado por atacado, é preciso contar com a margem de lucro de vários itens legitimamente vendidos. Em várias análises de lojas com bons controles de estoques, constatou-se que o nível de amizade entre os vendedores afeta o furto. Essa relação foi intrigante no início. Mas o pessoal das lojas ficou menos surpreso. "Você não furta de seus amigos", disse um vendedor. Além disso, o nível de coordenação entre membros de equipes e de vigilância contra o furto por clientes parece ser maior nos grupos mais unidos.

O local de trabalho tem uma importância especial para a maioria dos funcionários numa sociedade que, segundo a opinião geral, perdeu grande parte dos contatos sociais das gerações anteriores. Há décadas os sociólogos observam um declínio na adesão das pessoas a clubes, na participação nas reuniões de pais e professores nos colégios, no comparecimento às reuniões municipais, na afiliação a partidos políticos, na ida à igreja ou no cultivo de vínculos sociais, como ir jantar na casa do vizinho. Cada geração tem um nível de confiança naqueles à sua volta menor do que a geração anterior.[9] Uma das descobertas mais perturbadoras foi que, entre 1985 e 2004, o círculo de amizades médio das pessoas caiu de cerca de três para dois amigos e "o número de pessoas que dizem não terem ninguém com quem discutir assuntos importantes quase triplicou".[10]

O que as pessoas atualmente estão fazendo mais do que as gerações anteriores é assistir à televisão, fenômeno que aparentemente acompanha o declínio do relacionamento com os vizinhos. "O lar americano está centrado na TV há três gerações", escreveu o estudioso da arquitetura James Kunstler. "Ela é o foco da vida familiar, e a vida da casa consequentemente se volta para dentro, afastando-se do que acontece além de suas quatro paredes. [...] Ao mesmo tempo, a televisão é o principal vínculo da família com o mundo exterior. O envoltório físico da própria casa já não conecta suas vidas com o exterior de uma forma ativa; pelo contrário, gera um isolamento. O mundo externo tornou-se uma abstração filtrada pela televisão, assim como o clima é uma abstração filtrada pelo ar-condicionado."[11]

A TV prejudica os laços sociais das pessoas. Aqueles que dizem que a TV é sua forma principal de entretenimento têm menos tendência a ir à igreja, escrever para parentes e amigos, comparecer às reuniões do clube ou ser voluntários de uma causa nobre. Existem, porém, algumas poucas coisas que os viciados em TV são mais propensos a fazer. Uma delas é dar uma "banana" para outro motorista na estrada.[12]

Um sociólogo argumenta que a televisão induz os espectadores a acharem que têm mais amigos do que têm de verdade. Em termos evolucionistas, escreveu Satoshi Kanazawa, a TV é um fenômeno tão recente que os centros emocionais do cérebro não sabem realmente distinguir entre assistir a um episódio de *Friends* e ter um grupo de amigos de verdade na sala. Analisando dados de pesquisas sobre a satisfação das pessoas com suas amizades em comparação com seus hábitos de assistir à TV e examinando seus níveis de interações reais, Kanazawa encontrou indícios de que "assistir a certos tipos de programas aumenta a satisfação dos entrevistados com suas amizades exatamente como" na vida social real. "Assistir à TV *é* a nossa forma de participar de grupos cívicos", concluiu, "porque não sabemos realmente que não estamos participando deles."[13]

De certa perspectiva, nada disso interessa ao mundo dos negócios. Por mais patético que seja, se as pessoas preferem amigos imaginários em vez de alguém de carne e osso com quem possam sair para jantar, problema delas. Desde que no dia seguinte cheguem ao trabalho na hora, tudo bem. Mas porque meio século de mudanças culturais tornou o mundo fora do trabalho menos amigável e sociável, o local de trabalho, antes um de muitos locais de interação social, está se tornando agora relativamente excepcional. Em que outro lugar você interage com um grupo de pessoas de diferentes profissões organizadas em torno de uma missão comum? Em que outro lugar você passa tanto tempo cercado de pessoas de verdade e longe da TV? Em que outro lugar você depende tanto dos esforços dos outros?

"Tanto os profissionais liberais como os trabalhadores da indústria estão passando muitas horas juntos, almoçando e jantando juntos, viajando juntos, chegando cedo e saindo tarde. Além disso, as pessoas estão se divorciando mais, casando-se mais tarde (quando casam) e vivendo sozinhas em números sem precedentes. Então, para muitas almas solitárias, o trabalho tornou-se o lar", escreveu Robert D. Putnam em *Bowling alone* (Jogando boliche sozinho), um livro repleto de dados documentando o declínio da vida social nos Estados Unidos.[14] "À medida que mais americanos passam mais tempo 'no trabalho', este gradualmente deixa de ser uma atividade unidimensional e assume mais dos interesses e das atividades da vida privada (família) e pública (social e política)", escreveu outro cometarista.[15]

As pessoas ainda costumam ter seus maiores amigos fora do trabalho. Poucos homens ou mulheres podem se dar ao luxo de trabalhar com seus ex-colegas de faculdade, seus companheiros de caçadas, seus amigos de infância ou outras pessoas para quem, digamos, doariam um rim. "No estudo mais cuidadoso", escreveu Putnam, "em que se pediu às pessoas que listassem seus amigos mais próximos, menos da metade de todos os trabalhadores em horário integral incluiu pelo menos um colega de trabalho na lista. Em geral, os vizinhos tendiam mais a figurar na lista do que os colegas de trabalho. Quando se perguntou às pessoas quem elas procurariam para discutir 'assuntos importantes', menos de metade de todos os trabalhadores em horário integral listaram ao menos um colega de trabalho."[16]

A questão não é se as amizades do escritório substituem os vínculos da vida privada, mas até que grau certo nível de relação social – “um melhor amigo”, em vez de “meu melhor amigo” ou “a maioria dos meus amigos” – tem efeitos positivos para a empresa. Que as outras amizades sejam mais importantes do que os relacionamentos do trabalho é menos surpreendente do que o fato de que menos da metade dos trabalhadores citou um colega como alguém que procurariam se precisassem de uma orientação importante. Não é ir longe demais concluir, com base nesses estudos, que, particularmente quando estão envolvidas questões de trabalho, um colega próximo é um recurso valioso. “Muitos estudos mostraram que os vínculos sociais com colegas são um forte indicador – alguns diriam o mais forte indicador individual – da satisfaçao no trabalho”, escreveu Putnam. “As pessoas com amigos no trabalho são mais felizes no emprego.”[17]

Outro indicador de como amigos podem tornar mais agradáveis as obrigações do trabalho vem de estudos de “reconstituição do dia” conduzidos por Daniel Kahneman, psicólogo vencedor do Prêmio Nobel de Economia de 2002. Nessa técnica de pesquisa, pede-se aos entrevistados que lembrem os diferentes eventos do dia e avaliem o prazer de cada atividade. O deslocamento até o trabalho é consistentemente uma das atividades comuns menos satisfatórias – a não ser que a pessoa vá com um amigo. Aí se torna uma das mais agradáveis.[18]

A amizade não está isenta de riscos para a produtividade, nem é eficaz sem os demais elementos, como o comprometimento dos colegas com um trabalho de qualidade ou expectativas claras para cada membro da equipe. Sem uma direção clara, equipes muito coesas podem se perder nas interações sociais e ignorar as necessidades dos clientes ou da empresa. As amizades tendem a ser muito fortes entre grupos de trabalho sindicalizados preparando uma greve, uma mentalidade de “nós contra eles” nociva a ambos os lados. Um grupo precisa de mais do que coesão; precisa de “normas” de alto desempenho. Pesquisas realizadas há 50 anos mostram que grupos coesos com baixos padrões de desempenho não vão muito longe.[19] Mas essas são as exceções, situações em que uma equipe vai bem no décimo elemento, mas mal na maior parte dos outros. A maioria dos dados indica que, quanto mais unido for o grupo, melhor será seu desempenho rotineiramente e também sob pressão.

Pesquisas sobre trabalhadores em diferentes ambientes mostraram que amigos tendem mais a pedir e compartilhar informações, sugestões e opiniões sinceras e a aceitá-las sem se sentirem ameaçados.[20] Entre amigos as discordâncias são mais bem toleradas.[21] Os bons sentimentos que os amigos compartilham os tornam mais propensos a estimular uns aos outros.[22] Amigos estão mais comprometidos com os objetivos do grupo e se esforçam mais, independentemente do tipo de tarefa.[23] Os membros do grupo que se identificam mais com a equipe são mais propensos a monitorar seu desempenho em relação ao objetivo.[24]

Um dos estudos mais intrigantes de como as amizades ajudam uma equipe foi conduzido em 1995 pelas professoras Karen A. Jehn, da Universidade da Pensilvânia, e Priti Pradhan Shah, da Universidade de Minnesota. Elas queriam saber não apenas se as amizades melhoravam o desempenho, mas também por quê. Para investigar o processo, separaram 159 estudantes em 53 grupos, cada um com três membros. Em 26 grupos, os integrantes eram amigos. Nesses trios, um dos participantes havia fornecido os nomes dos outros dois como seus amigos. Os outros 27 grupos foram compostos de meros conhecidos.

Os trios receberam duas tarefas. Uma era cognitiva, exigindo que os estudantes examinassem os requerimentos de seis pessoas candidatas ao curso de MBA da universidade. O objetivo era avaliar se a pessoa foi admitida ou rejeitada pelo comitê de admissões da instituição. A segunda tarefa envolvia trabalhar em equipe para construir, com bolas de isopor, cola, palitos de picolé, papel-alumínio, macarrão, barbante e peças de um jogo de encaixe, o maior número possível de modelos que correspondessem a um diagrama fornecido pelos professores. Para captar o máximo de informações sobre como as equipes trabalhavam juntas, os pesquisadores analisaram gravações de áudio das conversas dos estudantes durante o experimento, gravações de vídeo de suas ações e o produto final. Além disso, realizaram uma pesquisa das atitudes dos estudantes depois de terminada a tarefa.

Os grupos compostos de amigos "produziram bem mais modelos" e "também acertaram mais decisões do comitê de admissões". Os amigos incentivaram mais uns aos outros. Na pesquisa pós-experimento, expressaram mais comprometimento com seus grupos.[25] "Os grupos de amigos parecem se engajar em padrões de conduta e interação benéficos à tarefa que estão realizando. Isso sugere um mecanismo de feedback que pode ser mais comum em grupos de amigos do que em grupos de conhecidos", escreveram as pesquisadoras. Os amigos "ajudaram mais uns aos outros a completar os itens de sua tarefa motora (construção do modelo) e se engajaram numa avaliação mais crítica na tarefa cognitiva (examinar as inscrições) do que os grupos de conhecidos, cujos membros trabalharam de forma mais independente em ambas as tarefas. Assim, uma implicação desse estudo é a adaptabilidade aparente nos grupos de amigos".[26]

Mesmo quando convencidos de sua importância, os gerentes costumam desafiar o décimo elemento, perguntando: "O que posso fazer em relação a essa questão do 'melhor amigo'? Não posso ser o companheiro de todo mundo. Afinal, sou o gerente."

Os melhores gerentes encorajam as amizades no local de trabalho criando condições para elas brotarem. Por exemplo, os funcionários novos numa loja de materiais de construção devem passar um período em cada departamento como parte de um tour de orientação. Do ponto de vista do treinamento, geralmente não importa por onde começam. Então, um gerente esperto pergunta pelos interesses de seus funcionários novos e tenta fazer com que comecem num departamento em que outro funcionário tenha os mesmos hobbies. "Queremos juntar personalidades que se entenderão bem", implicou ele. "É importante juntar pessoas que, em primeiro lugar, provavelmente vão saber se comunicar, mas que, em segundo lugar, se tornem amigas."

Uma das formas mais eficazes pelas quais Suresh Nagesh estimulou as amizades na equipe de Engenharia e Qualidade de Veículos (EQV) em Bangalore foi bem simples: juntou suas áreas de trabalho. Os engenheiros trabalhavam espalhados por diferentes pontos no primeiro e no segundo andares do prédio da Daimler-Chrysler em Bangalore. Uma das primeiras decisões do gerente foi juntar todos os membros da equipe numa parte do segundo andar.

"Pudemos interagir mais", justificou Prabhu. Em vez de mandar um e-mail para o outro lado do prédio ou para outro andar, "sempre que eu queria falar com alguém, era só me levantar e me dirigir a ele – simples assim. Houve muita interação pessoal. O contato direto foi muito importante". Embora isso também aumentasse a quantidade de discussões sobre assuntos alheios ao trabalho, o grau maior de colaboração profissional aumentou a rapidez dos serviços.

O grupo de EQV "constrói" componentes virtuais complexos ou veículos completos, protótipos daqueles a serem construídos de verdade nos próximos anos. Às vezes procuram pontos fracos no projeto de um veículo, descobrindo fontes de ruído, vibração, ou fissuras estruturais. Em outros projetos simulam uma colisão ou uma capotagem do modelo de um ônibus para ver em que parte precisa de reforço de modo que proteja os passageiros ou cumpra os padrões de segurança dos governos europeus, japonês e americano. Como os modelos do computador refletem os danos da mesma forma que um veículo real – algo comprovado pela comparação dos resultados de desastres virtuais e reais –, os testes virtuais têm a vantagem de permitir inúmeras simulações e a projeção de modificações em uma fração do custo e do tempo. Um computador do tamanho de um freezer de sorvete, com avisos de "não toque", encontra-se no escritório de Nagesh, realizando milhões de cálculos das estações de trabalho de sua equipe.

O trabalho é especializado e complexo, portanto difícil de aprender. "Se eu tivesse feito tudo sozinho, teria cometido um monte de erros", revelou o engenheiro B. V. R. Sanjiv, indicando a necessidade de os engenheiros se ajudarem.

Membros da equipe contam que muitas barreiras à comunicação precisavam ser derrubadas para a equipe trabalhar melhor. Os funcionários veteranos não estavam interagindo muito bem entre si. O tamanho da equipe dobrou em cerca de seis meses, gerando um distanciamento entre os funcionários experientes e os recém-contratados. Uma espécie de conflito de gerações separava os trabalhadores mais antigos dos mais novos. Nagesh decidiu que precisava fazer alguma coisa para ter efeito no grupo e forçar seus membros a confiarem uns nos outros.

Logo após sua chegada, Nagesh convocou todos os funcionários da unidade de EQV para o que seria aparentemente uma sessão rotineira de desenvolvimento da equipe. A única dica do que aconteceria foi a informação de que "viessem preparados para qualquer coisa". Durante metade de um dia, o encontro transcorreu da forma previsível, com um debate organizado por um mediador sobre os benefícios da união da equipe e uma discussão em grupo sobre formas de trabalhar melhor juntos.

Depois Nagesh pediu que todos se levantassem e se preparassem para praticar rafting numa corredeira. O anúncio pegou os engenheiros de surpresa.

"Não sei nadar bem", contou o Dr. K. S. Ravichandran, um dos membros da equipe. Na verdade, muitos deles não sabiam nadar. "Já nadei em piscina, mas nunca me imaginei nas águas rápidas de uma corredeira."

"Não sabíamos como aquilo poderia ser um trabalho em grupo e como poderia nos tornar uma equipe mais unida", diz Prabhu. Para muitos na equipe, aquilo soou como uma boa oportunidade de afogar um ou dois engenheiros. Na verdade, as atividades tradicionais de "desenvolvimento de equipe" não funcionam com um grupo no qual não há coesão. Existem muitos relatos de tais experimentos dando errado, acabando em trocas de socos, ferimentos ou ressentimento permanente. Tampouco são essenciais para formar vínculos duradouros num grupo de trabalho. Muitos integrantes das equipes altamente empenhadas aprendem a confiar uns nos outros na rotina normal dos negócios temperada por eventos sociais que o gerente acredita que fortalecerão as amizades naquele grupo. Mas para a equipe de EQV, Nagesh precisava de algo drástico.

Uma boa dose de nervosismo era exatamente o que ele pretendia. "Eu queria que eles enfrentassem dificuldades e vissem como podem ajudar uns aos outros", afirmou. Nagesh levou a equipe até o rio Kali, cerca de 500 quilômetros a noroeste de Bangalore. O grupo foi equipado com coletes salva-vidas e capacetes para a aventura rio abaixo.

"Quando cheguei lá, não tinha certeza se o colete salva-vidas iria me manter flutuando, nem se a balsa onde seríamos colocados era totalmente segura, considerando as corredeiras que estavam diante dos meus olhos", conta Chandran.

Com seus diplomas avançados, mesmo os que não sabiam nadar certamente entendiam a física da flutuação e entendiam que o exercício era seguro. Mas a reação visceral foi uma combinação de entusiasmo e medo. Fotos do evento mostram duas balsas cheias de sorrisos nervosos quando os membros da EQV começaram a aventura.

Para testar o colete salva-vidas, Nagesh insistiu em ser jogado na água primeiro e enfatizou que contava com a equipe para tirá-lo de lá caso tivesse problemas. Para dramatizar a situação, ao cair na água, fingiu não saber nadar. Seus funcionários o puxaram de volta. Um por um, cada engenheiro deu um mergulho obrigatório para ver como o colete salva-vidas o traria de volta à superfície. À medida que cada membro saltava, o restante da equipe o incentivava.

"Ficou bem claro que agora teríamos de funcionar como uma equipe", relata Prabhu. "Ao usarmos os remos, tivemos de manuseá-los como uma equipe. Os que sabiam nadar incentivavam: 'Tudo bem, pode pular que eu ajudo você se algo acontecer.' Foi surpreendente ver pessoas acreditando umas nas outras e saltando na água. Acho que o gelo se quebrou ali, e começamos a perceber que podemos ser bons amigos, acreditar uns nos outros e nos dar muito bem."

Um dos primeiros conjuntos de corredeiras foi o pior. Uma balsa atingiu as ondas pelo ângulo errado e derrubou os homens na água. "Esses caras tiveram que puxar uns aos outros para cima", relembra o gerente. "Vi cada um lutando para se aproximar da balsa, tentando puxar os colegas para dentro. Foi sensacional. Depois que voltaram, estavam muito contentes. Acho que nunca na vida me esquecerei disso."

À medida que eles foram se descontraindo descendo o Kali, as duas balsas se tornaram competitivas, seus ocupantes apostando corrida, batendo na balsa adversária com os remos e jogando os adversários na água. Eles se divertiram muito. "Quase no fim da expedição de rafting", acrescentou Ravichandran, "um dos caras da outra balsa, que estava bem perto de mim, me puxou com o remo pelo pescoço e eu caí na água, sem nenhuma ideia do motivo. Mas eu me acostumara tanto com aquilo que estava rindo."

Ao voltarem ao escritório no dia seguinte, algo havia mudado. Eles estavam ávidos por receber mais tarefas. Haviam aprendido que podiam contar com os colegas e tiveram uma experiência compartilhada memorável e positiva que os aproximou. O grupo agora faz analogias entre a aventura de rafting e a confiança nos colegas do escritório.

"Se você não sabe nadar e está na água, ainda que disponha de um colete salva-vidas, as pessoas à sua volta são quem lhe inspiram confiança", resume Ravichandran. "Pude ver que até Suresh Nagesh foi jogado na água e estava na mesma situação que eu. A forma como a pessoa na água reage mostra claramente que as pessoas à sua volta são aquelas em quem você pode confiar nos momentos de dificuldade."

"Sei que não ficarei sozinho e nem serei culpado se algo der errado, porque sempre terei alguém para me ajudar, para me puxar da água", declarou Prabhu. Depois do rafting no rio, o grupo de EQV criou camisetas verdes com um logotipo de caminhões e carros da DaimlerChrysler formando o símbolo de infinito. "Infinitas possibilidades" é o que está escrito. A rotatividade dentro do grupo é praticamente nula. Eles agora saem para almoçar juntos com bastante frequência.

Como engenheiros, o grupo de Bangalore está mais consciente do que a maioria com relação ao efeito das amizades sobre sua capacidade de realizar as tarefas. "Digamos que esteja atormentado por um problema pessoal. Posso ficar paralisado", admitiu Kaushik Sinha. "Minha eficiência poderia cair 50%. Se você pode transferir o peso discutindo o problema pessoal com alguém, sente-se melhor. Sua eficiência pode subir imediatamente para 70%."

Amizades requerem tempo – um tempo que poderia ser gasto trabalhando. Mas o grupo da DaimlerChrysler afirma que os vínculos entre eles melhoram tanto a experiência de trabalho como sua qualidade. "Idealmente isso não deveria importar", mas importa, confirmou Sanjiv. Se alguém precisa de conselho, “é sempre melhor que seja dado por seu amigo, porque ele sabe como se expressar. Com um terceiro, aquilo poderia virar uma discussão; com um amigo, pode ser um acordo”. Sanjiv contou que o pessoal o convidou para jantar no seu primeiro dia, e ele passou a conhecer os colegas “primeiro como pessoas”, depois como engenheiros. Como resultado, eles deram conselhos fundamentais do que ler e de como abordar diferentes clientes.

“Semana passada trabalhamos dois dias e uma noite direto”, comentou Prabhu. “Qualquer um poderia ter dito: ‘Meu expediente é de oito horas por dia.’ Mas somos tão amigos que ninguém reclama. Não vejo nenhuma outra maneira de fazer alguém trabalhar tantas horas.”

“Tenho certas dificuldades”, reconheceu Sinha. “Um bom amigo me ajudará a melhorar.”

Ravichandran acredita que o sentimento de amizade é seriamente posto à prova em situações em que um funcionário precisa se sacrificar pela equipe. “Por isso acho o papel do líder tão relevante”, afirmou. “É muito importante que o gerente tenha olhos e ouvidos abertos. Não existe nenhum dia sem problemas de interação.”

À medida que o grupo estreitou a amizade, as queixas que marcaram o primeiro dia de Nagesh desapareceram. Mas ele esperava mais do que um mero cessar-fogo. Esperava que eles aprendessem a elogiar os colegas, por isso instituiu um programa de condecoração pública em que um engenheiro pode conceder a um colega um certificado por um trabalho particularmente difícil ou eficaz.

O grupo de EQV está agora trabalhando em modelos matemáticos para a marca Mercedes. Todas as características do carro precisam ser convertidas num modelo de computador que permita simular testes de durabilidade e colisões durante o desenvolvimento de um novo modelo. Recentemente a Mercedes solicitou a criação de seis desses modelos, um deles uma versão urgente que tinha de ficar pronta no curto período de menos de cinco semanas. Nagesh e os seis engenheiros originais trabalharam até meia-noite e, para conseguir cumprir o prazo, faltaram à excursão anual do centro de Bangalore para os funcionários e suas famílias. "Conseguimos 100% de qualidade", relatou Nagesh. "Estamos com você", garantiram os engenheiros ao gerente. "Não ligamos de faltar (à excursão) porque isso é mais importante para nós. Nós vamos ficar unidos."

"Acabei de receber um retorno de nosso cliente", contou Nagesh. "Ele elogiou muito o nosso trabalho. Isso me deixa muito contente. É uma virada de 180 graus."

Na cultura relativamente prática da DaimlerChrysler alemã, Nagesh é considerado uma espécie de inconformista. Seu otimismo exagerado em relação ao grupo de Bangalore contrastava muito com o quadro sombrio que os outros vinham pintando antes da reviravolta. Mesmo os membros da equipe de EQV admitem que não sabiam exatamente o que ele queria quando chegou.

Diferentes observadores na empresa dizem que diversos fatores explicam seu sucesso. Ele é modesto, sempre fazendo perguntas, sem achar que têm todas as respostas. Suas credenciais são fortes o bastante para que ele não precise se preocupar com a segurança no emprego, podendo correr riscos. Seu otimismo é contagiante e – exceto por ter mantido a excursão ao rio em segredo – ele está disposto a compartilhar seu pensamento e suas motivações com a equipe. Talvez o mais importante é que ele não acredita na abordagem tradicional da gerência fria e distante ou na ideia de que as amizades estão restritas ao período fora do expediente de trabalho.

Nagesh considera vínculos fortes apenas um dos fatores importantes na formação de uma equipe eficaz. Por mais fortes que sejam, as amizades não conseguem, por exemplo, eliminar as preocupações com a segurança no emprego ou compensar a falta de planejamento. Mesmo assim, ele disse, "as amizades são definitivamente muito importantes para as pessoas. Não acredito que você apenas aperte a mão de alguém e depois o esqueça. Mas a amizade não surge da noite para o dia. É preciso certo tempo para as pessoas se entenderem, se juntarem. É como uma flor: ela não brota de uma hora para outra; precisa de algum tempo. É como a natureza. Mas uma vez que floresce, floresce pra valer, e é muito, muito importante".

O DÉCIMO PRIMEIRO ELEMENTO

Conversar sobre seu progresso

Nenhum especialista em vendas de comestíveis da equipe de Philippe Lescornez vai para uma reunião de avaliação do desempenho esperando ouvir grandes novidades. Se o gerente tem algo muito importante dizer, o faz logo, em vez de esperar pela reunião formal.

Enquanto para outros grupos de trabalho a avaliação anual ou semestral pode ser um confronto cheio de ansiedade entre um funcionário e um dirigente da empresa, na abordagem de Lescornez, não passa de uma chance de resumir e pôr no papel centenas de discussões ocorridas durante aquele período.

A equipe desse gerente veterano faz com que ele se classifique entre os 20% melhores supervisores do mundo no décimo primeiro elemento da gestão de excelência, resumido pela afirmação: "Nos últimos seis meses, alguém em meu trabalho conversou comigo sobre o meu progresso." Lescornez é considerado um dos melhores mentores de sua empresa, tendo sido recentemente agraciado com seu prêmio "Line Manager Excellence" para a Europa.

Como um gerente que não dá muito valor a essa responsabilidade tradicionalmente importante (a avaliação anual ou semestral) pode ser considerado um modelo numa afirmação que muitos pensam que se resume às "avaliações do bom desempenho"? A resposta está no fato de que a avaliação anual não é tão importante assim, enquanto receber feedback regular, profundo e pessoal é poderosíssimo para os trabalhadores. Lescornez entende a diferença.

Enquanto as avaliações de Lescornez são mais *pro forma* do que formais, suas discussões do dia a dia com a equipe são desafiadoras e estimulantes. Ninguém fica na dúvida sobre como está se saindo. "A parte mais importante (da discussão do progresso) foi a informal ao longo do ano, porque ele sempre nos manteve motivados", afirmou o ex-membro da equipe Hulya Hoke. "Ele estava sempre nos dando objetivos e nos desafiando. Fez isso o ano todo, e não apenas na parte formal da avaliação, não apenas no papel, mas continuamente." Seu investimento nas carreiras de seu pessoal explica seu alto empenho e resultados.

Lescornez e sua equipe trabalham para a Masterfoods em Bruxelas, uma divisão da Mars, Incorporated, que vende salgadinhos, rações para cães e gatos e alimentos humanos como cereais e molhos sob marcas famosas como arroz Uncle Ben's, chocolate Snickers e rações Pedigree. A equipe de "promotores de vendas" está encarregada de percorrer a Bélgica e Luxemburgo, visitando mercearias e supermercados para assegurar que os produtos da Masterfoods cheguem no prazo e fiquem bem expostos no ponto de venda. Os resultados dependem de dois fatores: disponibilidade e visibilidade. As pessoas contratadas costumam ser jovens e ambiciosas. Os promotores de vendas geralmente trabalham sozinhos e a muitos quilômetros da sede da empresa. O serviço, portanto, requer forte motivação pessoal e pode ser isolador.

Mas não quando se tem um gerente como Philippe. "Ele sempre telefona para os membros da equipe. Fala com todo mundo pelo menos uma vez por semana, às vezes até mais", contou Karin De Backer, uma gerente de serviços comerciais da Masterfoods e supervisora de Lescornez. "Quando as pessoas entram na sua equipe, no princípio estranham, porque ele liga o tempo todo:

'Como vão as coisas? Como você está? Tudo bem?'" Os recém-contratados às vezes reclamam: "Ele está sempre no meu pé", até perceberem que Philippe liga porque se importa com eles. "É feedback o tempo todo", declarou Karin.

Do jeito que algumas avaliações de desempenho são conduzidas, seria melhor para os funcionários e a empresa ficarem sem elas.

Consideremos o caso de "Don" – pseudônimo de um funcionário de uma empresa à qual não daremos nome –, que submeteu sua experiência a um concurso na internet que procurava a pior avaliação. Quando chegou fevereiro, já expirado o prazo para as avaliações de desempenho do ano anterior, Don se perguntava quando seu chefe arranjaria tempo para a discussão, se é que o faria. Surpreendeu-se ao receber um feedback tão ostensivamente importante no banheiro masculino.

"Por acaso eu estava entrando no banheiro ao mesmo tempo que meu chefe", escreveu. "De pé no mictório ao lado do meu, ele observou que não tivera chance de discutir minha avaliação comigo, mas aquele momento era tão apropriado quanto qualquer outro." O gerente informou que ele e outras pessoas na empresa estavam satisfeitos com o trabalho de Don. O ambiente não ajudou muito a transmitir uma satisfação verdadeira. "Aquilo tudo foi horrível, além de humilhante, já que não estávamos sozinhos ali, mas a essência do que ele disse foi realmente valiosa", contou Don. "Ao sairmos do banheiro, ele me pediu para 'continuar assim' no novo ano." Don não trabalha mais para aquela empresa.[1]

Essa é uma situação extrema, mas grande parte da graça reflete os problemas das avaliações de desempenho. Mesmo quando conduzidas em cenários mais apropriados, pouca coisa na natureza humana prepara um funcionário ou um gerente para os aspectos artificiais da avaliação típica. Seja por temerem o confronto ou por estarem sobrecarregados, muitos gerentes detestam as avaliações e as protelam, dando aos funcionários a impressão de que eles não são importantes. Os formulários de avaliação mais comuns em geral são apenas isso: formulários – impessoais, padronizados, protocolares e advocatícios. Os executivos de recursos humanos gostam da padronização e suposta justiça de um sistema de avaliação uniforme, sem reconhecer que os resultados estão tão contaminados por fatores humanos – gerentes rigorosos versus benevolentes, trabalhos fáceis versus difíceis, favoritismo – que o método empregado pode ter o efeito contrário, reduzindo a motivação de um funcionário para fazer a empresa progredir.

Embora as avaliações de desempenho existam há gerações, até recentemente quase nenhum esforço era feito para se entender se o processo motivava ou irritava os funcionários. "Pode-se desenvolver o sistema de avaliação tecnicamente mais sofisticado e exato, mas sem a aceitação e o apoio dos funcionários, sua eficácia acabará sendo limitada", afirma um resumo das pesquisas.[2] Outro constata que "um exame estatístico dos indícios a favor do feedback (como a avaliação de desempenho) sugere que dar feedback ao pessoal é como apostar na bolsa de valores: na média, você ganha, mas a variação é tão grande que você tem 40% de chance de sofrer uma perda (de desempenho) após o feedback".[3]

Muitas organizações implementam alguma versão do "Balanced Scorecard" (BSC) – modelo de avaliação e performance empresarial apresentado no livro de 1996, *A estratégia em ação*, de Robert Kaplan e David Norton, que acabou evoluindo para uma metodologia de gestão estratégica. O livro pode ser encontrado em quase todo departamento de recursos humanos das maiores empresas do mundo. Sua lógica é cristalina: a rentabilidade a longo prazo é o produto de uma equação com muitas variáveis; os gerentes de uma empresa precisam prestar atenção a vários aspectos diferentes do negócio para obter o máximo desempenho, e o BSC deve refletir esses aspectos. Entretanto, esse ideal se mostra ardiloso quando colocado nas mãos de gerentes e funcionários. "Embora as pesquisas indiquem que um número crescente de empresas vem usando BSC para fins de remuneração, relativamente pouco se sabe sobre questões de implementação associadas aos sistemas de recompensa baseados no BSC", escreveram três professores da Universidade da Pensilvânia que examinaram um banco que tentou usar o BSC e depois desistiu.[4]

No caso do banco, o julgamento delegado aos gerentes aparentemente falhou quando eles distorceram a matemática, ignorando fatores que previam o sucesso financeiro e incorporando outros que não o previam, e mudando os critérios de um trimestre para o outro. "Os dados sugerem que explicações de base psicológica podem ser igualmente ou mais relevantes do que as de base econômica das práticas de medição de uma empresa", escreveram os pesquisadores.[5] De novo, a natureza humana sobrepujou os melhores planos dos estrategistas das empresas. Tais acidentes de percurso não constituem uma condenação do BSC, assim como as idiossincrasias humanas não anulam a lógica das descrições dos cargos, planos de marketing, regras de segurança ou qualquer área em que a padronização seja importante para a consistência e a coordenação da empresa. Mas eles demonstram que, para que qualquer estratégia funcione, ela depende dos gerentes que lhe dão vida nas rotinas diárias das equipes que supervisionam.

Várias mudanças recentes tornaram as avaliações de desempenho mais interessantes, senão mais eficazes. Por exemplo, o feedback de 360 graus injeta um aspecto emocionante no processo, permitindo aos subordinados atirarem de volta nos chefes ou lateralmente nos colegas. Tais sistemas tendem mais a classificar o estilo do que a substância e costumam se concentrar nas fraquezas, em vez de nos pontos fortes.[6] A prática de pedir aos funcionários que avaliem a si próprios apresenta seu próprio dilema. "A intenção desse ritual do local de trabalho cada vez mais popular é ajudar gerentes e funcionários a serem francos uns com os outros, aplaudirem as realizações, fixarem novas metas e identificarem necessidades de treinamento", escreveu o colunista Jared Sandberg no *Wall Street Journal*. "Mas essas autoavaliações, em vez disso, entraram na lista dos tormentos anuais, junto com a declaração do imposto de renda e a revisão no dentista. Existe, afinal, um número infinito de maneiras de se autoincriminar."

"Ostensivamente", continuou, "você se classifica numa escala de um a cinco, em geral como preparação para uma entrevista posterior. Mas sejamos francos. Você acaba se retratando de uma destas duas maneiras: A) como um autoflagelador tolo o suficiente para enumerar fraquezas que poderão ser usadas contra você mais tarde; B) como um egocêntrico convencido que pensa que 'não' significa 'sim' e que insultos são uma forma de bajulação – e que você é boa-pinta demais para cometer erros."[7] A advertência de Scott Adams, criador de *Dilbert*, tem um fundo de verdade sob o humor. "O segredo da estratégia de seu gerente é induzir você a confessar suas falhas. Ele vai farejá-las com a fúria de um pitbull. Uma vez documentadas, suas 'falhas' serão repassadas a todos os chefes novos que você tiver, servindo de justificativa para quase não aumentarem seu salário pelo resto da vida."[8]

O mais preocupante, porém, é que as autoavaliações tendem a ser terrivelmente falhas. "As pessoas não conseguem detectar os limites de seu conhecimento e know-how", escreveram quatro pesquisadores da Universidade de Cornell e da Universidade de Illinois, em Champaign-Urbana, num relatório com o título encorajador de "Por que as pessoas não conseguem reconhecer sua própria incompetência". "De fato", eles escreveram, "em muitos domínios sociais e intelectuais, as pessoas não percebem sua incompetência, sendo inocentes de sua ignorância. Onde carecem de habilidade ou conhecimentos, superestimam totalmente seu know-how e talento, achando que estão se saindo bem, quando na verdade estão indo mal."[9] Após ministrarem um exame de psicologia com nível de segundo ano a 141 de seus estudantes, os quatro professores lhes pediram que estimassem suas notas absolutas e seu desempenho no teste em comparação com os colegas.

Os estudantes classificados no quartil inferior da classe no teste acharam que estiveram bem acima da média. Os que se saíram pior superestimaram seu desempenho em cerca de 30%.[10] O dilema – a "dupla maldição", como os pesquisadores a chamaram – é que algumas das habilidades que tornam alguém apto para uma tarefa são as mesmas habilidades necessárias para perceber se está fracassando ou indo bem. Se um funcionário não é talentoso, instruído ou habilidoso o suficiente para realizar um bom serviço, há grandes chances de também não o ser para perceber que está falhando, ficando na ilusão de que tudo vai bem.

Essa forma de incompetência inconsciente não se restringe aos testes de psicologia na faculdade. Outra pesquisa encontrou o mesmo problema na avaliação das pessoas da capacidade de pensar de maneira lógica, escrever corretamente ou reconhecer uma piada engraçada.[11] Caçadores que não entendem muito de armas de fogo acham que entendem.[12] Residentes médicos com pouca habilidade para entrevistar pacientes acham que estão se saindo bem,[13] o mesmo acontecendo com técnicos de laboratórios clínicos avaliando seus conhecimentos de terminologia médica e habilidades de resolução de problemas.[14] Ainda que os pesquisadores ofereçam um incentivo de 100 dólares para o entrevistado fornecer a verdade nua e crua, as pessoas exageram nas autoavaliações, aparentemente por acreditarem sinceramente que são tão competentes assim.[15]

Os pesquisadores de Cornell e de Illinois também fizeram uma descoberta intrigante na outra extremidade da escala. Embora os melhores da classe acertassem ao estimar que foram bem no teste, não perceberam que sua realização foi singular. Eles sofreram de uma "modéstia injustificada". "Aqueles com melhores resultados tendem a ter uma noção relativamente boa de seu desempenho em termos absolutos, como de suas notas brutas no teste", escreveram. "Eles erram nas estimativas das outras pessoas – sistematicamente superestimando o desempenho dos colegas no mesmo teste."[16]

Esses resultados mostram a importância de um gerente, um orientador ou um mentor conseguir fazer com que o funcionário se olhe no espelho. O raio de esperança da "dupla maldição" é que, depois de instruído sobre a diferença entre um desempenho bom e um ruim, o participante torna-se mais consciente de onde está falhando. "Demos a cerca de metade dos participantes uma minipalestra sobre como resolver esse tipo de problema de lógica, fornecendo as habilidades necessárias para distinguir as respostas certas das erradas", escreveram os cientistas sociais. "Quando receberam seu teste original para examinar, os participantes que ouviram a palestra, em particular aqueles com mau desempenho, fizeram autoavaliações bem mais exatas do que tinham feito originalmente."[17]

Um estudo recente encomendado pelo Exército dos Estados Unidos demonstra a importância de se levar em conta a tarefa, o tipo de informação transmitida e a natureza da pessoa cujo desempenho se avalia. Em linhas gerais, as responsabilidades podem ser divididas em duas categorias: tarefas de "promoção", que requerem alguém que pense expansivamente, em busca de novas oportunidades, e tarefas de "prevenção", que requerem que os trabalhadores garantam que algo negativo não aconteça. A tarefa do diretor de criação de uma agência publicitária está, em grande parte, voltada para a promoção. Ele precisa criar muitas ideias, algumas absurdas, na esperança de que uma delas seja brilhante e venda muitos produtos de seu cliente. A tarefa de um mecânico de aeronaves está voltada para a prevenção. Ele tem que examinar quaisquer problemas potenciais, alguns dos quais não deverão representar nenhuma ameaça, na esperança de detectar todas as falhas reais e evitar um desastre.

Testando estudantes de administração de empresas e de sistemas de saúde, os professores que conduziram o estudo do Exército atribuíram duas tarefas a grupos diferentes. Metade dos estudantes ficou responsável por gerar ideias novas, uma tarefa de promoção. A outra metade ficou incumbida de detectar erros, uma tarefa de prevenção. Após trabalharem um pouco, os estudantes receberam aleatoriamente feedback positivo ou negativo e pediu-se que dissessem quanto pretendiam se esforçar quando retornassem à tarefa. O incrível foi que o efeito do feedback dependeu da compatibilidade com a natureza da tarefa. Aqueles incumbidos de gerar ideias tenderam a redobrar seus esforços depois de ouvir que estavam tendo sucesso. Aqueles incumbidos de detectar erros tenderam a se esforçar mais depois de ouvir que seu trabalho até então não fora bom o bastante.

Os supervisores precisam levar em conta que tipo de informação motiva determinado funcionário e perceber que pode ser diferente dos tipos que motivam outros membros da equipe ou das preferências do próprio gerente. "No nível prático, essas descobertas sugerem que nenhum sistema de feedback serve para todos", concluiu o estudo. "Para ser eficaz, um sistema de avaliação do desempenho precisa estar adaptado a tarefas, ocupações e até personalidades específicas."[18]

A Gallup investigou o equilíbrio apropriado entre um gerente, nas discussões com seus funcionários, concentrar-se nos pontos fortes e nas notícias positivas ou nos pontos fracos e nas notícias negativas. A pesquisa constatou que um gerente que se concentra nos pontos fortes de seus funcionários essencialmente impede que sejam muito desmotivados. Aqueles que se concentram nos pontos fracos obtêm resultados mais polarizados; a estratégia raramente funciona tão bem quanto uma visão mais positiva, mas o gerente fica com o mérito de ao menos se "concentrar" no indivíduo. Os gerentes com pior desempenho foram aqueles que, praticamente ignorando sua equipe, falham no décimo primeiro elemento. Um quarto de todos os funcionários, e quase dois terços daqueles totalmente desmotivados, declara que seu chefe dorme no ponto.[19]

Apesar de toda a complexidade das avaliações de desempenho – BSC, o feedback de 360 graus, as autoavaliações e os sistemas de graduação forçados –, a afirmação que mostra a melhor ligação entre as percepções das avaliações e o desempenho real dos funcionários é notadamente simples: "Nos últimos seis meses, alguém em meu trabalho conversou comigo sobre o meu progresso." A afirmação não especifica que a discussão seja uma avaliação oficial, mas uma avaliação pode ser um ingrediente na criação do feedback necessário. As duas coisas estão relacionadas, mas não são sinônimas. Mais importante para a empresa e para o funcionário é que ele compreenda como está se saindo, como seu trabalho vem sendo percebido e para onde vai. Em certos aspectos, essa afirmação é um complemento a longo prazo do quarto elemento da gestão de excelência, que enfoca "reconhecimento e elogio" mais imediatos.

Não há nada de errado com um processo de avaliação formal em si. Pelo contrário, ele tem muitas vantagens. Cerca de 7 em cada 10 trabalhadores americanos dizem que sua empresa tem um processo de avaliação de desempenho formal. As chances de essas empresas gerarem um forte comprometimento são maiores, mas estão longe da perfeição.[20] Os prazos, os formulários e o medo da cobrança dos recursos humanos ou do chefe forçam os gerentes da linha de frente a se reunirem com seus funcionários para avaliar seu progresso (mesmo que seja em encontros fortuitos no banheiro). As empresas que implementam ou tornam mais rigorosos os procedimentos de avaliação costumam ver uma melhora no décimo primeiro elemento de níveis fracos para modestos, mas nunca atingem níveis elevados só com essas avaliações.

Com qualquer ciclo de avaliação formal que vincule o resultado à remuneração, o que ocorre com 54% dos trabalhadores americanos,[21] existe o risco constante de que, devido às falhas reais ou percebidas, o sistema acabe minando o empenho dos funcionários. Um estudo realizado com trabalhadores do governo num município do Meio-Oeste dos Estados Unidos descobriu que o "esgotamento" era mais provável entre os funcionários que acreditavam na injustiça do novo sistema de avaliação e remuneração por mérito. "Os funcionários precisam pensar que serão recompensados por um sistema baseado no mérito, e não em outros fatores extrínsecos", revelou o estudo.[22]

Quatro em cada cinco funcionários de empresas com um sistema de avaliação formal o consideram justo. Contudo, essas percepções são fortemente influenciadas pelo que acontece entre as avaliações. A proporção dos que acham o sistema justo cai para dois terços caso sintam que ninguém conversou com eles sobre seu progresso. Por outro lado, se um gerente consegue cultivar uma discussão forte e regular sobre o desempenho, 9 em cada 10 trabalhadores considerarão o sistema de avaliação justo.

As consequências nas duas extremidades da escala são importantes. Quando um gerente faz contato regular com um funcionário, é mais provável que ele se considere apropriadamente remunerado por seu trabalho, que pretenda permanecer na empresa, e é duas vezes mais provável que recomende a empresa aos amigos como um ótimo local de trabalho.[23] Comparado aos resultados da empresa, o décimo primeiro elemento se revela particularmente poderoso em aumentar a produtividade e a segurança. As unidades de negócios no quartil superior nesse elemento obtêm uma produtividade 10 a 15% maior e sofrem 20 a 40% menos acidentes do que as unidades de negócios no quartil inferior.[24] No entanto, menos da metade dos funcionários do banco de dados global concorda fortemente que alguém conversou com eles sobre seu progresso nos últimos seis meses. Mesmo entre os executivos e a alta gerência, a proporção é de apenas 50%.

Num nível puramente funcional, a avaliação de um funcionário é bem simples. Observe seu progresso no decorrer do ano, registre-o cuidadosamente no formulário fornecido pela empresa, informe-o sobre o resultado no intervalo exigido e espere que ele faça as correções necessárias para melhorar. Se ele fosse uma máquina, o programa funcionaria perfeitamente. Na prática, uma boa avaliação do desempenho é uma forma de arte interpessoal que requer talento gerencial e preparação cuidadosa. Se o funcionário sente que tem voz ativa no processo – o sétimo elemento, "minha opinião parece contar", aplica-se aqui tanto quanto em qualquer outra situação –, é ainda mais crucial do que os aspectos funcionais de sua participação.[25] Um gerente precisa manter um equilíbrio delicado entre dar feedback franco e objetivo e não esmagar a energia e a confiança do funcionário. As pesquisas indicam que o feedback positivo estimula um trabalhador, mas comentários negativos destroem parte da motivação intrínseca do serviço.[26] Comentários de colegas ou subordinados precisam ser interpretados com cuidado e filtrados do rancor, do ciúme e das observações errôneas. Um bom avaliador precisa evitar a inclinação natural de dar peso demais ao resultado, independentemente de se o funcionário fez a coisa certa para chegar lá ou foi simplesmente sortudo.[27]

E, acima de tudo, a discussão precisa ser adaptada à personalidade, às circunstâncias e ao potencial do funcionário. Uma avaliação de desempenho feita às pressas simplesmente não atenderá a esses requisitos.

Para Philippe Lescornez, um dos desafios de motivar sua equipe é ver o potencial de cada funcionário e decidir que progresso seria mais significativo. Vejamos o caso de Didier Brynaert.

Brynaert trabalha em Luxemburgo, a 230 quilômetros da sede belga da Masterfoods e, é claro, está a um país de distância de seu gerente e do restante da equipe. Brynaert foi considerado um bom promotor de vendas que vinha fazendo o que geralmente se esperava desses profissionais. Lescornez decidiu que o serviço de Brynaert poderia se tornar mais importante se ele fosse visto menos como outro promotor de vendas e mais como um especialista nas características singulares do mercado de Luxemburgo.

"Trata-se de um país pequeno mas muito rentável. Com 5% da população da Bélgica, representa 15% dos negócios belgas da Masterfoods", explicou Brynaert, que faz outras observações sobre as taxas de desemprego e as preferências dos consumidores. "A situação econômica de Luxemburgo dois anos atrás não era boa. E agora, após minha experiência lá, o negócio vem crescendo."

Para ajudar no progresso de Brynaert, Lescornez pediu a ele informações a serem compartilhadas com a matriz. Esperava que, ao aumentar a visibilidade de Brynaert em Bruxelas, pudesse criar nele uma sensação maior de propriedade por seu território de vendas remoto. "Comecei a divulgar muito mais o que ele fazia internamente às outras pessoas, porque existe certa distância entre o escritório de Bruxelas e a seção onde ele está trabalhando. Assim, comecei a comunicar, comunicar, comunicar. Quanto mais eu falava, mais material ele fornecia", contou Lescornez. À medida que recebeu mais reconhecimento, Brynaert começou a se destacar, batalhando por negócios novos e criando grandes vitrines de alta qualidade dos produtos da Masterfoods nos mercados que atendia. Os gerentes de contas e de marketing contam com seus conhecimentos sobre aquele mercado. "Agora ele é reconhecido como especialista no mercado de Luxemburgo, o sujeito capaz de desenvolver relações fortes com os clientes de lá, onde os volumes e a rotação dos estoques da empresa estão garantidos e continuam crescendo."

Brynaert afirmou que o contato regular com seu gerente é fundamental para seu sucesso, e que lhe agrada poder telefonar para Lescornez com tranquilidade para fazer uma pergunta ou relatar uma experiência. "É muito importante para mim ter um bom gerente, porque gosto de trabalhar sem supervisão e com muita liberdade", disse ele. "Philippe me dá muita liberdade."

Na promotora de vendas Ilse van der Weeën, Lescornez viu grande potencial, mas também a achou rígida e inacessível demais, traços que ele considerou suficientes para prejudicarem seu progresso. "Aquele era provavelmente o principal aspecto em que ela precisava melhorar", destacou, "mas como chegar lá? Como dizer a alguém que precisa sorrir mais?"

Depois que Lescornez passou a conhecê-la o suficiente para achar que ela poderia aceitar o conselho, expressou sua opinião. Ela aceitou a crítica somente porque sabia que seu gerente estava tentando ajudá-la. "Eu não a teria aceitado de mais ninguém", admitiu Ilse, "mas ele era meu gerente. Era quem me conhecia melhor. E tinha em mente coisas boas para mim."

Wendy Dekens é promotora de vendas há quatro anos. Ela conhece bem o serviço. Mas por uma série de motivos, a perspectiva de promoção era remota. Corria o risco de ficar estagnada e reconheceu francamente que sua carreira era incerta.

"Havia certa zona de conforto, uma rotina, se formando", explicou seu gerente. Lescornez decidiu aproveitar seus conhecimentos e seu interesse por treinamento para tornar mais recompensador o cargo de promotora de vendas e dar a ela uma sensação de progresso. "Conheço meu serviço, e conheço 100%", declarou ela. "Eu realmente tinha vontade de compartilhar todas aquelas informações com os meus colegas. Adoro explicar as coisas. Adoro dar treinamento."

Lescornez pediu a Wendy que preparasse um manual que pudesse ser entregue aos recém-contratados, que nas primeiras semanas no emprego provavelmente deveriam acompanhá-la. Ela "agarrou com unhas e dentes" a chance de criar o manual. "Aquilo tornou meu serviço mais atraente, inovador e interessante do que a rotina que eu já conhecia de cor." Ela não sabe até onde aquilo vai levá-la, mas a criatividade de seu gerente despertou mais empenho do que se ela ficasse apenas com o serviço de promotora de vendas.

Hulya Hoke é conhecida por sua exuberância e extroversão. "Devo ter obtido essa energia de minha cultura", refletiu. "Venho da Turquia, e talvez as pessoas lá sejam mais abertas." Seus clientes a adoravam por causa do entusiasmo que transmitia. "Ela era muito respeitada por seus clientes", reconheceu Lescornez. "Acompanhá-la na visita aos clientes era sempre muito divertido."

Mas seu maior talento também representava um risco. Hulya colocava tanta energia nas tarefas que acabava se dispersando, seguindo várias direções ao mesmo tempo. "Vi o potencial e a garra que ela possuía", contou o gerente. "A coisa estava um pouco desestruturada. Ela vinha fazendo montes de coisas com grandes doses de energia, mas faltava equilíbrio."

Lescornez precisava ajudá-la a ter foco sem reduzir seu entusiasmo natural. Para isso, primeiro passou um bom tempo a acompanhando nas visitas aos clientes e depois elogiando suas habilidades para que ela se sentisse à vontade recebendo instruções dele. "Passamos muito tempo juntos no trabalho de campo, tivemos uma série de discussões, várias conversas", disse Lescornez. "Sempre deixei que ela corresse riscos e falasse livremente." O gerente descobriu que, se passasse tempo suficiente com os membros da equipe, ajudando, conversando e fazendo brincadeiras, eles pediriam feedback, perguntando como poderiam melhorar. É nesse momento que um funcionário fica mais receptivo ao aconselhamento.

Após visitar um mercado com Hulya para discutirem a viabilidade dos produtos da Masterfoods, Lescornez compartilhou com ela suas impressões sobre a visita. Primeiro fez questão de elogiar o que ela fizera bem. "O elogio é muito importante", explicou. "Uma vez que você coloque as pessoas numa trilha positiva, pode dizer cada vez mais coisas para elas. Você precisa fazer elogios. Tem que falar de forma positiva, para depois redirecionar as coisas que precisam ser redirecionadas."

Lescornez sentiu que, apesar de toda a ligação emocional com o cliente, Hulya fazia rodeios durante a negociação. Recomendou que ela passasse mais tempo se preparando para a reunião, coletando mais dados e cifras e dependendo menos da relação pessoal. "Ele é um homem engraçado e sua forma de explicar as coisas também foi maravilhosa. Ele faz isso com facilidade", relatou Hulya.

Ela seguiu seu conselho ao pé da letra, melhorou rapidamente e foi selecionada logo depois para expandir suas habilidades trabalhando na área de vendas. A rotatividade é um problema na equipe de Lescornez – não porque os membros da equipe deixem a empresa, mas porque são convidados a assumir novas responsabilidades. Nos 18 anos como gerente, Lescornez estima que gerenciou 125 promotores de vendas ("Vi cada figura", acrescenta), 60% dos quais acabaram sendo promovidos.

"Não é raro que cada membro da equipe sinta que recebe atenção especial", disse Karin. Na verdade, ele faz isso com todos. "Se faço bem meu trabalho, é graças a Philippe, porque ele nos ensinou a estabelecer prioridades", reconheceu Hulya. "Temos muitas coisas para fazer. Não dá para realizar tudo ao mesmo tempo", explicou ela, pregando a mensagem ensinada por seu gerente. "Temos que dizer: O.k., este é o serviço; temos que fazer A, B, C, D, E, e assim por diante. Mas você tem que começar pelo A."

Mieke Demeyer não trabalha com Lescornez por mais de um ano e meio, mas é um dos que o recomendaram para seu prêmio, devido a sua paciência e seu dom para ajudar as pessoas a participarem da solução dos problemas que apresentavam a ele. "Ele faz com que você pense mais e tente chegar à próxima etapa sozinho, sendo um conselheiro, permanecendo à margem, mas pensando com você", declarou ela.

Uma sessão de aconselhamento típica começa quando um promotor de vendas procura Lescornez por se sentir "paralisado", sem saber o que propor numa negociação de espaço de vitrine. O gerente começa examinando a situação. Ele é, segundo a opinião geral, um ouvinte paciente e atento. "Ele tenta fazer você pensar nas opções, sem dar a resposta de cara", relatou Mieke. Se o funcionário precisa de uma pequena ajuda, ele dá uma ou duas dicas. "Isso costuma ser suficiente, ela explicou. "Depois você podia se basear naquilo e era fantástico, porque ele dedicava tempo para descobrir uma solução nova, e a sensação que você tinha era: 'Uau, eu mesmo encontrei uma solução!'"

A característica inconfundível da liderança de Lescornez é a responsabilidade delegada à equipe, fazendo com que se esforce para encontrar respostas. "Ele poderia resolver tudo rapidamente, para se livrar logo do problema", disse Karin, sua gerente. "Mas nunca age assim. Sempre lança de volta um desafio e diz: 'O que você faria?' Ele confia muito no seu pessoal. Os funcionários aprendem cometendo erros, e depois Lescornez os aconselha. Está sempre presente para ajudá-los, mas não faz as coisas por eles."

Ela lembra que, logo após assumir a responsabilidade por Lescornez e sua equipe, comentou que os portfólios de produtos dos promotores de vendas eram insuficientes. Lescornez pediu a todos que trouxessem seus portfólios para a reunião seguinte. De Backer achou que ele faria com que folheassem os manuais e procurassem as páginas necessárias de forma autoritária. Pelo contrário, ele pediu aos funcionários que formassem duplas, examinassem o portfólio do colega e apresentassem ao grupo seus pontos positivos. "Ao fim, eles tiveram ótimas ideias de como melhorar seus portfólios", contou a supervisora. "Tudo transcorreu de forma bem positiva e construtiva. Todos aprenderam algo de bom com um colega. Foi uma coisa simples, mas para mim representou um grande exemplo de como se deve agir."

A abordagem de Lescornez certamente levava mais tempo, mas dava mais resultados. Karin prevê que os promotores de vendas aproveitarão melhor os materiais de seus portfólios do que se o chefe impusesse seu conteúdo. Mas ela duvida que Lescornez tenha chegado a cogitar essa possibilidade. "Estou certa de que Philippe nunca agiu de outra forma."

"Ele é uma pessoa inspiradora", elogiou o ex-promotor de vendas Dieter van den Brande. "Ele é engraçado. É informal. Faz você desafiar a si próprio." Em seus 18 anos de gerência na Masterfoods (ele é tão fiel à empresa que ensinou seu cão a rejeitar o osso do concorrente a favor daquele da marca Pedigree vendido por sua equipe), Lescornez conquistou a reputação de alguém que se esforçará para acelerar a carreira de seu pessoal. "Ele é a pessoa para quem você gostaria de trabalhar", afirmou Van den Brande.

Com tanto aconselhamento direto, não resta muito drama para as avaliações formais, obrigatórias na Masterfoods como em muitas empresas. "A parte formal era mais algo como: 'O.k., agora temos que fazer a parte burocrática. Vamos nos reunir e preencher os papéis e depois você pode me dizer se concorda com o que escrevi'", conta Demeyer.

"Não havia surpresa", contou Hulya. "Era facílimo de fazer, porque era exatamente o que havíamos feito durante o ano."

"As avaliações de desempenho não deveriam constituir uma surpresa", opinou Lescornez. "Se eles não sabem em que pé estão antes da reunião, existe um grande problema. Um dos dois não fez o dever de casa – provavelmente o gerente."

Ilse disse que aprecia a capacidade de Lescornez de entender as forças e fraquezas de cada um e, no fim, descobrir as necessidades da pessoa que está aconselhando. "Não creio que nenhum de nós queira se sentir como uma simples máquina a quem se pede: 'Venda, venda, venda!' Sou uma pessoa – nem sempre perfeita", declarou.

Uma das primeiras coisas que vieram à mente de Karin quando lhe perguntaram sobre Lescornez foi uma conversa que tiveram sobre a responsabilidade do gerente pelo progresso de um funcionário. "As pessoas costumam julgar as outras rapidamente", disse. "Tendemos a fazer isso na Masterfoods. Mas ele sempre argumenta que, se alguém não está se saindo bem, você, como chefe, deve se questionar: 'O que fiz para melhorar, para aconselhar essa pessoa, para ajudá-la, para treiná-la?' Sempre se certifique de que você fez tudo ao seu alcance."

O DÉCIMO SEGUNDO ELEMENTO

Oportunidades de aprender e crescer

Embora não fosse sua culpa nem intenção de mais ninguém, a carreira de Colleen Saul na B&Q teve um início difícil.

Com seu novo diploma em administração e tendo trabalhado para a empresa brevemente no passado, ela se dirigiu à rede varejista britânica de materiais de construção na esperança de obter um cargo de gerência e, em última instância, trabalhar no departamento de compras. A resposta da empresa foi de que não havia nenhuma vaga que correspondesse às suas aspirações, mas precisavam urgentemente de ajuda na "reforma" da loja de Bangor, em Gales.

– Será uma boa experiência para você – prometeu o gerente regional. E foi. Gerenciando o processo de queima de estoque, Colleen adquiriu noções valiosas do que é preciso para remodelar e dirigir uma loja. Mas ao ir direto para Bangor, não pôde fazer o treinamento obrigatório que os funcionários de cargos de gerência costumam cumprir em seus quatro primeiros meses. Não lhe ofereceram um cargo de gerência em Bangor porque lojas recém-reformadas não estão em condições de fornecer o treinamento que lhe faltava.

Em vez disso, pediram que supervisionasse o departamento de jardinagem da loja da B&Q de Ellesmere Port. A loja ficava mais perto da casa de Colleen, mas ela precisava do treinamento. Fosse por desatenção, devido à correria do dia a dia, ou porque os gerentes relutassem em lhe dedicar o tempo necessário, o fato é que Colleen não conseguia obter as sessões de orientação programadas. "Ninguém reservava tempo para me dar treinamento; eles simplesmente achavam que eu estava apta para o serviço", recordou ela.

Colleen se viu enfrentando uma multidão de clientes durante um feriadão numa parte da loja que estivera sem gerente por três semanas. Ela estava se virando sem as informações básicas ministradas no treinamento: como contabilizar o dinheiro recebido, como fechar a loja, como solicitar reposição de estoques. "Eu conseguia dirigir o departamento de jardinagem sem nunca ter dirigido um departamento antes, mas certas coisas obviamente não estavam certas, algumas coisas davam errado porque eu não entendia os processos de encomenda", contou. "Consegui manter as coisas funcionando e no meu tempo livre procurei outras lojas para aprender os processos que deveriam ter me ensinado."

Ela não estava progredindo. Sentia-se frustrada, achando que talvez tivesse cometido um erro ao ingressar na B&Q. Sua autoconfiança vinha diminuindo. Ela não estava causando uma boa impressão dentro da empresa. "Me sentia como se estivesse fazendo algo errado que os outros percebiam e não necessariamente falavam para mim, só para as outras pessoas, de modo que eu nunca aprenderia a fazer as coisas corretamente." Cogitava até procurar outro emprego.

Até que Colleen conheceu Simon Gaier, gerente da loja de Wrexham, em Gales, a apenas 10 quilômetros da fronteira com a Inglaterra. O gerente regional Paul Randles sugeriu que Colleen fosse transferida para a loja de Wrexham devido às notórias habilidades de Gaier em lidar com funcionários. Se alguém poderia colocá-la de volta no caminho certo, seria ele.

"Ele veio me ver antes que eu deixasse a outra loja", contou Colleen. "Gaier realmente procurou qual seria a melhor maneira de trabalhar comigo, se interessou pelo que eu desejava fazer e pelas minhas aspirações." Ele também prometeu providenciar o treinamento dela.

Com 28 anos, as pessoas costumam não acreditar quando Gaier se apresenta como gerente da loja de Wrexham. Mas os funcionários da B&Q afirmam que ele tem muito jeito para a gerência. Eles o descrevem com termos comuns aos gerentes apresentados neste livro: descontraído e acessível, apesar do indiscutível comprometimento com a obtenção de resultados, completamente franco, investindo tempo para conhecer as opiniões de cada funcionário sobre o trabalho, constantemente promovendo uma sensação de responsabilidade da equipe pela loja, raramente perdendo uma oportunidade de reconhecer um bom trabalho – ou seja, alguém que gosta de interagir com os outros. Uma das áreas em que Gaier se destaca particularmente é no décimo segundo elemento, representado pela afirmação: "No último ano, tive a oportunidade de aprender e crescer no meu trabalho." As 58 pessoas que trabalham na loja de Wrexham estão no 1% superior das unidades de negócios do banco de dados mundial da Gallup.

"Se transferisse Simon", comentou Randles, "seus funcionários com certeza me linchariam. Eles o adoram." Grande parte de seu apego por Gaier é porque ele pegou uma loja com muitos funcionários antigos que se sentiam estagnados e lhes deu uma chance de crescer.

Durante 54 anos, o escritor Theodor Geisel, vencedor do Prêmio Pulitzer, deleitou as crianças com suas ilustrações cheias de imaginação e os textos em versos que as acompanhavam. Sob o pseudônimo de Dr. Seuss, escreveu e ilustrou uma pequena biblioteca de best-sellers como *O gatola da cartola*, *Como o Grinch roubou o Natal* e – numa aposta para provar que conseguia escrever um livro com um vocabulário de apenas 50 palavras – *Green Eggs and Ham.*

Seu último livro desconcertou um pouco o público, porque fugia ao padrão dos demais. Não apresentava personagens estranhos com nomes engraçados. Não tinha uma trama. Embora contasse com as imagens surreais do Dr. Seuss, os únicos personagens do livro eram o narrador e "você", o leitor. Em vez das histórias habituais, o livro discorria poeticamente sobre a superação de obstáculos e as possibilidades de realizações futuras. O título do livro é: *Ah, os lugares aonde você irá!*

Onde estavam os animais imaginários?, questionaram os resenhistas. Após um desfile de meio século do alce Thidwick, da tartaruga Yertle, dos pássaros Zinn-a-zu e dos irmãos Fuddnudler, o livro pareceu, pelo menos em comparação aos outros, muito sério. As palavras do editor na quarta capa diziam que o livro era para "pessoas iminentes de todas as idades", o que, segundo o *The New York Times*, "levantou questões desconcertantes sobre o público-alvo da história".

"Falando sério, quem entendeu a piada?", continuou o jornal. "Onde está o bichinho manhoso aguardando para atirar um montão de *oobleck** nesse caminho para o sucesso? Tonho, velho companheiro, está nos ouvindo?"[1]

"Este não é realmente um livro de histórias", disse o *Orlando Sentinel*, mas uma lição sobre a vida. "Neste livro, Seuss abandonou seu formato tradicional de fábula, no qual a lição se encontra no senso de humor", escreveu o resenhista desse jornal. "Pelo contrário, o herói aqui nunca recebe um nome. Ele é nós; nós somos ele."[2]

---

* *Oobleck* é uma substância imaginária, verde e pegajosa, que cai do céu, descrita por Dr. Seuss em *Bartholomew and the oobleck*. (*N. do T.*)

O próprio Seuss revelou que queria que o livro comunicasse um tema de "horizontes e esperança ilimitados" porque sentia que as crianças modernas não pensavam além de seus problemas.[3] O livro sensibilizou mais do que apenas crianças. Continua sendo um presente popular em festas de despedida, particularmente formaturas do nível médio e de faculdade. Óculos de sol e molduras para fotos especiais do Dr. Seuss são comprados para ampliar a mensagem otimista do livro. À sua maneira singular, Seuss captou a qualidade tipicamente humana de se esforçar por realizar algo novo, algo melhor.

Especialistas em várias disciplinas procuram definir o que em nós cria essa necessidade de progresso. Abraham Maslow teorizou que os seres humanos possuem uma hierarquia de necessidades como uma pirâmide antiga, cujo ápice é a "autorrealização", cumprir seu potencial. "O que um homem *pode* ser, ele *precisa* ser", escreveu Maslow.[4] Na década de 1960, o professor do MIT Douglas McGregor argumentou que uma abordagem de "Teoria Y" da gerência permite às empresas aproveitarem o desejo natural dos funcionários de se saírem bem e atingirem seu potencial. Mais recentemente, pesquisadores propuseram que os trabalhadores possuem necessidades inatas de "autodeterminação",[5] de chances de "prosperar",[6] "florescer"[7] ou criar a melhor autoimagem possível por meio da realização.[8]

Esse impulso é tão básico que sinais de sua existência nos confrontam todos os dias. Que mãe nunca se espantou com a insistência de seu filhinho em fazer algo sem ajuda? Uma pessoa naturalmente almeja aprender a nadar, obter a habilitação, concluir a faculdade, conseguir o primeiro emprego, comprar a casa própria, e milhares de desafios novos que geram uma sensação de progresso. Quando um time é eliminado do campeonato, inicialmente os torcedores se desiludem, mas logo olham para a frente: "Quem sabe, ano que vem?" Os torcedores do time de beisebol

Chicago Cubs, do time de futebol americano Minnesota Vikings ou da seleção de futebol da Espanha sabem explicar a frustração de nunca atingir a meta.

A definição do dicionário para carreira gira em torno da ideia de realizações cada vez maiores:

> CARREIRA: qualquer profissão, especialmente a que oferece oportunidades de *progresso* ou em que há promoção hierárquica.[9]

Para muitas pessoas, o progresso é o que distingue uma carreira de um "simples emprego". Funcionários com oportunidades de aprender e crescer no trabalho têm duas vezes mais chances de dizer que pretendem fazer carreira dentro da empresa do que aqueles na outra extremidade da escala.[10]

"As representações mais plenas da humanidade mostram as pessoas como curiosas, animadas e motivadas", escreveram os professores da Universidade de Rochester Richard Ryan e Edward Deci. "Em sua melhor forma, elas são autodirigidas e inspiradas, esforçando-se por aprender; são esforçadas; dominam habilidades novas; e aplicam seus talentos de forma responsável. Que a maioria das pessoas se mostre esforçada, ativa e empenhada em suas vidas parece ser mais norma do que exceção, sugerindo alguns aspectos bem positivos e persistentes da natureza humana."[11]

Os neurocientistas estão apenas começando a entender os mecanismos cerebrais que criam o impulso para o sucesso. Num estudo de 2004, 10 pesquisadores, na maior parte da Universidade de Wisconsin, em Madison, compararam tomografias dos cérebros de voluntários com suas autoavaliações de quão fortemente se sentiam "interessados", "alertas", "atentos", "empolgados", "entusiasmados", "inspirados", "orgulhosos", "determinados", "fortes" e "ativos". Pontuações altas indicam "um estado de alta energia, plena concentração e empenho prazeroso", exatamente os tipos de emoções que um gerente precisa de seus funcionários. Os pesquisadores "documentaram uma relação modesta mas robusta entre a ativação lateralizada (esquerda) de uma região posterior do córtex frontal superior" e as sensações dos 84 voluntários de engajamento na vida. Os primeiros indícios são de que essa parte do cérebro é crucial para que os funcionários continuem almejando um objetivo de longo prazo apesar dos reveses inevitáveis. Tal domínio sobre o próprio eu e as circunstâncias parece um componente importante de uma vida plena.[12]

Essa pesquisa aponta para distinções importantes entre os tipos de experiências agradáveis mas transitórias que podem não ajudar uma empresa a atingir seus objetivos (comer todos os biscoitos numa reunião ou ficar enrolando no trabalho) e as fontes mais profundas de estímulo e sentido que fazem com que o funcionário se sinta realizado, além de favorecem o trabalho da empresa. Como poderiam fazer com qualquer dos 12 elementos, os gerentes mais céticos poderiam questionar por que deveriam se preocupar com o bem-estar dos funcionários. "Eles que resolvam sozinhos seus problemas", poderiam dizer, ou "Para que me preocupar com a sensação de progresso da minha equipe se ela está cumprindo as tarefas?" Esta é visão pequena mas bastante comum.

Diversas pesquisas – pelo menos 200 – provam que desafiar os funcionários a atingirem metas motiva um desempenho melhor. "Melhorias do desempenho foram documentadas em tarefas variando das cognitivas, como solucionar anagramas ou imaginar aplicações criativas para um objeto comum, às físicas, como cortar toras e pedalar uma bicicleta", conclui um resumo.[13] "Os lenhadores derrubaram mais árvores, e os motoristas de caminhão sindicalizados aumentaram o número de toras transportadas de 60 para 90% do peso legalmente permitido como resultado da fixação de metas", afirma outro. "Os motoristas fizeram a empresa economizar 250 mil dólares em nove meses. Um estudo posterior fez com que a economia fosse de 2,7 milhões de dólares em 18 semanas, aumentando a meta do número de viagens diárias dos motoristas até a fábrica."[14] Uma das peculiaridades mais interessantes da pesquisa é que, quando estão trabalhando para atingir uma meta específica, o desempenho dos funcionários é melhor do que quando simplesmente pedem a eles que "deem o melhor de si".[15] As denominadas metas de crescimento, além de boas para a empresa, são psicologicamente estimulantes.

Se uma realização é significativa depende do ponto de vista do empregado. Como com o restante dos 12 elementos, a maneira de a mente humana interpretar os eventos pode não parecer perfeitamente lógica. "Acho que, seu eu fosse um atleta olímpico, preferiria chegar em último lugar a ganhar a medalha de prata", comentou o comediante Jerry Seinfeld. "Você ganha o ouro e se sente o máximo. Você ganha o bronze e pensa: 'Bem, pelo menos consegui alguma coisa.' Mas a prata é como ouvir: 'Parabéns, você quase venceu.' De todos os perdedores, você foi o melhor. Você é o primeiro... perdedor. Ninguém perdeu na sua frente."[16]

Seinfeld estava mais perto da verdade do que possa ter percebido. Entrevistas com medalhistas nas Olimpíadas de 1992 constataram que aqueles que ganharam o bronze estavam mais satisfeitos do que os que consquistaram a prata, exatamente pelas razões especuladas pelo comediante. Essa tendência a não ver uma realização apenas em termos absolutos, mas também em relação ao que poderia ter acontecido, constitui um princípio fundamental da psicologia, segundo os autores do estudo. "As realizações objetivas de uma pessoa muitas vezes importam menos do que como essas realizações são subjetivamente interpretadas", enfatizaram.[17] Outros sociólogos descobriram que, como as pessoas precisam se ver sob uma luz positiva, quando falham tendem a racionalizar que, de qualquer modo, nunca tiveram uma chance.[18]

Esses são apenas alguns dos aspectos da fragilidade humana que afetam esse elemento e mais uma razão pela qual os supervisores de linha de frente, para conservarem o empenho dos funcionários, precisam saber o que se passa na cabeça dos membros de sua equipe. Como cada pessoa é única em seus talentos, forças, situações, esperanças e personalidade, cabe ao funcionário e a seu gerente mapear seu progresso futuro. Quaisquer que sejam as decisões tomadas – se incluem o treinamento formal, um mentor, chances de assumir novas responsabilidades ou simplesmente oportunidades informais de aprender as nuances de um serviço –, é imperativo criar essa sensação de desenvolvimento pessoal.

Quando os funcionários sentem que estão aprendendo e crescendo, trabalham com mais afinco e eficiência. Esse elemento, embora associado a quase todo resultado importante estudado pela Gallup, tem uma ligação particularmente forte com a fidelidade dos clientes e a lucratividade. Na média, as unidades de negócios no quartil superior no décimo segundo elemento registram comprometimento e fidelidade dos clientes 9% superior ao daquelas no quartil inferior e rentabilidade 10% maior. Esse melhor relacionamento com os clientes e os lucros maiores talvez ocorram porque funcionários que estão aprendendo e se mostram genuinamente interessados em seu trabalho têm ideias melhores – outra correlação com o décimo segundo elemento comprovada.[19]

A importância do aprendizado e do crescimento pode ser mais bem reconhecida na ausência desses fatores, quando uma série de obstáculos impedem que a pessoa atinja sua meta. A natureza humana odeia ficar imobilizada num lugar. Durante o percurso até o trabalho, o nível de frustração do motorista está menos ligado ao tempo que leva para chegar do que à frequência com que fica preso nos engarrafamentos.[20] O mesmo acontece quando chega ao escritório. Ficar paralisado num lugar – "oprimido pela rotina", na expressão de George Orwell[21] – é tão pouco natural para os adultos como para as crianças. A pesquisadora Barbara L. Frederickson chega a teorizar que as emoções positivas "são adaptações psicológicas evoluídas que aumentaram as chances de sobrevivência e reprodução dos ancestrais dos seres humanos".[22]

"Os defensores da psicologia do desenvolvimento reconhecem que, desde o nascimento, as crianças, em seus estados mais saudáveis, mostram-se ativas, questionadoras, curiosas e brincalhonas, mesmo na ausência de recompensas específicas", escreveram Deci e Ryan. "A (ideia) de motivação intrínseca descreve essa inclinação natural para a assimilação, o domínio, o interesse espontâneo e a exploração tão essencial ao desenvolvimento cognitivo e social e que representa uma fonte importante de satisfação e vitalidade ao longo da vida."[23]

Entretanto, quase todo mundo esbarra em obstáculos em algum ponto da carreira. "Apesar do fato de os seres humanos estarem abundantemente dotados de tendências motivacionais intrínsecas", escreveram os professores da Universidade de Rochester, "há claros indícios de que a preservação e o aprimoramento dessa propensão intrínseca requerem condições propícias, pois ela pode ser facilmente perturbada por diferentes condições adversas."[24]

Eis exatamente o que ocorre com muitos funcionários. Tendo vivido uma infância em que cada ano trazia novas oportunidades, praticando esportes em níveis cada vez mais difíceis, crescendo fisicamente, educados num sistema de classes claramente delineadas – primário, nível médio, calouro, veterano –, muitos funcionários, depois de anos de carreira, se perguntam o que aconteceu com o ímpeto do passado. Condicionados e naturalmente programados para esperar diferenças entre o sétimo e o oitavo anos ou a escola de ensino médio e a faculdade, muitos trabalhadores se desapontam ao descobrir que não haverá diferenças substanciais entre sua experiência como funcionário aos 25 ou 26 anos.

Ajudar adultos a aprender e crescer é, reconhecidamente, mais difícil do que fazer as crianças serem aprovadas nas séries do sistema escolar. "Tradicionalmente, sabemos mais sobre o mecanismo de aprendizagem dos animais do que das crianças; e sabemos muito mais sobre o mecanismo de aprendizagem das crianças do que dos adultos", escreveu o especialista em aprendizado adulto Malcolm Knowles. "Talvez isso ocorra porque o estudo do aprendizado foi empreendido desde cedo por psicólogos experimentais cujos cânones requerem o controle de variáveis. E é óbvio que as condições sob as quais os animais aprendem são mais controláveis do que aquelas sob as quais as crianças aprendem; e as condições sob as quais as crianças aprendem são muito mais controláveis do que aquelas sob as quais os adultos aprendem."[25]

Permanecer sentado na mesma mesa, realizando as mesmas tarefas, da mesma maneira, sem quaisquer desafios novos leva os funcionários a definharem pessoal e profissionalmente. "Sou como uma esponja, e eles estão me secando", respondeu um funcionário ao ser perguntado se estava tendo chances de aprender e crescer. Um estudo com mais de 3 mil adultos com idades entre 25 e 74 anos descobriu que 12% da população está "definhando", e apenas 17%, "florescendo". "Definhar está associado a pouca saúde emocional, fortes limitações da vida diária e grande probabilidade de faltar muitos dias ao trabalho" e, quando trabalhando, de apresentar uma produtividade menor, escreveu o autor do estudo Corey Keyes.[26]

Resultados semelhantes aparecem no banco de dados de comprometimento dos funcionários da Gallup. Quase um terço dos

10 milhões de funcionários que constam dos registros está pouco ou nada entusiasmado na questão do aprendizado e crescimento. O problema é ainda mais grave nas repartições públicas, empresas de serviços públicos, empresas de comunicações, serviços de informações, seguradoras, bancos, transportes e na indústria. Uma sensação de aprendizado e crescimento é mais comum nos setores hoteleiro e de serviços e nos restaurantes.

Pode ser que a direção de muitas empresas esteja cega para o problema. Os executivos têm cerca de 20% mais chances do que os gerentes e 70% mais chances do que os funcionários em geral de sentirem que estão progredindo. Alguns executivos quase certamente se julgam diferentes das tropas: enquanto batalham para atingir o nível de vice-presidente sênior ou diretor de marketing, o pessoal da linha de frente não compartilha da mesma sensação de aspiração. Embora as pessoas se distingam fortemente no impulso para progredir na carreira, a necessidade de progresso parece quase universal. Outros executivos podem não acreditar muito no crescimento dos funcionários após a educação formal. A ideia de que "não se ensinam novos truques a velhos cachorros" ainda circula, apesar de ser falsa tanto para os cachorros quanto como metáfora para adultos.[27] Existem diversos indícios de que o progresso se acelera quando apropriadamente nutrido por oportunidades regulares e gerentes apoiadores.[28]

Simon Gaier precisava que seus funcionários progredissem e tivessem sucesso, em benefício deles próprios e para atender às necessidades da loja. Havia vários cargos de gerência vagos, mas poucos funcionários estavam preparados para assumir aquelas responsabilidades. Ele preencheu as vagas com pessoas de fora da B&Q ou de outras lojas. Um processo complicado, agravado pelo fato de que os contratados de fora da empresa tinham de aprender a cultura da B&Q. A medida teve efeitos previsíveis sobre quem já estava na loja. "Eles se sentiam muito, muito desmotivados", disse Gaier.

"Eu queria fazer mais. Não queria ficar só trabalhando no caixa", contou Ceri Jones, que tinha seis anos de experiência na loja.

"Quando trouxemos o pessoal externo", recordou Gaier, "Ceri ficou realmente frustrada e aborrecida porque queria progredir. Mas ninguém tinha lhe dado feedback, traçado um plano de desenvolvimento para ela – realmente lhe dedicado tempo." O gerente resolveu assegurar que os funcionários, muitos dos quais já estavam na loja havia um bom tempo, tivessem oportunidades de ser promovidos no futuro.

Segundo Gaier, não há como oferecer a um trabalhador as oportunidades certas sem que o gerente tenha uma compreensão profunda dos pontos fortes de uma pessoa e de suas esperanças para o futuro. O gerente regional Randles telefonou para Wrexham certa tarde à procura de Gaier e foi informado de que ele não estava. Gaier só ligou de volta às três da tarde. Seu chefe perguntou o motivo de sua ausência.

– Quero trabalhar com a equipe da noite hoje – explicou o gerente da loja.

– Por que você vai fazer isso?

– Já não faço há algum tempo – respondeu ele.

"Aquilo podia não parecer grande coisa", comentou Randles, "mas, acredite, se eu pudesse fazer com que todos os meus gerentes vissem a importância de trabalhar com as equipes da noite tanto quanto com as diurnas, nossas lojas funcionariam bem melhor." A rotatividade é maior nas equipes da noite porque muitas vezes elas podem ser esquecidas.

Por meio de uma série de conversas individuais com cada funcionário, o gerente ficou sabendo o que cada um dos 58 membros de sua equipe gostaria de realizar no futuro. Como acontece com qualquer grupo grande, nem todos queriam se tornar gerentes.

Entre aqueles que vinham aprendendo e crescendo no cargo estava Mike Jones. A pele áspera de seus dedos era um testemunho de sua longa carreira de carpinteiro, antes de ser incapacitado por um derrame. "Eu não conseguia subir escadas", disse. "Não consigo andar de costas; perco o equilíbrio." Como se aquilo não bastasse, quando tentava se recuperar, o antigo chefe telefonou perguntando quando ele iria pedir as contas, além de informar que lhe havia pago 1,60 libra a mais.

A contratação de Jones e de Gareth Ingman, que trabalhava como empreiteiro até perder uma das pernas num acidente de motocicleta, forneceu à loja de Wrexham da B&Q dois especialistas em construção e proporcionou aos dois homens uma segunda carreira que mal conseguiam imaginar quando as circunstâncias os obrigaram a abandonar o ramo. As transições ensinaram aos dois trabalhadores de meia-idade que as chances de aprender e crescer não estão restritas aos jovens, e que o interior de uma empresa varejista é bem diferente de uma obra.

"É tão interessante lidar com pessoas", comentou Jones. "Uma mulher chegou um dia e disse: 'Meu marido está querendo um... sei-lá-o-quê.'" Os homens aprenderam a ter paciência e escutar ao interagirem com pessoas que entendem de projetos muito menos do que eles.

Sentada entre os dois homens, a amiga e colega de trabalho Shereen "Queeny" Evans entrou na conversa: "Uma cliente quis saber: 'Quanto papel de parede preciso no meu quarto?' 'Qual o tamanho do seu quarto?', perguntei. E ela disse: 'Tamanho normal.'"

Embora não sejam utilizados nos locais de trabalho, os computadores são fundamentais na administração da B&Q, por isso Jones e Ingman aprenderam a usá-los. "Aprendi muito mais sobre o varejo do que imaginei", disse Jones. "Isso exercita a mente."

E o ex-empreiteiro passou a policiar seu vocabulário no trabalho. "Não xingar" é muito importante, afirmou.

Em suas conversas, Gaier descobriu que uma funcionária estava com dificuldades de dividir seu tempo entre o emprego na B&Q e a atividade numa creche. A tensão do trabalho com as crianças vinha afetando suas vendas e sua felicidade. Ele formulou um plano pelo qual, se ela melhorasse as vendas na loja, passaria a trabalhar mais horas e não precisaria mais dos dois empregos. "Ela se tornou a melhor consultora de vendas da loja e uma das melhores da região", elogiou o gerente. "Foi tudo uma questão de conversar e derrubar algumas barreiras."

Ceri Jones havia sido rejeitada várias vezes para o programa "Fast Track" da B&Q, que prepara funcionários para cargos de gerência. Por esse motivo, ela disse, "hesitei um pouco em procurar Simon". Mas ele a encorajou a cursar o programa de seis a nove meses. Ela ainda lembra seu primeiro turno como "gerente de plantão", encarregando-se da loja por várias horas. "Foi assustador, mas foi bom", reconheceu, com um sorriso no rosto. "Simon contou que ficou orgulhoso do meu desempenho."

As discussões ajudaram-no a solucionar os problemas de sucessão. Uma vez conhecendo as aspirações de todo o pessoal, pôde traçar um plano com um ou mais sucessores potenciais para cada cargo de gerência na Wrexham. "Ele tem um plano apropriado, sólido de pessoal", enfatizou Randles.

Nas entrevistas, uma das pessoas que chamou a atenção de Gaier foi Adam Williams. Um tanto reservado, Williams trabalhava na B&Q havia muitos anos, desde o tempo da faculdade, quando cumpria um turno de quatro horas que terminava à meia-noite a fim de obter dinheiro para suas despesas pessoais. Ao se formar, passou a trabalhar em tempo integral. Assim como Colleen, uma de suas primeiras experiências foi ser enviado a outras lojas que precisavam de ajuda extra durante "reformas".

As "reformas" são parte da estratégia da B&Q para atrair mais clientes e aumentar os lucros durante os períodos difíceis para o mercado de materiais de construção do Reino Unido.[29]

Quando Gaier reuniu-se pela primeira vez com ele, Williams havia realizado um tour de "reformas" pela região, permanecendo de 8 a 10 semanas numa loja e depois passando para a seguinte. O circuito deu muitas chances de ganhar horas extras, mas ele não sentia que estava se movendo na direção certa.

"Os dois anos de viagens tiveram um alto preço", admitiu. "Eu queria estar alocado perto de casa e pensar numa carreira." Gaier lhe fez as mesmas perguntas feitas a todos os outros: O que ele queria fazer? Onde esperava estar no futuro? Williams queria se livrar das "reformas". Por azar, justo quando Gaier vinha tentando repatriá-lo para a loja de Wrexham, esta passou por uma "reforma". O gerente sugeriu que Williams passasse aquele período no depósito, já que precisaria daquela experiência no futuro caso se tornasse gerente.

À medida que foi conhecendo Williams melhor, Gaier expressou certa preocupação de que, sem um bom apoio, seu lado tímido poderia prejudicá-lo. As alocações de Williams no turno da noite, nas "reformas" e no depósito não o colocaram em contato com tantos clientes e funcionários como no turno diurno no andar principal das mercadorias. "Ele era o tipo de pessoa que, se conhecesse você por muito tempo, conversava de forma inteligente e se comunicava bem", explicou Gaier. "Mas se um visitante externo ou um novo gerente chegava à loja, ele tinha dificuldade, porque era um pouco tímido."

Gaier foi direto com Williams. "Ele não esconde nada de você", disse Williams. "Se é algo que você precisa saber, ele obviamente dirá. Ele me disse: 'Não há outra saída. Você tem que se comunicar com o máximo de pessoas possível se quiser dirigir um departamento.'"

Enquanto isso, tendo completado seu treinamento, Colleen Saul evoluiu em relação ao ano anterior na direção do centro de jardinagem da loja de Wrexham. As vendas do departamento cresceram 20%. Colleen conhecia todos os procedimentos, por exemplo, como rastrear o que tinha saída e o que encalhava. "Senti me satisfeita com o que tinha feito, o que havia conseguido e com o funcionamento das coisas", contou. Com o centro de jardinagem funcionando bem, Colleen adquiriu a experiência operacional de que precisava para dar o próximo passo. Ela estava enfim em condições de sondar a possibilidade de mudar para o departamento que compra produtos para toda a empresa.

"Simon ofereceu-me várias oportunidades de promoção na loja, mas eu sabia que não era aquela carreira que queria trilhar", recordou Colleen. "Pedi a chance para acompanhar alguém (no departamento de compras) e ver se aquilo era algo que eu queria fazer, porque eu só conhecia o serviço na teoria." Com a ajuda do departamento de recursos humanos da empresa e Gaier tendo a liberado por uma semana das responsabilidades em Wrexham, Colleen passou aqueles dias aprendendo tudo sobre as compras no atacado para as 329 lojas da empresa no Reino Unido, na Europa e na Ásia. "Foi uma ótima experiência", contou.

"Simon viu coisas nela que as pessoas – incluindo eu, tenho que admitir – não tinham visto", disse Randles. Não havia vagas no departamento de compras naquela época. Além disso, a presença de Colleen era necessária em Wrexham, porque a loja ainda estava sendo "reformada". Mas depois que a loja foi totalmente remodelada e os gerentes regionais vieram para uma de suas visitas, Colleen teve sua chance.

"Eles sabiam quem eu era pelo que havia feito", relatou ela. "Acho que ninguém antes de mim tinha ido conversar ou acompanhar alguém no escritório central. Assim eles me perguntaram sobre minha carreira. Eu disse que queria entrar na área de compras e queria um cargo no escritório central. Alguns dias depois, eles me telefonaram informando que havia uma vaga no departamento de Fechamento de Lojas, que duraria até o fim de janeiro e, se eu fizesse aquilo, poderia realizar os contatos que queria com Compras."

Gaier ajudara no progresso de Colleen, mas como sua carreira a levou para fora da loja, esforçou-se ainda mais para suprir os cargos de gerência. Agora precisava de um gerente novo no centro de jardinagem. Ele tinha a pessoa certa em mente: Adam Williams.

Gaier disse que sabia que Williams tinha "muito potencial". Depois que entrou em ação e recebeu aconselhamento, tornou-se um grande supervisor. Quanto à timidez, "ele agora consegue falar com qualquer um – no primeiro encontro com alguém, ele se mostra realmente confiante", declarou Gaier. "Ele dirá exatamente o que está fazendo, quais as suas intenções, o que pretende fazer e aonde quer chegar."

O gerente da loja disse que ficou particularmente satisfeito ao saber como Williams se saiu durante suas férias de Natal, quando os gerentes regionais e os diretores vieram fazer uma visita. Além de conduzi-los com confiança pela loja, ele contestou uma crítica de um dos executivos. Sobre um procedimento específico, "um dos gerentes regionais comentou: 'Isso está bom, mas talvez você pudesse fazer um pouco diferente.' Ele teve coragem de dizer: 'Veja bem, na verdade, não; a razão por que estamos fazendo assim é esta', e conseguiu responder à crítica, o que foi fantástico", elogia Gaier. "Que progresso nos últimos 12 meses!"

Williams atribui grande parte do sucesso ao gerente. "Devo honestamente dizer que Simon tem oferecido muito mais oportunidades aos membros da equipe do que o que vi ou ouvi dizer de outros gerentes que tivemos aqui", admitiu. "Estou aqui há três anos. Não conheço nenhum outro gerente que ficará ao seu lado, dedicará a você todo o tempo do mundo e dirá: 'Olha, este é o plano que tenho para você e vamos colocá-lo em prática nas próximas tantas semanas', e explicará, passo a passo, o que pretende fazer. Por isso digo que a interação com ele é total."

Tendo mudado, em poucos anos e na mesma empresa, de um cargo em que se sentia estagnada para outro em que está crescendo, Colleen pode comparar bem os dois. "Eu havia gasto todos aqueles anos e todas aquelas milhares de libras na minha formação. Eu tinha uma teoria brilhante, mas nenhuma prática, de modo que era muito, muito fácil estagnar", disse. "Ir de encontro a um muro de tijolos é enlouquecedor. Você não se prepara para coisas assim. Aquilo derrubou totalmente minha confiança. Passei por muitas emoções diferentes. Eu pensava que talvez não conseguisse me entender com certas pessoas."

A combinação de Gaier de exortação, franqueza, confiança nela e seus planos para o futuro fizeram toda a diferença. "Por tê-lo como chefe, eu adorava ir trabalhar. Eu adorava estar trabalhando. Adorava tudo o que estávamos realizando, e era bem interessante. Vínhamos obtendo resultados, e ele dava muito apoio", contou Colleen. "Ele simplesmente depositou em mim toda a sua confiança, e senti-me capaz de fazer as coisas. Acho que ele me mostrou que o problema não estava em mim, mas na minha situação anterior."

"Vi gerentes chegarem e irem embora", contou Evans, funcionário da B&Q há 18 anos. "Simon ouve você. Ele é honesto. É confiável. Você pode conversar com ele confidencialmente. Ele é justo com a equipe." Os funcionários predominantemente galeses da cidade fronteiriça de Wrexham falam sobre Gaier em termos especialmente positivos, considerando-se que – nas palavras de Ceri Jones – "galeses e ingleses não se dão bem" e seu gerente é inglês. "Isso não é problema com Simon", ela disse. "Ele só está sendo ele mesmo. Ele é bem acessível. Isso não nos incomoda."

"A não ser que percamos no rúgbi", acrescenta um colega que estava por perto ouvindo a conversa.

A loja acabou se tornando autossuficiente na substituição de gerentes. Williams, por exemplo, vinha treinando seu possível sucessor, para o dia em que mudasse de cargo. O pessoal entendeu que, caso se preparasse, as novas oportunidades surgiriam.

Embora a iniciativa exigisse um grande investimento de seu tempo, Gaier constatou que ajudar seus funcionários a aprender e crescer permitia delegar mais e dedicar mais tempo a outros aspectos da melhoria da loja. Mas Williams suspeita que para Gaier a coisa é mais pessoal. O gerente está tão interessado no progresso da equipe que "acho que ele não quer que fracassemos porque seria como se ele próprio fracassasse".

UM ELEMENTO EXTRA

A questão da remuneração

Em abril de 2006, a jornalista britânica Polly Toynbee publicou uma coluna sobre as peculiaridades da remuneração. Ela observou que os médicos do Reino Unido viram seu pagamento médio dobrar desde 2000, mas não estavam mais satisfeitos do que antes. Os aumentos não impediam que os trabalhadores "rejeitassem seus empregadores", escreveu ela no *Guardian* de Manchester. "Se uma remuneração maior não leva à felicidade ou à gratidão, o que as pessoas sentem em relação ao seu pagamento é complicado e extremamente importante", concluiu com razão.

Em seguida, Polly lançou uma bomba retórica. Parte do problema, argumentou, está no caráter confidencial da remuneração. Referindo-se a uma controvérsia sobre os pagamentos de personalidades do rádio pela British Broadcasting Corporation, Polly argumentou: "A BBC deveria revelar todos os salários para assegurar que existe um mercado de talentos legítimo ali. E essa deveria constituir a regra geral, não apenas em instituições públicas, mas em todos os lugares. As pessoas sabem mais ou menos o que todos ganham no setor público, portanto por que não tornar isso obrigatório para todos?"[1]

A Noruega e a Finlândia tornam públicas as declarações de rendimentos, observou a jornalista. Polly citou pesquisas constatando que justiça e "transparência" são mais importantes do que o valor real do salário de cada um. Assim, por que não – como dizia o título da coluna – "Abrir os registros para que possamos ver o que cada um ganha"? "Após o choque inicial", assegurou ela aos leitores, "as pessoas logo se acostumariam à ideia."

No dia em que a matéria foi publicada, um blogueiro escreveu para a colunista perguntando: "Quanto você ganha por ano?"

Ela se recusou a responder. "Uma organização precisa revelar as informações de todos."[2]

Por intermédio tanto de seu silêncio quanto de sua coluna, a jornalista do *Guardian* deu seu recado: pagamento é complicado.

Na verdade, o pagamento é um assunto tão espinhoso que não se comporta como nenhum dos 12 elementos. As empresas costumam perguntar por que a Gallup não inclui uma afirmação sobre a remuneração ao avaliar o comprometimento dos funcionários. O motivo é que, enquanto a resposta do funcionário a cada um dos 12 elementos permite prever seu desempenho futuro, a resposta à pergunta do pagamento envolve tantas complexidades psicológicas que costuma trazer mais problemas do que soluções. O pagamento é um monstro politicamente carregado, inspirador de inveja e ligado ao status. Pagar corretamente é crucial, e para começar não podemos subestimar seus riscos nem misturá-lo com outros aspectos de um local de trabalho atraente.

Num nível, isso parece ir contra nossa intuição. Se existe um aspecto do trabalho que deveria ser lógico e receptivo às fórmulas objetivas e ao consenso público, não seria a mais quantitativa das recompensas da empresa? Idealmente, a remuneração não passa do valor de mercado do trabalho de uma pessoa. Ao menos num nível superficial, o pagamento é uma questão de matemática aplicada. Se a coisa fosse tão fácil assim.

Em sua irracionalidade, o pagamento se assemelha a muitos dos 12 elementos – ideias que a princípio parecem lógicas, mas são surpreendentes e excepcionalmente complexas quando processadas pela mente humana. Mas a remuneração é bem mais complicada do que qualquer um dos 12 elementos. Uma série de verdades básicas sobre a psicologia do pagamento demonstra por que os gerentes precisam ver suas estratégias de remuneração através de uma lente emocional se quiserem motivar ao máximo os trabalhadores.

Um pagamento maior não garante mais empenho

Um supervisor poderia pensar, ao assumir uma equipe, que quanto maiores forem os salários, mais satisfeitos seus funcionários ficarão. Mas há um fundo de verdade no velho ditado: "Dinheiro não compra felicidade." Assim como não compra necessariamente o empenho.

Um dos enigmas sociológicos que se apresentaram nas últimas décadas é por que as pessoas gastam tanta energia em busca de uma renda maior e, quando a obtêm, o resultado nem sempre é o esperado. "Aumentos em nossos estoques de bens materiais não produzem praticamente nenhum ganho mensurável em nosso bem-estar psicológico ou físico. Casas maiores ou carros mais velozes, ao que parece, não nos deixam mais felizes", escreveu Robert H. Frank em seu livro *Luxury Fever: Why Money Fails to Satisfy in an Era of Excess.*[3] Cinco pesquisadores importantes, escrevendo na revista *Science*, concluíram: "A crença de que uma renda alta está associada ao bom humor é generalizada, mas, na maior parte, ilusória. As pessoas com renda acima da média estão relativamente satisfeitas com suas vidas, mas não estão muito mais contentes do que as outras nas experiências do dia a dia, tendem a ser mais tensas e não passam mais tempo em atividades particularmente agradáveis."[4]

Bons e maus funcionários tendem igualmente a achar que merecem um aumento

A maioria dos funcionários não está completamente satisfeita com seu salário.[5] Essa constatação não deveria surpreender, dado o desejo das pessoas de progresso, a facilidade com que acham coisas para comprar e a consciência de seu sacrifício pelos empregadores. Mas a verdade é que, ante uma pergunta sobre seu salário, os funcionários com pior desempenho não são muito objetivos. Tanto quanto os melhores funcionários, eles acham que deveriam receber mais. Numa empresa, quando se permitiu aos funcionários fixarem seus próprios salários, o resultado "foi um desastre: os funcionários bons fixaram salários baixos demais, e os funcionários ruins fixaram salários altos demais", escreveu o presidente da empresa.[6]

Ao fazer qualquer pergunta aos seus funcionários, as empresas geram uma expectativa de que agirão com base nos resultados, e essa expectativa pode ser frustrada se o problema não for resolvido. Se você pergunta a um amigo se ele gostaria de acompanhá-lo ao jogo de futebol, é bem possível que ele não diga apenas "sim", mas "a que horas saímos?". Se você pergunta a alguém se está satisfeito com seu salário, ele provavelmente não dirá apenas "não", mas também "quando sairá meu aumento?". Embora alguns funcionários em quase qualquer empresa "mereçam" um aumento, pedir a opinião de cada um não identifica quem deveria ganhar o reajuste, nem fornece qualquer informação útil aos líderes da empresa.

Três professores depararam com esse problema em seu estudo de 2001 do plano de uma empresa de revisar "cientificamente" seu plano de salários e incorporar feedback dos funcionários ao processo. Permanecendo para ajudar a implementar o novo sistema, os pesquisadores previram que a satisfação com o pagamento, sua estrutura e sua forma de ser ministrado aumentaria. Não foi o que aconteceu. "Nem a implementação do plano de salários, nem o grau de participação no processo exerceram um efeito nos indicadores de satisfação", escreveram. A ausência de efeito foi, segundo eles, "um tanto intrigante, dado o valor presumido do processo aberto e estruturado em aumentar a satisfação com o pagamento".[7] A suposição se mostrou equivocada.

Alguns incentivos podem ter o efeito contrário, diminuindo a motivação dos funcionários

Quando as empresas dividem os incentivos em diversas pequenas parcelas, estas exercem o oposto do efeito visado. Pagar por um pequeno ato comunica ao trabalhador: "Você normalmente não iria querer fazer isso, por isso vamos pagá-lo para que faça." Embora pela lógica devesse ser um estímulo adicional, a recompensa diminui a motivação. A mente inconscientemente interpreta como suborno o que pretendia ser um bônus. "Quando as pessoas são recompensadas por realizar uma atividade interessante, tendem a atribuir seu comportamento à recompensa, desprezando seu interesse pela atividade", escreveram os professores Edward L. Deci, Richard Koestner e Richard M. Ryan após analisarem 128 estudos de como as recompensas influenciam o comportamento.[8]

Quando se pede que crianças coletem dinheiro para caridade, aquelas mais bem recompensadas de fato coletam mais do que as com incentivo menor. Mas crianças cujo único estímulo é saber que estão praticando o bem coletam mais do que esses dois grupos.[9] Oferecendo-se um pequeno pagamento para aumentar as doações de sangue, o número de doadores que aparecerão será menor do que sem nenhuma recompensa.[10] A remuneração transformou um ato nobre de caridade numa forma penosa de ganhar uns poucos dólares, o que não valia a pena", escreveram Steven Levitt e Stephen Dubner em seu livro *Freakonomics*.[11] Na terminologia dos cientistas, as recompensas fragmentadas "desalojam" a "motivação intrínseca" à própria tarefa. Essa alegria de realizar o trabalho, independentemente do pagamento, é um dos motivos do poder dos terceiro, quarto, oitavo e décimo segundo elementos.

Comissões por vendas e pagamento por tarefa às vezes são a melhor maneira de fazer os funcionários darem conta de seu serviço. Táticas de pagamento pelo desempenho podem manter os trabalhadores de olho no objetivo, podendo até gerar mais empenho.[12] Mas quando usadas como uma estratégia geral, pagar pelo cumprimento das tarefas pode ter efeito contrário ao desejado. Gerentes que incentivam financeiramente todas as ações evidentemente produtivas não devem se surpreender se os funcionários perdem o prazer pelo serviço e evitam qualquer ação em prol da empresa sem uma recompensa em dinheiro.[13]

Dinheiro sem sentido não é recompensa suficiente

A demonstração mais dramática de que o trabalho não envolve apenas dinheiro foi uma consequência indesejada de um contrato negociado entre a General Motors e o sindicato United Auto Workers em 1984. Com os contratos prestes a serem renovados e os trabalhadores preocupados com a automação, a GM propôs um "banco de desenvolvimento de funcionários" para treinar ou recolocar os trabalhadores mais antigos do UAW que perdessem o emprego devido à tecnologia ou ao aumento da produtividade.

Nas idas e vindas das negociações, o "Banco de Empregos" acabou se tornando um gigantesco programa de garantia do emprego. Mas não garantiu a possibilidade de montar carros. "O UAW informou aos seus trabalhadores que seus empregos estavam 'mais seguros do que nunca na história'", escreveu *The Wall*

Street Journal numa matéria de primeira página de 2006 sobre o programa. "A visão do UAW, que vigora até hoje, foi que o Banco de Empregos forçaria a GM e outras montadoras a encontrar trabalho para os membros do sindicato, porque nenhuma empresa continuaria pagando pessoas para não trabalharem."[14] Mas, com a queda das vendas de Detroit, foi exatamente isso que aconteceu. Os trabalhadores das montadoras cujos serviços se tornaram dispensáveis, mas com salários garantidos pela cláusula do Banco de Empregos, puderam optar entre trabalho voluntário, treinamento para outro emprego ou simplesmente ficar sentados durante o expediente num espaço que os trabalhadores denominam "sala de borracha", um depósito sem janelas, com cadeiras e mesas para 400 empregados. Para obter o salário integral, os funcionários só tinham que chegar às 6 da manhã e permanecer ali até as 14h45, com intervalo de 45 minutos de almoço.

Mesmo com o pagamento integral de 64.500 dólares ao ano, permanecer na sala "dá vontade de bater com a cabeça na parede", contou Jerry Mellon, um dos trabalhadores do UAW, ao *The Journal*. "Eu não pude aceitar aquilo. Precisava fazer alguma coisa." Em busca de maior sentido e para escapar da sala de borracha, Mellon e muitos dos seus colegas do sindicato acabaram optando por fazer trabalho voluntário em troca do salário. Se o trabalho fosse apenas um meio para ganhar dinheiro, a sala de borracha não teria sido uma tortura tão grande. Por falhar em cada um dos 12 elementos, mesmo pagando salários integrais, o Banco de Empregos exauria seus participantes de sua vitalidade.

O pagamento tem mais a ver com status do que com as contas a pagar

Diversos estudos mostram que a satisfação de uma pessoa com seu salário é mais afetada por quanto ela ganha a mais que os outros do que pela remuneração absoluta. Supondo que o poder de compra do real seja o mesmo nestas duas situações, qual delas você prefere? (A) Sua renda anual é de 50 mil reais, enquanto os outros ganham 25 mil ou (B) Sua renda anual é de 100 mil reais, enquanto os outros ganham 200 mil? Se tivessem essa opção, metade das pessoas escolheria um salário absoluto menor que as coloque à frente dos outros.[15]

A colunista Polly argumentou que revelar o salário de todos levaria a maior igualdade, "confiança e argamassa social". Vários dados indicam o contrário. As empresas de capital aberto nos Estados Unidos já são obrigadas a revelar a remuneração de seus presidentes e dos quatro outros executivos com os salários mais altos.[16] Pode ser que a remuneração dos executivos tenha disparado não a despeito da revelação, mas por causa dela, à medida que os líderes empresariais lutaram para ficar na frente nas listas publicadas das maiores remunerações. Se o objetivo das revelações é restringir o pagamento dos executivos, "o que vimos até agora não é nada promissor", escreveu o colunista Floyd Norris no *The New York Times*. "O aumento dos salários dos executivos começou depois que se exigiu que fossem divulgados e os chefes puderam ver o que os outros estavam ganhando. Seu padrão de comparação mudou do que os colegas na empresa ganhavam para o que outros chefes ganhavam. E cada um deles se considerava acima da média."[17]

A Whole Foods Market apregoa que limita a remuneração de seu presidente a 14 vezes o pagamento médio dos trabalhadores. Em 2005, John Mackey recebeu salário e bônus em dinheiro de 436 mil dólares, pouco menos de 14 vezes o salário médio dos trabalhadores de 32 mil dólares. Entretanto, segundo informou a revista *Forbes*, a cobertura favorável da imprensa de negócios do pagamento limitado "omitiu um fato: as opções de compras de ações". Mackey "ganhou 1,8 milhão de dólares exercendo opções de compra de ações e recebeu mais 460 mil dólares porque um erro da empresa permitiu que opções de compras de ações expirassem sem serem exercidas. O total geral: 2,7 milhões de dólares. Outros 4,4 milhões de dólares em opções poderão ser exercidos quando ele quiser."[18]

Embora as pessoas gostem de pensar que estão acima disso, o status ainda é um dos princípios organizadores mais importantes em qualquer cultura. "Num estudo da Universidade de Stanford, grupos de calouros do sexo masculino colocados numa sala para resolver um problema precisaram de menos de 15 minutos para se organizarem em hierarquias", escreveu Richard Conniff em *O gorila no escritório*. "O apetite por posição e status é tão intenso que pelo visto recriamos as hierarquias altamente codificadas das brincadeiras de criança pelo resto da vida. Vivemos obcecados com quem conseguiu o melhor escritório, o maior orçamento, o celular mais moderno, e outras distinções minuciosamente graduadas do local de trabalho."[19] E, é claro, quem ganha mais.

Essa verdade talvez tenha sido mais bem expressa numa tira do *Dilbert* de 2005, em que Wally negocia seu salário com o chefe. Wally afirma: "As pesquisas provaram que a felicidade não está relacionada ao nível de riqueza absoluto da pessoa. O que importa é sua riqueza comparada com a dos outros. Portanto", ele pede ao chefe, enquanto aponta para Dilbert, "se eu fizer um bom serviço, você poderia reduzir o salário dele?"[20]

Comparações entre os salários dos funcionários desencadeiam emoções intensas

As pessoas ficam fascinadas pelo que os outros ganham. Como poucos outros atributos, o salário permite a hierarquização dos indivíduos, uma exibição sem retoques da posição de cada um na hierarquia. Listas dos ganhadores de dinheiro, seja uma compilação da *Forbes* das pessoas mais ricas do mundo ou uma lista do jornal local do pagamento dos presidentes das empresas no mercado, sempre aparecem com destaque na capa ou primeira página.

Uma vez por ano, a revista *Parade*, o suplemento dominical de muitos jornais americanos, publica uma matéria especial intitulada: "Quanto as pessoas ganham". Exibe uma amostragem dos salários – dos astros e líderes políticos aos trabalhadores comuns –, um pequeno voyeurismo financeiro de dados que não perguntamos às pessoas por serem considerados delicados ou tabu. Uma das atrações da versão da *Parade* é que, ao encontrar os salários das pessoas comuns, o leitor consegue ver quem ganha mais ou menos que ele. É uma das matérias mais populares da revista.[21]

Quando as comparações estão mais perto de casa, essas listas mudam de uma leitura fascinante para informações potencialmente explosivas. *The Wall Street Journal* contou a história de uma mulher que encontrou na copiadora do escritório um documento contendo as avaliações de desempenho, salário-base, aumentos e bônus de 80 de seus colegas. Ela ficou "indignada porque um notório incompetente vinha ganhando por ano 65 mil dólares a mais do que colegas mais competentes, enquanto alguns recém-contratados estavam ganhando quase 200 mil a mais do que seus colegas mais experientes", dizia a matéria. "A descoberta fez com que ela questionasse por que vinha trabalhando nos fins de semana por menos do que outros colegas. 'Simplesmente não aturei aquela injustiça', ela diz. Três meses depois, saiu da empresa."[22]

A vigilância contra a injustiça faz parte do nono elemento: colegas comprometidos em realizar um trabalho de qualidade. Algo na maneira como os seres humanos estão programados faz com que se aborreçam demais ao ver alguém recebendo recompensas desproporcionais por um esforço medíocre. A maioria das pessoas é organicamente incapaz de seguir o conselho "cuide de sua vida" e sente necessidade de comparar sua relação trabalho/recompensa com a dos colegas. Uma sensação de justiça ou "aversão à desigualdade" constitui uma das emoções mais básicas e comuns dos seres humanos e animais primatas.[23] Logo após aprenderem a falar, as crianças adquirem a capacidade de reclamar das desigualdades. "Isto não é justo!" é uma de suas primeiras frases. Até os macacos distribuem recompensas proporcionais à quantidade de trabalho exigida de cada colega.[24]

Muitos gerentes responsáveis pela remuneração descobriram na prática que a elegância lógica de um plano de salários novo não impedirá que o povo ataque o castelo com tochas e forcados.

Na maioria dos países e das empresas, as pessoas consideram seu pagamento um assunto particular

Assim como fica fascinada pela hierarquia das remunerações, e talvez devido às emoções por trás desse fascínio, a maioria das pessoas faz segredo de seu salário. Os níveis relativos de remuneração costumam ser um tema delicado mesmo entre casais em que ambos trabalham fora. "O dinheiro é um grande tabu. As pessoas são mais propensas a revelar um segredo íntimo de sua vida sexual do que a perguntar a alguém quanto ganha", escreveu Polly em sua coluna antes de se recusar a revelar sua própria renda anual. Não é incomum as empresas proibirem, sob pena de demissão, a discussão do próprio salário com os colegas.

Os motivos desses problemas são numerosos. Para quem ganha relativamente pouco, a divulgação do salário é humilhante. Para quem ganha uma fortuna, revelar o pagamento provoca desafios – "Quanto é mesmo que você está pagando para ele?!" – que requerem justificativas, perturbando a realização do trabalho. Divulgar o salário das pessoas tende a despertar discussões improdutivas, lutas pelo poder e desencanto, por mais racional que seja a fórmula para chegar a tais valores. Assim como a natureza humana predispõe as pessoas à cooperação, o instinto também estimula o ciúme, o despeito e a depreciação das realizações dos outros, tornando voláteis as comparações salariais. Como os personagens principais do filme *Uma questão de honra*, uma parte do funcionário diz "Quero a verdade" sobre o salário de seus colegas, enquanto outra parte de sua natureza "não consegue aceitar essa verdade".

Embora o salário não deva ser divulgado, os critérios de remuneração devem

Enquanto o salário individual deve ser mantido em sigilo, o conhecimento geral dos critérios salariais aceitos contribui para a sensação de justiça. Os trabalhadores precisam saber, conforme constatou um estudo, "como as metas do plano de salários são estabelecidas, as próprias metas do plano, como essas metas são avaliadas e como os pagamentos são decididos".[25] Somente com base no entendimento amplo dessas informações o grupo de trabalho pode acreditar no que os cientistas sociais denominam "justiça distributiva e processual" do sistema. Sem isso, a organização está exposta a percepções de favoritismo, oportunismo ou discriminação.

Um estudo de caso hipotético da *Harvard Business Review* lista várias disparidades que podem brotar com o tempo: funcionários recém-contratados com salários mais altos que os dos veteranos, diferenças salariais significativas entre departamentos e os salários mais altos que os negociadores melhores obtêm em comparação com os que agitam menos, para citar algumas. No divertido estudo de caso, um funcionário que conhece o sistema de informática da empresa decide chamar a atenção para seu departamento mandando por e-mail para toda a empresa o arquivo de salários, causando um mal-estar previsível.[26]

A questão para os tomadores de decisões é o grau de tumulto causado se os pagamentos fossem divulgados. Se as empresas pudessem assegurar que a maioria dos funcionários conhece bem as regras de cálculo salarial, não se surpreenderiam muito se essa informação vazasse.

A remuneração funciona conjuntamente com cada um dos 12 elementos

Embora a Gallup não costume perguntar sobre o salário nas entrevistas com os funcionários, com frequência inclui uma pergunta sobre remuneração em pesquisas da população em geral, em que as chances de obter uma resposta mais franca são aumentadas pelo fato de a pesquisa não ser encomendada pelo empregador. Mesmo induzidos a não pensar de forma egoísta, já que a pergunta é antecedida pela ressalva "do meu ponto de vista mais objetivo", poucos entrevistados concordam fortemente com a afirmação: "Sou apropriadamente pago pelo serviço que faço." Entretanto, entre as respostas nada exuberantes, as percepções do pagamento são fortemente matizadas pelos 12 elementos. Um funcionário empenhado está mais satisfeito com seu salário do que um trabalhador desmotivado que recebe a mesma coisa.

O poder do dinheiro é limitado por si mesmo. Ele só funciona combinado com todos os motivadores não financeiros do empenho dos funcionários. "Qualquer organização que se julgue capaz de resolver os problemas da atração, retenção e motivação apenas por meio do sistema de remuneração provavelmente não está dedicando tempo e esforço suficientes ao ambiente de trabalho – à definição de seus cargos, à criação de sua cultura e à transformação do trabalho em algo divertido e significativo", escreveu o professor de negócios de Stanford Jeffrey Pfeffer na *Harvard Business Review*.[27]

Outros sinais de que o dinheiro não é tudo na vida profissional vem do trabalho dos professores Leaf van Boven e Thomas Gilovich, que projetaram duas pesquisas e um experimento de laboratório para descobrir o que traz mais felicidade: se as experiências de vida ou as posses do indivíduo. As experiências ganharam. Em todos os três questionários, os entrevistados foram mais positivos em relação ao que faziam do que ao que possuíam.

"A aplicação arbitrária da renda para a aquisição de experiências de vida promove mais a felicidade do que a aquisição de bens materiais", escreveram. "A 'boa vida', em outras palavras, tem mais a ver com fazer coisas do que com possuir coisas."[28] Se gastar dinheiro em experiências fora do trabalho deixa alguém mais feliz do que usar o mesmo dinheiro para acumular bens, não faria sentido abrir mão de parte da renda em prol de um trabalho estimulante, em vez de manter um emprego ruim só para ganhar mais?

Todos os indícios concordam que a remuneração real de um funcionário se compõe de salário, benefícios e – igualmente importante – das numerosas recompensas psicológicas de um trabalho estimulante.

A maioria dos funcionários que se sentem generosamente remunerados retribui o gesto

Uma verdade ressurge nos diferentes tópicos abordados neste livro: a conduta humana geralmente não está de acordo com os pressupostos lógicos ou matemáticos por trás de muitas estratégias de pessoal. Isso certamente se aplica à questão do salário de um funcionário.

O ponto de vista tradicional é de que uma empresa deve pagar o mínimo possível para assegurar os serviços de alguém, seja um pouquinho mais do que um concorrente pagaria ou a menor quantia aceita pelo trabalhador em suas negociações salariais. O outro lado da moeda, muitas vezes ignorado, é que, de acordo com essa estratégia, o funcionário fará o mínimo necessário para receber seu salário e bônus. A empresa deseja o máximo de trabalho pelo pagamento mínimo, enquanto o funcionário deseja exatamente o inverso. Entre essas duas forças concorrentes, o salário é fixado, proporcionando a ambas as partes um denominador comum tolerável e antagônico.

Mas algo curioso acontece em experimentos em que uma pessoa oferece um salário e outra pessoa decide qual nível de esforço fornecerá em troca. Se o "empregador" oferece um salário acima do mercado, o "funcionário" geralmente retribui com mais esforço, ainda que pudesse se dar bem trabalhando menos. "Isso sugere que, em geral, as pessoas estão dispostas a fazer um esforço extra acima do que implicam os fatores puramente pecuniários", escreveram os pesquisadores Ernst Fehr e Simon Gächter.[29] Com funcionários conscienciosos e empenhados, a generosidade do pagamento gera uma generosidade de esforço.

Embora o dinheiro em si não compre o empenho, parece que uma percepção do funcionário de que a empresa está zelando por seu interesse financeiro leva a uma reciprocidade produtiva. Mais do que apenas o dinheiro, o pensamento conta. As pesquisas apontam para uma opção que os executivos precisam fazer. Eles querem uma força de trabalho que pense "Tenho que lutar por cada real extra que eles relutantemente me pagam?" ou uma que sinta que "Se eu cuidar de minha empresa, ela cuidará de mim"?[30] Perguntas simples revelam a opção de uma empresa. Se um funcionário talentoso faz algo extraordinário ou se destaca constantemente, será seu gerente ou o próprio funcionário quem iniciará a discussão de um aumento? A empresa gasta mais para atrair profissionais de fora do que para cultivar seus próprios funcionários? A empresa só percebe que seus talentos são mal remunerados depois que um concorrente os atrai?

Em questões de pagamento, como nos 12 elementos, o que os funcionários fazem com entusiasmo pela empresa depende fortemente do que a empresa faz de bom grado por eles.

Do que grandes gerentes precisam

Muitas vezes nos perguntam qual o segredo do desempenho dos grandes gerentes.

Em parte, puro talento – uma capacidade natural de discernir a atitude mental de um funcionário, um otimismo persistente, ou um tino estratégico difícil de imitar. Em parte, uma missão pessoal profundamente arraigada de tornar o mundo um lugar melhor.

Mas também é preciso que o supervisor da linha de frente tenha a mesma experiência com os 12 elementos que seus subordinados têm. Uma das necessidades mais fundamentais de um grande gerente é... um grande gerente.

Por mais óbvia que essa afirmação pareça, uma corrente de pensamento subjacente a muitas organizações acredita que reconhecimento e elogio, um mentor, expectativas claras e os outros elementos da gestão de excelência são necessários apenas para a linha de frente. Os melhores gerentes, segundo essa corrente de pensamento, são mais autoconscientes e autocontidos, impermeáveis a tais forças e capazes de manter um rumo estável sem grande consideração pelas circunstâncias.

Os indícios apontam o contrário. O empenho dos gerentes oscila tanto quanto de o qualquer outra pessoa. Além disso, o nível de empenho de um gerente está fortemente correlacionado às atitudes de sua equipe. Ninguém é uma ilha.

Fomos lembrados desse fato, de forma pungente, pela transcrição de uma entrevista com um gerente de alto desempenho identificado pelo banco de dados. Seu próprio supervisor, por quem nutria grande estima, deixou a empresa. Ele não sabia o que esperar do supervisor novo. Sentia que não dispunha mais dos recursos necessários.

Por mais que tentasse proteger sua equipe dos problemas com que lutava, o grupo sentia-se cada vez mais inseguro. Alguns o culpavam, chegando a questionar sua honestidade. Forças maiores, lutando pelo controle das diferentes divisões da empresa, ignoravam o efeito sobre os grupos de trabalho lá embaixo. "Em sua luta pelo poder, estamos sendo prejudicados", afirmou o gerente. A história pode soar familiar, afinal, essa é uma situação comum.

Os relatos e, mais importantes, as análises do desempenho dos gerentes destacam que uma das melhores coisas que um alto executivo pode fazer para motivar todo o corpo de funcionários da empresa é primeiro se preocupar com os supervisores. O gerente, para dar conta do recado, deve primeiro receber aquilo de que precisa como funcionário.

NOTA FINAL

O segredo da gestão de excelência

"Nosso pessoal é nosso maior ativo."

Essa é a frase mais estranha nos negócios atualmente. Ninguém sabe quem a disse primeiro, mas se mostrou tão contagiosa que quase todo presidente de empresa a repete em algum momento. É um sentimento bonito de colocar num discurso. É reconfortante. Faz o executivo parecer mais humano.

Mas a afirmação tornou-se uma piada. Poucas empresas dispõem do tipo de executivo ou cultura que respalde a declaração, embora todos os indícios mostrem que ela é verdadeira. Ouvindo essa frase de um líder que não estava pessoalmente convicto da afirmação, um gerente de nível médio voltou-se para seu amigo e comentou que ela lembrava a história duvidosa do locutor de um programa infantil de rádio que, terminada a transmissão, e sem perceber que os microfones ainda estavam ligados, disse: "Isso deve acalmar aqueles pestinhas!"

O mesmo distanciamento manifestou-se há alguns anos na apresentação dos resultados dos 12 elementos aos executivos de uma financeira incluída entre as 500 maiores empresas na lista da revista *Fortune*.

– Cuidado com o presidente – um colega alertou o apresentador. – Ele vai querer se vingar de você.

A apresentação transcorreu sem incidentes até chegar a um slide realçando a enorme diferença dos níveis de empenho dentro da empresa.

– Vocês têm ao mesmo tempo alguns dos grupos de trabalho mais e menos empenhados de todo o banco de dados da Gallup – declarou o apresentador.

Diante daquilo, o presidente da empresa reagiu:

– Isso não quer dizer nada! – protestou. – Ter alguns dos melhores e alguns dos piores deve acontecer em quase todas as empresas do mundo.

Ele estava certo. Não é incomum que a equipe menos empenhada de uma grande empresa esteja no segundo ou terceiro percentil, com pontuações entre as piores do mundo. Nem é incomum que a equipe mais dedicada de uma grande organização esteja acima 99% das equipes cadastradas no banco de dados mundial.

O apresentador concordou com a afirmação, mas contra-argumentou:

– Você está absolutamente certo. Isso acontece o tempo todo. Mas se eu viesse aqui e dissesse que você tem alguns dos grupos mais lucrativos que já vi e alguns dos que geram mais prejuízo, você acharia que isso não quer dizer nada só porque também acontece em outras empresas?

– Entendi – admitiu o presidente.

De algum modo, esse fato passa despercebido para muitos executivos. O título de gerente costuma ser concedido como recompensa pelo tempo de casa e boas relações, por um desempenho sólido que não demonstra nenhuma capacidade específica de lidar com pessoas, ou como o único caminho de progresso numa empresa que não sabe criar cargos não gerenciais altamente valorizados. Empresas que jamais deixariam que alguém sem formação em contabilidade administrasse suas finanças, que um inimigo da tecnologia gerenciasse o departamento de TI ou que um trapalhão supervisionasse a segurança rotineiramente permitem que profissionais antipáticos, falsos ou arrogantes assumam a direção de uma equipe dos ostensivamente maiores ativos de uma empresa.

Num seminário organizado pela Gallup para um banco regional, os gerentes de nível médio participantes tiveram que redigir um discurso para um grupo hipotético de estudantes destacados, enaltecendo as virtudes da empresa na esperança de atraí-los. Os discursos estiveram dentro do esperado: linguagem estereotipada sobre a importância da empresa, as chances de progresso e o pacote generoso de benefícios. Depois que os gerentes proferiram seus discursos aos colegas de seminário, foram desafiados com uma possível pergunta de um daqueles estudantes: "Se eu ingressar no seu banco, você garante que terei um bom gerente?" O silêncio pairou sobre a sala. Todos se olharam boquiabertos. Apesar dos discursos grandiloquentes, aqueles líderes tiveram de admitir que não podiam garantir tal benefício básico aos novos contratados.

Pergunte casualmente "Quem vem fraudando a empresa?" num evento e você receberá olhares intrigados. "Pelo que eu saiba, ninguém", responderão. Pergunte "Quem nessa empresa é um péssimo gerente?", e os relatos começarão a aparecer. Assim como as pessoas admitem não saberem matemática mais facilmente do que admitem o analfabetismo, as empresas toleram a incompetência interpessoal quando jamais admitiriam fraudes. Entretanto, exceto uns poucos exemplos que chegam às manchetes dos jornais de golpes de alto nível, as empresas perdem muito mais devido à desmotivação dos funcionários do que por roubo.

Essa negligência relativa é o motivo pelo qual, embora as empresas que procuram cultivar o empenho dos funcionários vejam grandes progressos, a tendência geral da qualidade da experiência de trabalho é desanimadora. A proporção de trabalhadores empenhados nos Estados Unidos oscilou de 26% em 2000 para 31% em 2002 e 28% em 2005.[1] Os níveis de empenho parecem mudar substancialmente não com oscilações macroeconômicas, mas somente mediante gerentes melhores – e a qualidade agregada dos gerentes não vem melhorando. O mesmo pode-se dizer de outros países que a Gallup vem pesquisando aleatoriamente ao longo dos anos. Os resultados nacionais e globais indicam que o empenho dos funcionários vem sendo destruído em certos lugares com a mesma rapidez com que cresce em outros. Trata-se de um verdadeiro ponto cego no mundo corporativo, uma situação rara em que, ignorando-se as considerações morais, os executivos nem sequer estão sendo muito bons em ser egoístas. A falha em tornar o trabalho mais estimulante faz com que a indústria deixe de ganhar muito dinheiro. O custo da produtividade perdida devido à desmotivação, expresso em termos conservadores, é de 300 bilhões de dólares nos Estados Unidos, 90 bilhões de euros na Alemanha e, em Cingapura, 3 bilhões de dólares cingapurianos. As estimativas são altas para todos os países estudados pela Gallup.

Apesar da tendência agregada desanimadora, as mudanças no nível das empresas costumam ser substanciais e duradouras. Nas organizações de capital aberto citadas na introdução deste livro que alcançaram o quartil superior no banco de dados da Gallup e cujo lucro por ação aumentou substancialmente, foi comum testemunhar mudanças profundas no empenho ao longo do tempo. Muitas dessas organizações começaram com menos de um quarto de seus grupos de trabalho no quartil superior. Após cinco anos atribuindo aos gerentes a responsabilidade pelos 12 elementos, não foi raro encontrar 60% ou mais de suas equipes no quartil superior. Num espaço de apenas poucos anos, a porcentagem de funcionários empenhados dobrara como resultado dos esforços sinceros dos gerentes.

Pergunte aos melhores líderes como se destacam nessas dimensões e você obterá relatos como as dezenas contadas nos capítulos anteriores. Mas pergunte por que agem assim, o que os motiva, e as respostas serão basicamente não financeiras para a sucessão de eventos essencialmente rentáveis.

"Eu os adoro até debaixo d'água", revelou um supervisor. "Sinceramente, do fundo do meu coração, não tem ninguém na minha equipe de quem eu não goste. Sinto que, se tivesse que ir à guerra por eles, iria, e ficarei do lado deles a qualquer hora, por qualquer motivo."

"As pessoas são mais importantes do que fatos e números", disse Philippe Lescornez, o gerente apresentado no capítulo sobre o décimo primeiro elemento. "As pessoas são muito importantes para minha felicidade; eu não conseguiria ser feliz sozinho."

"Eles são como minha família", declarou outro gerente. "Quero que estejam tão contentes trabalhando aqui como eu. Adoro meu emprego e trabalho aqui há 17 anos. Sempre quis ser gerente de loja. E quero que eles venham trabalhar sempre felizes."

Em nossos estudos de centenas de milhares de gerentes e equipes de trabalho em todo o mundo, fica bem claro que os grandes gerentes têm uma noção instintiva de que estão contribuindo para mais do que apenas lucros. Eles alcançam uma rentabilidade sustentada porque se ligam a algo além do lucro. Eles veem o resultado de seu trabalho na vida de cada pessoa que gerenciam.

O seu impacto transcende os meros negócios. Para muitos, é uma questão quase espiritual, não importa sua religião. Sua motivação brota de crenças profundas sobre sua responsabilidade para com aqueles à sua volta. Quer acreditem que seja a Providência ou o puro acaso que os coloca no mesmo escritório ou fábrica que sua equipe, esses gerentes entendem visceralmente a verdade científica de que o que farão exercerá um efeito amplo – talvez um efeito para toda a vida – sobre seus colegas. Eles percebem, dada a porcentagem de tempo que suas equipes passam no trabalho, quanta influência possuem, não apenas sobre a "vida profissional" de seu pessoal, mas sobre sua vida inteira.

A maioria dirá que a gerência é uma responsabilidade solene, algo que dá uma tremenda satisfação, mas que também pesa na consciência deles porque levam aquilo muito a sério. Segundo eles, gerenciar envolve não apenas as responsabilidades fiduciárias de proteger o dinheiro de outras pessoas e se esforçar por um bom retorno, mas também uma espécie de liderança sobre as vidas de outras pessoas. Os funcionários dizem que os dois lados da moeda, o pessoal e o profissional, dependem de um gerente capaz de dar orientação, apoio, proteção e recursos que os motivem a retribuir com seus melhores esforços.

"Trata-se das vidas das pessoas. Tenho uma obrigação", afirmou Pete Wamsteeker, apresentado no capítulo sobre o sexto elemento. "Não posso cometer erros. Tenho realmente uma obrigação de acertar, e vou dedicar tempo a isso."

Aí está o grande paradoxo. Os gerentes que conseguem obter o máximo das pessoas são aqueles que lhes proporcionam mais em troca. Os que obtêm os melhores desempenhos financeiros partem de motivações menos pecuniárias. Eles se esforçam a favor de seu pessoal e acabam se saindo bem.

É esse o segredo da gestão de excelência.

Notas

INTRODUÇÃO: **O valor do comprometimento dos funcionários**

1 Peters, T. (Março de 2001). "Leadership is as confusing as hell" [versão eletrônica]. *Fast Company*, 44, pp. 124-141.

2 Kent, S. (6 de setembro de 2005). Manager's journal: "Happy workers are the best workers." *The Wall Street Journal*, A20.

3 Esses números se baseiam na meta-análise da Gallup de dados dos 12 elementos e dos dados de absenteísmo correspondentes de todas as empresas clientes que forneceram tais registros.

4 Os cientistas da Gallup compararam unidades de negócios do quartil superior com unidades do quartil inferior. Harter, J. K., Schmidt, F. L., Killham, E. A. & Asplund, J. W. (2006). *Q[12] meta-analysis*. Omaha, Nebraska: Gallup, Inc.

5 *Ibid.*

6 Além de nossa própria pesquisa e análise dos custos da alta rotatividade para as organizações com que trabalhamos, examinamos a literatura sobre estimativas de custos de rotatividade, incluindo estudos publicados pela American Management Association, o Departamento do Trabalho dos Estados Unidos, Corporate Executive Board, Aetna, Nobscot Corporation e The Jack Phillips Center for Research.

7 Harter, J. K., Schmidt, F. L., Killham, E. A. & Asplund, J. W. (2006). *Q[12] meta-analysis*. Omaha, Nebraska: Gallup, Inc.

8 *Ibid.*

9 *Ibid.*

10 *Ibid.*

11 Os cientistas da Gallup conduziram um extenso estudo das tendências de lucro por ação das organizações de seu banco de dados. Eles coletaram respostas aos 12 elementos, lucros por ação e dados sobre concorrentes de 36 organizações. Foram pesquisados 565.185 funcionários, e dados de lucro por ação (LPA)

foram coletados de 263 concorrentes (7,3 por organização). Os pesquisadores compararam os níveis de comprometimento de organizações de capital aberto para as quais conduziram pesquisas sobre esse assunto (índice de respostas médio de 83%). Dezoito organizações do quartil superior registraram uma média de quatro funcionários empenhados para cada um desmotivado (a proporção dobrou de 2001 para 2004). Seu LPA médio foi 2,4% superior ao da concorrência no período de 2001 a 2003 e subiu para 18% em 2004 a 2005. As organizações abaixo da média possuíam um funcionário empenhado para cada funcionário desmotivado. Seu LPA médio foi 2,9% inferior ao da concorrência em 2001-2003 e melhorou para 3,1% superior à concorrência em 2004-2005 (as empresas desse grupo também procuraram aumentar o comprometimento de seus funcionários). Em relação à concorrência, tendência de crescimento das organizações classificadas no quartil superior foi 2,6 maior do que das organizações abaixo da média.

O PRIMEIRO ELEMENTO: **Saber o que se espera**

1 Smith, A. (1994). *A riqueza das nações.* Rio de Janeiro: Jorge Zahar, 2008.

2 Pede-se aos funcionários que avaliem a si mesmos numa escala de um a cinco, na qual um é "discordo fortemente" e cinco é "concordo fortemente".

3 Hatch, M. J. (1999, Winter). "Exploring the empty spaces of organizing: How improvisational jazz helps redescribe organizational structure." *Organization Studies, 20* (1), pp. 75-100.

4 *Carrier at war* [programa de televisão]. (26 de janeiro de 2002). Atlanta, Geórgia: Cable News Network.

5 Rossiter, M. (produtor). (7 de janeiro de 1997). *Aircraft carrier* [programa de televisão]. Boston: WGBH.

6 Rochlin, G. I., La Porte, T. R. e Roberts, K. H. (1987). "The self-designing high-reliability organization: Aircraft carrier flight operations at sea." *Naval War College Review 40* (4), pp. 76-90.

7 Frantom, T. (junho de 2005). "Earning yellow". *All hands.* Acessado em 15 de maio de 2006 em www.news.navy.mil/media/allhands/flash/ah200506/feature_2/

8 Roberts, K. H., Rousseau, D. M. & La Porte, T. R. "The culture of high-reliability: Quantitative and qualitative assessment aboard nuclear powered aircraft. Carriers". *The Journal of High Technology Management Research, 5* (1), pp. 141-161.

9 Marinha dos Estados Unidos. (s.d.) *Rainbow wardrobe: A guide to the color-coded jerseys on an aircraft carrier.* Acessado em 20 de maio de 2006 em http://www.navy.mil/palib/ships/carriers/rainbow.html

10 Frantom, T. (junho de 2005). "Earning yellow". *All hands.* Acessado em 15 de maio de 2006 em www.news.navy.mil/media/allhands/flash/ah200506/feature_2/

11 Pool, R. (julho de 1997). "When failure is not an option" [versão eletrônica]. *Technology Review, 100* (5), pp. 38-45.

12 O termo "esporte de química" é de Joe Soucheray, colunista do *Pioneer Press* de St. Paul, Minnesota, e comentarista da estação de rádio KSTP-AM.

13 Berman, S. L., Down, J. & Hill, C. W. L. (2002). "Tacit knowledge as a source of competitive advantage in the National Basketball Association". *Academy of Management Journal, 45* (1), pp. 13-31.

14 *Ibid.*

15 Huckman, R. S. & Pisano, G. P. (abril de 2006). "The firm specificity of individual performance: Evidence from cardiac surgery". *Management Science, 52* (4), pp. 473-488.

16 *Ibid.*

17 *Ibid.*

18 Análises conduzidas em 152 hospitais relatando as estatísticas de mortalidade e complicações no banco de dados de comprometimento dos funcionários da Gallup. O comprometimento de 2002 foi comparado com as estatísticas de mortalidade e complicações de 2003. Os índices de mortalidade e complicações foram calculados como uma razão entre as taxas esperada e real (com base no tipo de doença e risco) para cada hospital.

O SEGUNDO ELEMENTO: **Materiais e equipamentos**

1 Muschamp, H. (16 de outubro de 1994). "It's a mad mad mad ad world". *The New York Times*, Seção 6, p. 64.

2. *Ibid.*

3 Malmo, J. (5 de março de 1995). "Ad man reinvents the office: No desks". *The (Memphis) Commercial Appeal*, p. 2C.

4 Ver nota 1.

5 Berger, W. (fevereiro de 1999). "Lost in space". *Wired*, 7 (2), pp. 76-81.

6 *Ibid.*

7 *Ibid.*

8 Além de ter um espaço pessoal, poder "personalizar tal espaço para torná-lo seu" justificou as diferenças no comprometimento. Uma pesquisa sobre locais de trabalho da Gallup, baseada em entrevistas telefônicas com uma amostragem nacionalmente representativa de 1.002 adultos empregados, a partir de 18 anos, conduzidas em outubro de 2005. *Para os resultados baseados na amostragem total de adultos empregados, pode-se dizer com 95% de segurança que a margem de erro máxima da amostragem e outros efeitos aleatórios é de ±3 pontos percentuais.*

Ver também Krueger, J. & Killham, E. (março de 2006). "Why Dilbert is right: Uncomfortable work environments make for disgruntled employees – just like the cartoon says". *Gallup Management Journal.* Acessado em 20 de julho de 2006 em http://gmj.gallup.com/content/default.aspx?ci=21802&pg=1

9 Pinker, S. *Como a mente funciona.* São Paulo: Companhia das Letras, 1977.

10 *Ibid.*

11 Carr, C. (3 de agosto de 2003). "Cue the stapler!" [Versão eletrônica]. *Time, 162*(6), p. A12. Acessado em 25 de maio de 2006 em www.time.com/time/insidebiz/article/0,9171,1101030811-472856,00.html

12 Resenhas em destaque: "Office Space – special edition with flair" (edição widescreen) (1999). Acessado em 26 de maio de 2006 em http://www.amazon.com/gp/product/B000AP04L0/102-3514557-8664915?v=glance&n=130&n=507846&s=dvd&v=glance

13 Schlotz, W., Hellhammer, J., Schulz, P. & Stone, A. A. (março/abril de 2004). "Perceived work overload and chronic worrying predict weekend-weekday differences in the cortisol awakening response". *Psychosomatic Medicine 66* (2), pp. 207-214.

14 Pratt, M. G. & Ashforth, B. E. "Fostering meaningfulness in working and at work". Em K. S. Cameron, J. E. Dutton & R. E. Quinn (orgs.), *Positive organizational scholarship* (pp. 309-327). São Francisco: Berrett-Koehler, 2003.

15 Extraído das pesquisas da Gallup sobre Locais de Trabalho nos Estados Unidos (outubro de 2005, n=1.002), Brasil (dezembro de 2004, n=1.000), Canadá (dezembro de 2004, n=1.006) e Japão (fevereiro de 2005, n=1.000). A Gallup obteve amostragens aleatórias da população ativa em cada país para trabalhadores com 18 anos ou mais. Perguntou-se aos entrevistados se a tensão no trabalho fez com que se comportassem mal com os amigos ou a família três ou mais vezes nos últimos 30 dias.

16 Baseado na análise do International Employee Engagement Database da Gallup de 4,8 milhões de trabalhadores de 2003 a 2005.

17 Do Employee Engagement Business Impact Database da Gallup. A diferença de porcentagem varia por organização, dependendo de seu nível básico de rotatividade. Baseado na análise de pontuações no segundo elemento e rotatividade através das organizações no banco de dados da Gallup.

O TERCEIRO ELEMENTO: **Oportunidade de fazer o seu melhor**

1 Slate, J. H. (27 de dezembro de 2004). "Tree power". *The Llewellyn Journal.* Acessado em 30 de maio de 2006 em http://www.llewellynjournal.com/article/748

2 Christopher, J. Y. Swept away. Em *Yanni: Live at the Acropolis* [CD]. Los Angeles: Private Music, 1994.

3 Pinker, S. (2002) *Tábula rasa: A negação contemporânea da natureza humana.* São Paulo: Companhia das Letras, 2004.

4 Vonnegut, K. "Harrison Bergeron". Em *Welcome to the monkey house.* Nova York: Delta, 1998.

5 National Basketball Association. (s.d.). *2004-2005 NBA player survey results.* Acessado em 31 de maio de 2006 em http://www.nba.com/news/survey_height_2004.html

6 United States Department of Health and Human Services. (27 de outubro de 2004). *Mean body weight, height, and body mass index, United States 1960-2002* (Advanced data from vital and health statistics No. 347).

7 Witelson, S. F., Kigar, D. L. & Harvey, T. (19 de junho de 1999). "The exceptional brain of Albert Einstein". *The Lancet, 353* (9170) pp. 2.149-2.153.

8 Ver nota 1.

9 Segal, N. L. (setembro/outubro de 1999). "New twin studies show ... the career of your dreams may be the career of your genes". *Psychology Today, 32* (5), pp. 54-58, 69-70. Ver também: Bouchard, T. J. Jr., Lykken, D. T., McGue, M., Segal, N. L. & Tellegen, A. (12 de outubro de 1990). "Sources of human psychological differences: the Minnesota study of twins reared apart", *Science, 250* (4978), pp. 223-228 e Bouchard, T. J., Jr. (1997). "Genetic influence on mental abilities personality, vocational interests, and work attitudes". *International Review of Industrial and Organizational Psychology, 12,* pp. 373-395.

10 Ver nota 1.

11 Baseado em centenas de estudos de dezenas de milhares de funcionários. Ver: Schmidt, F. L. & Hunter, J. E. (1998). "The validity and utility of selection methods in personnel psychology: Practical and theoretical implications of 85 years of research findings". *Psychological Bulletin, 124* (2), pp. 262-274.

Schmidt, F. L. & Rader, M. (1999). "Exploring the boundary conditions for interview validity: Mata-analytic validity findings for a new interview type". *Personnel Psychology, 52,* pp. 445-464.

McDaniel, M. A., Whetzel, D. L., Schmidt, F. L. & Maurer, S. D. (agosto de 1994). "The validity of employment interviews: A comprehensive review and meta-analysis". *Journal of Applied Psychology, 79* (4), pp. 599-616.

Harter, J. K., Hayes, T. L. & Schmidt, F. L. (2004). *Meta-analytic predictive validity of Gallup Selection Research Instruments.* Omaha, Nebraska: Gallup, Inc.

12 Pesquisa de Locais de Trabalho da Gallup, baseada em entrevistas com 1.003 trabalhadores, a partir de 18 anos, conduzidas em outubro de 2003. Baseado em perguntas sobre uma subamostragem de funcionários que tomam decisões de contratação. Para os resultados baseados na amostragem total de trabalhadores, pode-se dizer com 95% de segurançca que a margem máxima de erro da amostragem é de ±3 pontos percentuais.

13 *Ibid.* Os gerentes classificaram características de personalidade como responsabilidade, capacidade de tomar iniciativas, persistência, abertura a novas ideias e autoconfiança como extremamente importantes para suas decisões de contra-

tação. No entanto, somente 30% indicaram que tendem mais a usar entrevistas ou testes estruturados (que são mais confiáveis para avaliar essas características desejadas e prever o desempenho futuro) do que entrevistas informais para avaliar candidatos. Ver também Schmidt & Hunter (1998), Schmidt & Rader (1999) e Harter, Hayes & Schmidt (2004) para obter informações sobre a confiabilidade e validade de entrevistas e testes estruturados para avaliar candidatos antes de serem contratados.

14 Orwell, G. *Why I Write.* Nova York: Penguin Books, 2005.

15 Csikszentmihalyi, M. *Flow: The psychology of optimal experience.* Nova York: HarperCollins, 1990.

16 Harvey-Jones, J. *Making it happen: Reflections on leadership.* Londres: Collins, 1988.

17 Clifton, D. O. & Harter, J. K. Investing in strenghts. Em K. S. Cameron, J. E. Dutton & R. E. Quinn (orgs.) *Positive organizational scholarship: Foundations of a new discipline* (pp. 111-121). São Francisco: Berrett-Koehler, 2003.

18 *Ibid.*

19 Krueger, J. (novembro de 2004). "How Marriott Vacation Club International engages talent". *Gallup Management Journal.* Acessado em 18 de julho de 2006 em http://gmj.gallup.com/content/default.aspx?ci=13960&pg=1

20 Extraído do Employee Engagement Business Impact Database da Gallup. Baseado na análise das unidades de negócios dos quartis superior e inferior quanto à pontuação no terceiro elemento e seu lucro como uma porcentagem da receita.

21 Juszkiewicz, P. J., Arora, R. & Harter, J. K. *Utility analysis of Gallup SRI instruments.* Omaha, Nebraska: Gallup, Inc., 2004. Selecionar os 20% melhores candidatos a gerente com base nos resultados de seus "talentos" resulta em ganhos substanciais de desempenho.

O QUARTO ELEMENTO: **Reconhecimento e elogios**

1 Pesquisa da Gallup, baseada em entrevistas na Polônia (n=1.000) e em todo o mundo (N=34.545) com entrevistados a partir de 15 anos, conduzida em abril de 2006. Para os resultados baseados na amostragem total de entrevistados, pode-se dizer com 95% de segurança que a margem máxima de erro da amostragem (por país) é de ±3 pontos percentuais.

2 Pesquisa de Locais de Trabalho da Gallup, baseada em entrevistas com 1.002 trabalhadores, a partir de 18 anos, conduzidas em outubro de 2005. Para os resultados baseados na amostragem total de trabalhadores, pode-se dizer com 95% de segurança que a margem máxima de erro da amostragem é de 3 pontos percentuais para mais ou para menos.

3 Baseado na análise do Employee Engagement Business Impact Database da Gallup. Comparação dos quartis superior e inferior de pontuações no quarto elemento de unidades de negócios no banco de dados da Gallup.

4 Do Employee Engagement Business Impact Database da Gallup. Baseado na análise de pontuações no quarto elemento, produtividade e fidelidade dos clientes em organizações no banco de dados da Gallup.

5 Esse incidente foi instigado por Rodd Wagner, coautor deste livro, duas vezes em sua carreira acadêmica. Parece ser uma brincadeira comum nas faculdades. O escritor Aubrey C. Daniels relata em *Other people's habits: How to use positive reinforcement to bring out the best in people around you* (Nova York: McGraw--Hill, 2001), pp. 19-20, como a técnica foi aplicada nele por um público na Blue Cross and Blue Shield de Alabama. Um guia para a experiência, intitulado "Train Your Teacher", foi postado no site da Worsley School em Worsley, Alberta, Canadá (http://www.worsleyschool.net/fun/train/yourteacher.html).

6 Koepp, M. J. *et al.* (21 de maio de 1998). "Evidence for striatal dopamine release during a video game". *Nature* (*393*), pp. 266-268.

7 Os estudos são sintetizados e citados em May, C. *et al.* (2004). "Event-related functional magnetic resonance imaging of reward-related brain circuitry in children and adolescents". *Biological Psychiatry*, *55* (4), pp. 359-366.

8 Nash, J. M. (5 de maio de 1997). "Addicted: Why do people get hooked? Mounting evidence points to a powerful brain chemical called dopamine". *Time*, *149* (18), pp. 68-76.

9 Hamann, S. & Mao, H. (21 de janeiro de 2002). "Positive and negative emotional verbal stimuli elicit activity in the left amygdala". *Neuroreport 13* (1), pp. 15-19.

10 Ver nota 8.

11 McClure, S. M., York, M. K. & Montague, P. R. (2004). "The neural substrates of reward processing in humans: The modern role of fMRI". *Neuroscientist*, *10* (3), pp. 260-268.

12 Frank, M. J., Seeberger, L. C. & O'Reilly, R. C. (4 de novembro de 2004). "By carrot or by stick: Cognitive reinforcement learning in Parkinsonism". *Science Express*, pp. 1-5.

13 Gottman, J. M. "What predicts divorce? The relationship between marital processes and marital outcomes". Hillsdale, Nova Jersey.: Lawrence Erlbaum, 1994

14 Losada, M. F. & Heaphy. E. (2004). "The role of positivity and connectivity in the performance of business teams: A nonlinear dynamics model". *American Behavioral Scientist*, *47* (6), pp. 740-765.

15 McClure, S. M., Berns, G. S. & Montague, P. R. (24 de abril de 2003). "Temporal prediction errors in a passive learning task activate human striatum". *Neuron*, *38* (2), pp. 339-346.

16 Simpson, J. B. *Simpson's contemporary quotations*. Nova York: Houghton Mifflin, 1988.

17 Kahneman, D., Knetsch, J. & Thaler, R. (1990). "Experimental tests of the endowment effect and the Coase theorem". *Journal of Political Economy*, *98* (6), pp. 1.325-1.348.

18 Kahneman, D. & Tversky, A. (orgs.). *Choices, values, and frames*. Cambridge: Cambridge University Press, 2000.

19 Um exemplo recente é apresentado em Carroll, J. e Newport, F. (21 de setembro de 2004). *Reasons why people are voting for Bush or Kerry: Bush voters satisfied with his performance; Kerry voters want Bush's ouster*. Acessado em 18 de julho de 2006 em http://poll.gallup.com/content/default.aspx?ci=13096&pg=1

20 Eastwood, J. D., Smilek, D. & Merikle, P. M. (2001). Differential attentional guidance by unattended faces expressing positive and negative emotion. *Perception & Psychophysics*, *63* (6), pp. 1.004-1.013. Ver também Hansen, C. H. & Hansen, R. D. (1998). "Finding the face in the crowd: An anger superiority effect". *Journal of Personality and Social Psychology*, *54* (6), pp. 917-924.

21 Smith, N. K., Cacioppo, J. T., Larsen, J. T. & Chartrand, T. L. (2003). "May I have your attention, please: Electrocortical responses to positive and negative stimuli". *Neuropsychologia*, *41*, pp. 171-183.

22 Pesquisa de Locais de Trabalho da Gallup, baseada em entrevistas com 1.002 trabalhadores, a partir de 18 anos, conduzidas em outubro de 2005. Para os resultados baseados na amostragem total de trabalhadores, pode-se dizer com 95% de segurança que a margem máxima de erro da amostragem é de ±3 pontos percentuais.

23 Seligman, M. E. P., Steen, T. A., Park, N. & Peterson, C. (julho-agosto de 2005). "Positive psychology progress: Empirical validation of interventions". *American Psychologist*, *60* (5), pp. 410-421.

O QUINTO ELEMENTO: **Alguém que se importe**

1 Greene, J. D., Sommerville, R. B., Nystrom, L. E., Darley, J. M. & Cohen, J. D. (14 de setembro de 2001). "An fMRI investigation of emotional engagement in moral judgment". *Science*, *293*, pp. 2.105-2.108.

2 Conniff, R. *The ape in the corner office: Understanding the workplace beast in all of us*. Nova York: Crown Business, 2005.

3 Milgram, S. *Obedience to authority*. Nova York: HarperCollins, 1974.

4 Charness, G. & Gneezy, U. (16 de agosto de 2003). *What's in a name? Anonymity and social distance in dictator and ultimatum games*. Acessado em 18 de julho de 2006 em http://papers.ssrn.com/sol3/papers.cfm?abstract_id=292857

5 Nagin, D., Rebitzer, J. B., Sanders, S. G. & Taylor, L. J. (setembro de 2002). "Monitoring, motivation, and management: The determinants of opportunistic behavior in a field experiment". *American Economic Review, 92* (4), pp. 850-873.
6 Harter, J. K., Schmidt, F. L., Killham, E. A. & Asplund, J. W. *Q12 meta-analysis.* Omaha, Nebraska: Gallup, Inc., 2006.
7 Jones, J. R. & Harter, J. K. (2005). "Race effects on the employee engagement--turnover intention relationship". *Journal of Leadership & Organizational Studies, 11* (2), pp. 78-88.
8 I Coríntios 12:25-26. *Bíblia de Jerusalém.* São Paulo: Paulus, 2006.
9 *The teachings of Buddha.* Tóquio: Bukkyo Dendo Kyokai, 2004.
10 Ridley, M. *As origens da virtude: um estudo biológico da solidariedade.* Rio de Janeiro: Record, 2000.
11 Laskin, D. *The children's blizzard.* Nova York: HarperCollins, 2004.
12 O comprometimento no trabalho está mais fortemente relacionado à fidelidade à empresa do que à posse de ações. Das Pesquisas de Locais de Trabalho da Gallup, baseadas em entrevistas com 1.009 e 1.003 trabalhadores, a partir de 18 anos, conduzidas em fevereiro de 2002 e abril de 2004, respectivamente. Para os resultados baseados na amostragem total de trabalhadores, pode-se dizer com 95% de segurança que a margem máxima de erro da amostragem é de ±3 pontos percentuais.
13 Sandberg, J. (28 de fevereiro de 2006). "Hiring by school tie happens all the time, but is it a good idea?" *The Wall Street Journal*, p. B1.
14 Jones, J. R. & Harter, J. K. (2005). "Race effects on the employee engagement-turnover intention relationship". *Journal of Leadership & Organizational Studies, 11* (2), pp. 78-88.
15 Cohen, D. & Prusak, L. *In good company: How social capital makes organizations work.* Boston: Harvard Business School Press, 2004.

O SEXTO ELEMENTO: **Estímulo ao desenvolvimento**

1 Homero. *A odisseia.*
2 Riley, P. (1994), *Fénelon: Telemachus.* Cambridge: Cambridge University Press. Mentor é um personagem secundário da *Odisseia* de Homero. O fato de seu nome ter se tornado um epônimo dos conselheiros se deve em grande parte à continuação de 1699 de François de Salignac de La Mothe-Fénelon, *Lês aventures de Télémaque*, o livro mais reimpresso do século XVIII.
3 Blakeslee, S. (10 de janeiro de 2006). "Cells that read minds". *The New York Times*, p. F1.
4 Dobbs, D. (abril/maio de 2006). "A revealing reflection". *Scientific American Mind, 17* (2), pp. 22-27.
5 *Ibid.*

6 Ver nota 3.

7 Análise da Pesquisa de Locais de Trabalho da Gallup, com base em entrevistas telefônicas com uma amostra de 1.002 trabalhadores adultos, a partir de 18 anos, conduzidas em outubro de 2005. Para os resultados baseados na amostragem total de trabalhadores, pode-se dizer com 95% de confiança que a margem máxima de erro da amostragem é de ±3 pontos percentuais.

8 Nickols, F. (2002). *Mentor, mentors, and mentoring.* Acessado em 21 de julho de 2006 em http://home.att.net/~nickols/mentor.htm

9 Cohen, D. & Prusak, L. *In good company: How social capital makes organizations work.* Boston: Harvard Business School Press, 2001.

10 Jones, D. (20 de junho de 2005). "It's not just lonely at the top; it can be 'disengaging' too". *USA Today*. Acessado em 21 de julho de 2006 em http://www.usatoday.com/money/companies/management/2005-06-20-bummed-execs_x.htm. Como um padrão geral, o comprometimento é maior entre aqueles com mais status na organização (alta direção e gerência de nível médio). Mas o fosso entre gerência e não gerência é substancialmente menor nesse elemento.

11 Descobertas baseadas no estudo da Gallup de 59 organizações.

12 Allen, T.D., McManus, S.E. & Russell, J.E.A. (1999) "Newcomer socialization and stress: Formal peer relationships as a source of support". *Journal of Vocational Behavior*, *54*, pp. 453-470.

13 Cohen, D. & Prusak, L. *In good company: How social capital makes organizations work.* Boston: Harvard Business School Press, 2001.

14 Lockwood, P. & Kunda, Z. (1997). "Superstars and me: Predicting the impact of role models on the self". *Journal of Personality and Social Psychology*, *73* (1), pp. 91-103.

15 Muoio, A. (maio de 1998). "My greatest lesson". *Fast company*, p. 83. Acessado em 21 de julho de 2006 em http://www.fastcompany.com/magazine/15/one.html?partner=rss

16 Kram, K. E. (1983). "Phases of the mentor relationship". *Academy of Management Journal*, *26*, pp. 608-625.

O SÉTIMO ELEMENTO: **Sentir que suas opiniões contam**

1 The Hospital for Sick Children. (2005). *Reasons to believe: The Hospital for Sick Children annual report 2004-2005.* Acessado em 5 de junho de 2006 em http://www.sickkids.ca/annualreport2004_2005/AR0405.pdf

2 Adam, E. E. Jr. e Ebert, R. J. *Production and operations management: Concepts, models, and behavior* (4ª edição). Nova York: Prentice-Hall, 1989.

3 Taylor, F. W. *The principles of scientific management.* [Versão eletrônica]. Nova York: Harper Brothers, 1911. Acessado em 19 de julho de 2006 em http://www.eldritchpress.org/fwt/ti.html

4 Kanigel, R. *The One Best Way: Frederick Winslow Taylor and the enigma of efficiency.* Nova York: Penguin Books, 1997.

5 Taylor, F. W. *The principles of scientific management.* [Versão eletrônica]. Nova York: Harper Brothers, 1911. Acessado em 19 de julho de 2006 em http://www.eldritchpress.org/fwt/ti.html

6 Kanigel, R. *The One Best Way: Frederick Winslow Taylor and the enigma of efficiency.* Nova York: Penguin Books, 1997.

7 Taylor, F. W. *The principles of scientific management.* [Versão eletrônica]. Nova York: Harper Brothers, 1911. Acessado em 19 de julho de 2006 em http://www.eldritchpress.org/fwt/ti.html

8 Kanigel, R. *The One Best Way: Frederick Winslow Taylor and the enigma of efficiency.* Nova York: Penguin Books, 1997.

9 Taylor, F. W. *The principles of scientific management.* [Versão eletrônica]. Nova York: Harper Brothers, 1911. Acessado em 19 de julho de 2006 em http://www.eldritchpress.org/fwt/ti.html

10 *Ibid.*

11 Kanigel, R. *The One Best Way: Frederick Winslow Taylor and the enigma of efficiency.* Nova York: Penguin Books, 1997.

12 O incidente ocorreu no voo 122 da Northwest Airlines de Minneapolis a Chicago em 8 de junho de 2000. O passageiro foi Rodd Wagner, coautor deste livro.

13 Relatório anual de 1999 da Northwest Airlines. Acessado em 18 de julho de 2006 em http://media.corporate-ir.net/media_files/irol/11/111021/reports/Financial_an99.pdf

14 McEwen, W. J. & Fleming, J. H. (Outubro de 2001). "Stress resistant customer relationships: How smart asset management can boost your stock payoff". *Gallup Management Journal.* Acessado em 20 de julho de 2006 em http://gmj.gallup.com/content/default.aspx?ci=172. Ver também McEwen, W. J. (Maio de 2004). Skirmish in the skies. *Gallup Management Journal.* Acessado em 18 de julho de 2006 em http://gmj.gallup.com/content/default.aspx?ci=11530

15 Do Employee Engagement Business Impact Database da Gallup. Baseado em análises de pontuações no sétimo elemento e rentabilidade das organizações do banco de dados da Gallup.

16 Baseado em análises da Pesquisa de Locais de Trabalho da Gallup de 2001 a 2005.

17 Jones, D. C. & Kato, T. (Maio de 2005). *The effects of employee involvement on firm performance: Evidence from an econometric case study* (Documento de Trabalho Nº 612). Kalamazoo, Michigan: William Davidson Institute.

18 *Ibid.*

19 *Ibid.*

20 *Ibid.*

O OITAVO ELEMENTO: **Forte ligação com a missão da empresa**

1 Do Employee Engagement Business Impact Database da Gallup. Baseado na análise de pontuações no oitavo elemento e resultados das unidades de negócios das organizações no banco de dados.

2 Pesquisa de Locais de Trabalho da Gallup, baseada em entrevistas com 1.001 trabalhadores, a partir de 18 anos, conduzidas em maio de 2001. Para os resultados baseados na amostragem total de trabalhadores, pode-se dizer com 95% de segurança que a margem máxima de erro da amostragem é de ±3 pontos percentuais.

3 Burrell, B. *The words we live by: The creeds, mottoes, and pledges that have shaped America.* Nova York: Free Press, 1997.

4 Wells' Dairy, Inc. (s.d.) *The big scoop on Blue Bunny.* Acessado em 19 de julho de 2006 em http://www.bluebunny.com/About.aspx

5 Lowe's. (s.d.) *Company info: Our heritage.* Acessado em 19 de julho de 2006 em http://www.lowes.com/lowes/lkn?action=frameSet&url=lowes.mediaroom.com/index.php?s=company_overview

6 Kodak. (s.d.) *About Kodak.* Acessado em 19 de julho de 2006 em http://www.kodak.com/US/en/corp/about_Kodak.jhtml?pq-path=2217

7 Kellogg Co. (s.d.) *Our brands.* Acessado em 19 de julho de 2006 em http://www.kelloggcompany.com/brands.aspx?id=50&terms=&searchtype=2&fragment=True

8 Siam Commercial Bank. (s.d.) *Legend of SCB.* Acessado em 19 de julho de 2006 em http://www.scb.co.th/html/eng/about_legend.shtml

9 Csikszentmihalyi, M. *Flow: The psychology of optimal experience.* Nova York: HarperCollins, 1990.

10 Wrzesniewski, Amy. "Finding positive meaning in work". Em K. S. Cameron, J. E. Dutton & R. E. Quinn (orgs.) *Positive organizational scholarship: Foundations of a new discipline* (pp. 296-308). São Francisco: Berrett-Koehler, 2003.

11 Pesquisa da Gallup, baseada em entrevistas com uma amostragem aleatória de 1.657 moradores dos Estados Unidos, a partir de 18 anos, conduzidas entre 15 e 18 de novembro de 1990. Para os resultados baseados na amostragem total de trabalhadores, pode-se dizer com 95% de segurança que a margem máxima de erro da amostragem é de ±2 pontos percentuais.

12 Em Pesquisa Mundial da Gallup realizada em 43 países na Europa, na Ásia, no Oriente Médio, nas Américas do Norte, Central e do Sul e na África (n=48.635), 84% responderam que achavam que suas vidas tinham um propósito ou sentido importante. Aqueles que não sentiam esse propósito em suas vidas relataram ter bem-estar e saúde piores. Ver também Pratt, M. G. e Ashforth, B. E. (2003).

Fostering meaningfulness in working and at work. Em K. S. Cameron, J. E. Dutton & R. E. Quinn (orgs.) *Positive organizational scholarship: Foundations of a new discipline* (pp. 309-327), citando Baumeister, 1991; Dunn, 1996; Ryff & Singer, 1998a, 1998b; e Treadgold, 1999.

13 Koerner, M. M. (1994). *Sacredness in service exchanges with medically underserved patients.* Estudo apresentado na conferência anual da American Association for Advances in Health Care Research.

14 *Ibid.*

15 Baseado em entrevistas com 4,8 milhões de trabalhadores entre 2003 e 2005, incluindo 1,1 milhão de funcionários de hospitais.

16 Chrismer, B. & Thompson, M. (setembro/outubro de 2005). Getting plugged in. *Consulting, 7* (5), pp. 38-42.

17 Existem três tipos de trabalhos sujos que costumam ser discutidos: aquele que é 1) fisicamente repulsivo, 2) um símbolo de degradação e 3) moralmente questionável. O empenho dos funcionários e a inspiração obtida da missão da empresa só se aplicam apropriadamente às duas primeiras categorias, que podem ser consideradas trabalhos duros, mas que precisam ser feitos. O trabalho moralmente questionável não costuma ser uma função essencial. Nesse terceiro caso, acreditamos que a desaprovação da sociedade é geralmente um sinal de que a profissão não deveria existir.

18 Jarman, M. (25 de julho de 1998). "Dedicated employees find worth in 'dirty' work, study shows". *The Dallas Morning News*, p. 1F.

19 Crabtree, S. (14 de março de 1999). "Dirty work". *The Eagle-Tribune* (North Andover, Massachusetts), p. F1.

20 Fields, G. (2 de novembro de 2005). "Bulging jails and tight budgets make job of guard even tougher". *The Wall Street Journal*, p. A1.

21 Pratt, M. G. & Ashforth, B. E. "Fostering meaningfulness in working and at work". Em Cameron, K. S., Dutton, J. E. & Quinn, R. E. (orgs.), *Positive organizational scholarship: Foundations of a new discipline*, (pp. 309-327). São Francisco: Berrett-Koehler, 2003.

22 Wrzesniewski, Amy. "Finding positive meaning in work". Em Cameron, K. S., Dutton, J. E. & Quinn, R. E. (orgs.) *Positive organizational scholarship: Foundations of a new discipline* (pp. 296-308). São Francisco: Berrett-Koehler, 2003.

23 *Ibid.*

24 *Ibid.*

25 *Ibid.*

26 Badal, S. (dezembro de 2004). "Cascade effect: The impact of executives and managers on the overall company engagement". Texto não publicado, Gallup, Inc., Omaha, Nebraska.

O NONO ELEMENTO: **Colegas comprometidos com um trabalho de qualidade**

1 Ingham, A. G., Levinger, G., Graves, J. & Peckham, V. (1974). "The Ringelmann effect: Studies of group size and group performance". *Journal of Experimental Social Psychology, 10*, pp. 371-384. Ver também: Kravitz, D. A. & Martin, B. (1986). "Ringelmann rediscovered: The original article". *Journal of Personality and Social Psychology, 50*, pp. 936-941.

2 Robbins, S. P. *Organizational behaviour: Concepts, controversies, applications* (7ª edição). Englewood Cliffs, Nova Jersey: Prentice-Hall, 1996.

3 McCullough, D. *1776*. Nova York: Simon & Schuster, 2005.

4 *Ibid.*

5 Kahan, D. M. "The logic of reciprocity: Trust, collective action, and law". Em Gintis, H., Bowles, S., Boyd, R. & Fehr, E. (orgs.) *Moral sentiments and material interests: The foundations of cooperation in economic life* (pp. 339-378). Cambridge, Massachusetts: MIT Press, 2005.

6 *Ibid.*

7 Pesquisa de Locais de Trabalho da Gallup, baseada em entrevistas com 1.002 trabalhadores, a partir de 18 anos, conduzidas em outubro de 2005. Para os resultados baseados na amostragem total de trabalhadores, pode-se dizer com 95% de segurança que a margem máxima de erro da amostragem é de ±3 pontos percentuais.

8 Cientistas da Gallup compararam as pontuações no nono elemento das agências dos quartis superior e inferior.

9 Cientistas da Gallup compararam as pontuações no nono elemento das equipes dos quartis superior e inferior.

10 Fehr, E. & Gächter, S. (setembro de 2000). "Cooperation and Punishment in Public Goods Experiments". *The American Economic Review, 90* (4), pp. 980-994.

11 De Quervain, D. J. F., Fischbacher, U., Treyer, V., Schellhammer, M., Schnyder, U., Buck, A. *et al.* (27 de agosto de 2004). "The Neural Basis of Altruistic Punishment". *Science, 305*, pp. 1.254-1.258.

12 Ver nota 10.

13 *Ibid.*

14 Oakley, B. (s.d.) *It takes two to tango: How "good" students enable problematic behavior in teams.* Acessado em 19 de julho de 2006 em http://72.14.203.104/search?que=cache:zSxA5L-vr6UJ:www2.oakland.edu/users/oakley/Papers/It%2520Takes%2520Two%2520to%2520Tango.doc+%22set+your+limits+early+and+high%22&hl=en&gl=us&ct=clnk&cd=9

15 Ver nota 5.

16 Pesquisa de Locais de Trabalho da Gallup, baseada em entrevistas com 1.002 trabalhadores, a partir de 18 anos, conduzidas em outubro de 2005. Para os resultados baseados na amostragem total de trabalhadores, pode-se dizer com

95% de segurança que a margem máxima de erro da amostragem é de ±3 pontos percentuais.

O DÉCIMO ELEMENTO: **Um melhor amigo no trabalho**

1 Joyce, A. (9 de maio de 2004). "A workplace without friends is an enemy: Gallup says buddies are a sign of office health". *The Washington Post*, p. F6.

2 Thottam, J. (17 de janeiro de 2005). "Thank God it's Monday!" *Time*, *165* (3), pp. A58-A61.

3 Buchholz, B. B. (26 de dezembro de 2001). "Friendly reminder: When a co-worker or boss is a pal, problems can arise". *Chicago Tribune*. p. C1.

4 Glaeser, E. L., Laibson, D., Scheinkman, J. A. & Soutter, C. L. (julho de 1999). *What is social capital? The determinants of trust and trustworthiness* (Documento de Trabalho 7216). Cambridge, Massachusetts: National Bureau of Economic Research.

5 Shellenbarger, S. (15 de janeiro de 2000). "Friendships an overlooked toll of job upheavals". *The Ottawa Citizen*, p. I1.

6 Do Employee Engagement Business Impact Database da Gallup. Baseado na análise de pontuações no 10º elemento e resultados das unidades de negócios das organizações no banco de dados.

7 Do Employee Engagement Business Impact Database da Gallup. Comparação dos quartis superior e inferior de pontuações no décimo elemento de unidades de negócios no banco de dados.

8 Do Employee Engagement Business Impact Database da Gallup. Baseado na análise de pontuações no 10º elemento e resultados das unidades de negócios das organizações no banco de dados.

9 Putnam, R. D. *Bowling alone*. Nova York: Simon & Schuster, 2000. As conclusões de Putnam se baseiam em suas análises de quatro grandes estudos de várias décadas de atitudes sociais.

10 McPherson, M., Smith-Lovin, L. & Brashears, M. E. (junho de 2006). "Social isolation in América: Changes in core discussion networks over two decades". *American Sociological Review*, *71*, pp. 353-375.

11 Kunstler, J. H. *The geography of nowhere: The rise and decline of America's man-made landscape*. Nova York: Simon & Schuster, 1993 (conforme citado em Robinson, J. P. & Godbey, G. *Time for life: The surprising ways americans use their time*. University Park, Pensilvânia: Pennsylvania State University Press, 1997).

12 Ver nota 9.

13 Kanazawa, S. (2002). "Bowling with our imaginary friends". *Evolution and Human Behaviour*, *23*, pp. 167-171.

14 Ver nota 9.

15 Poarch, M. T. *Civic life and work: A qualitative study of changing patterns of sociability and civic engagement in everyday life.* Dissertação de doutorado não publicada, Universidade de Boston. Citado em Putnam, p. 86.

16 Ver nota 9.

17 *Ibid.*

18 Kahneman, D., Krueger, A. B., Schkade, D. A., Schwarz, N. & Stone, A. A. (3 de dezembro de 2004). "A survey method for characterizing daily life experience: The day reconstruction method". *Science, 306* (5702), pp. 1.776-1.780.

19 Seashore, S. E. (1954). *Group cohesiveness in the industrial work group.* Ann Arbor: University of Michigan Press (conforme citado em Jehn, K. A. & Shah, P. P. [1997]. "Interpersonal relationships and task performance: An examination of mediating processes in friendship and acquaintance groups". *Journal of Personality and Social Psychology 72* (4), pp. 775-790).

20 Argyle, M. & Furnham, A. (1983). "Sources of satisfaction and conflict in long-term relationships". *Journal of Marriage and the Family, 45*, pp. 481-493; e Hays, R. B. (1985). "A longitudinal study of friendship development". *Journal of Personality and Social Psychology, 48*, pp. 909-924 (conforme citado em Jehn & Shah, 1997).

21 Gottman, M. T. & Parkhurst, J. T. (1980). "A developmental theory of friendship and acquaintanceship processes". Em W. A. Collins (org.), *Minnesota Symposia on Child Psychology: Vol. 13, Development of cognition, affect, and social relations* (pp. 197-253). Hillsdale, NJ: Lawrence Erlbaum (conforme citado em Jehn & Shah, 1997).

22 Rawlins, W. K. (1989). "A dialectical analysis of the tensions, functions and strategic challenges of communication in young adult friendships". Em J. A. Anderson (org.), *Communication yearbook: Vol. 12*, (pp. 157-189). Newbury Park, Califórnia: Sage (conforme citado em Jehn & Shah, 1997).

23 Newcomb, A. F. & Brady, J. E. (1982). "Mutuality in boys' friendship relations". *Child Development, 53*, pp. 392-395; e Whitney, K. (1994). "Improving group task performance: The role of group goals and group efficacy". *Human Performance, 7*, pp. 55-78 (conforme citado em Jehn & Shah, 1997).

24 Robinson, S. & Weldon, E. (1993). "Feedback seeking in groups: A theoretical perspective". *British Journal of Social Psychology, 32* (1), pp. 71-86 (conforme citado em Jehn & Shah, 1997).

25 Os professores não encontraram quaisquer diferenças entre grupos de amigos e de conhecidos no planejamento e monitoração do progresso do grupo, mas o fato talvez se deva à natureza simples e de curto prazo do experimento.

26 Jehn, K. A. & Shah, P. P. (1997). "Interpersonal relationships and task performance: An examination of mediating processes in friendship and acquaintance groups". *Journal of Personality and Social Psychology 72* (4), pp. 775-790.

O DÉCIMO PRIMEIRO ELEMENTO: **Conversar sobre seu progresso**

1 *Performance review as a stream (of consciousness?).* (s.d.) Acessado em 20 de julho de 2006 em http://blogs.successfactors.com/worst-review-contest/2005/11/performance_review_as_a_stream.html

2 Cawley, B. D., Keeping, L. M. & Levy, P. E. (1998). "Participation in the performance appraisal process and employee reactions: A meta-analytic review of field investigations". *Journal of Applied Psychology, 83* (4), pp. 615-633.

3 Kluger, A. N. & DeNisi, A. (1996). "The effects of feedback interventions on performance: A historical review, a meta-analysis, and a preliminary feedback intervention theory". *Psychological Bulletim, 119* (2), pp. 254-284 (conforme citado em Kluger, A. N. & Van-Dijk, D. [abril de 2005]. *The interactive effect of feedback sign and task type on motivation and performance* [Relatório Técnico 1158]. Arlington, Virginia: United States Army Research Institute for the Behavioral and Social Sciences).

4 Ittner, C. D., Larcker, D. F. & Meyer, M. W. (2003). "Subjectivity and the weighting of performance measures: Evidence from a balanced scorecard". *The Accounting Review, 78* (3), pp. 725-758.

5 *Ibid.*

6 de Koning, G. M. J. (novembro de 2004). "Evaluating employee performance (part 1)". *Gallup Management Journal.* Acessado em 20 de julho de 2006 em http://gmj.gallup.com/content/default.asp?ci=13891

7 Sandberg, J. (14 de março de 2003). *Self-evaluations prompt professionals' tall tales.* Acessado em 20 de julho de 2006 em http://www.careerjournal.com/columnists/cubicleculture/20030314-cubicle.html

8 Adams, S. *The Dilbert principle: A cubicle's-eye view of bosses, meetings, management fads & other workplace afflictions.* Nova York: HarperBusiness, 1996.

9 Dunning, D., Johnson, K., Ehrlinger, J. & Kruger, J. (junho de 2003). "Why people fail to recognize their own incompetence". *Current Directions in Psychological Science, 12* (3), pp. 83-87.

10 *Ibid.*

11 Kruger, J. & Dunning, D. (1999). "Unskilled and unaware of it: How difficulties in recognizing one's own incompetence lead to inflated self-assessments". *Journal of Personality and Social Psychology, 77* (6), pp. 1.121-1.134.

12 Ehrlinger, J. M., Johnson, K., Banner, M., Dunning, D. & Kruger, J. (2005). *Why the unskilled are unaware: Further exploration of (absent) self-insight among the incompetent.* Original ainda não publicado.

13 Hodges, B., Regehr, G. & Martin, D. "Difficulties in recognizing one's own incompetence: Novice physicians who are unskilled and unaware of it". *Academic Medicine, 76* (10), S87–S89 (outubro de 2001).

14 Haun, D. E., Zeringue, A., Leach, A. & Foley, A. "Assessing the competence of specimen-processing personnel". *Laboratory Medicine, 31* (11), pp. 633-637 (novembro de 2000).

15 Ver nota 12.

16 Ver nota 9.

17 *Ibid.*

18 Kluger, A. N. & Van-Dijk, D. (abril de 2005). *The interactive effect of feedback sign and task type on motivation and performance* (Relatório Técnico 1158). Arlington, Virginia: United States Army Research Institute for the Behavioral and Social Sciences.

19 Harter, J. K. (abril de 2004). *Managing the human difference.* Artigo apresentado na International Positive Psychology Conference de 2004, Washington, D.C.

20 Pesquisa de Locais de Trabalho da Gallup, baseada em entrevistas com 1.009 trabalhadores americanos, a partir de 18 anos, conduzidas em fevereiro de 2002. Para os resultados baseados na amostragem total de trabalhadores, pode-se dizer com 95% de segurança que a margem máxima de erro da amostragem é de ±3 pontos percentuais.

21 *Ibid.*

22 Gabris, G. T. & Ihrke, D. M. (junho de 2001). "Does performance appraisal contribute to heightened levels of employee burnout? The results of one study". *Public Personnel Management, 30,* pp. 157-172.

23 Pesquisa de Locais de Trabalho da Gallup, baseada em entrevistas com 1.003 trabalhadores americanos, a partir de 18 anos, conduzidas em junho de 2006. Para os resultados baseados na amostragem total de trabalhadores, pode-se dizer com 95% de segurança que a margem máxima de erro da amostragem é de ±3 pontos percentuais.

24 Do Employee Engagement Business Impact Database da Gallup. Baseado na análise de pontuações no décimo primeiro elemento das organizações no banco de dados.

25 Cawley, B. D., Keeping, L. M. & Levy, P. E. (1998). "Participation in the performance appraisal process and employee reactions: A meta-analytic review of field investigations". *Journal of Applied Psychology, 83* (4), pp. 615-633.

26 Ryan, R. M. & Deci, E. L. (janeiro de 2000). "Self-determination theory and the facilitation of intrinsic motivation, social development, and well-being". *American Psychologist, 55* (1), pp. 68-78.

27 Ittner, C. D., Larcker, D. F. & Meyer, M. W. (2003). "Subjectivity and the weighting of performance measures: Evidence from a balanced scorecard". *The Accounting Review, 78* (3), pp. 725-758.

O DÉCIMO SEGUNDO ELEMENTO: **Oportunidades de aprender e crescer**

1 Manuel, D. (1º de março de 1990). *Oh, the places you'll go!* (Resenha do livro *Oh, the places you'll go! [Ah, os lugares aonde você irá!]*). *The New York Times*, Seção 7, p. 29.

2 Shrieves, L. (11 de fevereiro de 1990). "A call for the young to explore" (Resenha do livro *Oh, the places you'll go! [Ah, os lugares aonde você irá!]*). *Orlando Sentinel*, p. F10.

3 *Ibid.*

4 Maslow, A. (1943). "A theory of human motivation". *Psychological Review, 50* (4), pp. 370-396.

5 Ryan, R. M. & Deci, E. L. (janeiro de 2000). "Self-determination theory and the facilitation of intrinsic motivation, social development, and well-being". *American Psychologist, 55* (1), pp. 68-78.

6 Spreitzer, G., Sutcliffe, K., Dutton, J., Sonenshein, S. & Grant, A. M. (2005). *Thriving at work.* Original ainda não publicado.

7 Fredrickson, B. L. & Losada, M. F. (outubro de 2005). "Positive affect and the complex dynamics of human flourishing". *American Psychologist, 60* (7), pp. 678-686.

8 Roberts, L. M., Dutton, J. E., Spreitzer, G. M., Heaphy, E. D. & Quinn, R. E. (2005). "Composing the reflected best-self portrait: Building pathways for becoming extraordinary in work organizations". *The Academy of Management Review, 30* (4), pp. 712-736.

9 Definição do *Dicionário eletrônico Houaiss da língua portuguesa 1.0.* Rio de Janeiro: Objetiva, 2009.

10 Pesquisa de Locais de Trabalho da Gallup, baseada em entrevistas telefônicas com uma amostra nacionalmente representativa de 1.003 trabalhadores adultos, a partir de 18 anos, conduzidas em junho de 2006. Para os resultados baseados na amostragem total de trabalhadores adultos, pode-se dizer com 95% de egurança que a margem máxima de erro atribuível à amostragem e outros efeitos aleatórios é de ±3 pontos percentuais.

11 Ver nota 5.

12 Urry, H. L., Nitschke, J. B., Dolski, I., Jackson, D. C., Dalton, K. M., Mueller, C. J. *et al.* (junho de 2004). "Making a life worth living: Neural correlates of well-being". *Psychological Science, 15* (6), pp. 367-372.

13 Heath, C., Larrick, R. P. & Wu, G. (1999). "Goals as reference points". *Cognitive Psychology, 38*, pp. 79-109.

14 Locke, E. A. & Latham, G. P. (setembro de 2002). "Building a practically useful theory of goal setting and task motivation". *American Psychologist, 57* (9), pp. 705-717.

15 *Ibid.*

16 Seinfeld, J. (Produtor executivo). (1998). *Jerry Seinfeld live on Broadway: I'm telling you for the last time.* [DVD]. United States: Columbus 81 Productions (HBO Home Vídeo).

17 Medvec, V. H., Madey, S. F. & Gilovich, T. (1995). "When less is more: Counterfactual thinking and satisfaction among Olympic athletes". *Journal of Personality and Social Psychology, 69* (4), pp. 603-610.

18 Tykocinski, O. E. (2001). "I never had a chance: Using hindsight tactics to mitigate disappointments". *Personality and Social Psychology Bulletin*, 27, pp. 376-382.

19 No todo, menos de 1 em cada 4 trabalhadores americanos concorda fortemente que seu emprego atual faz aflorar suas ideias mais criativas. Entre aqueles com oportunidades de aprender e crescer, a proporção sobe para mais da metade. Mas o 12º elemento está particularmente relacionado ao terceiro e ao sétimo. Para os funcionários que sentem que estão nos empregos certos, cujas opiniões são valorizadas e que têm oportunidades de aprender e crescer, o número daqueles que sentem que seus empregos fazem aflorar suas ideias mais criativas salta para quase dois terços. Funcionários com oportunidades de aprendizado e crescimento, mas faltando o terceiro e o sétimo elementos, recaem quase para o nível básico de cerca de um quarto na criatividade. Oportunidades de aprendizado sem o enquadramento certo e um diálogo aberto podem representar a diferença entre mero treinamento e crescimento real.

20 Wagner, R. & Saad, L. (8 de junho de 2000). "Traffic not a major problem for majority of Americans". *The Gallup Poll.* Acessado em 21 de julho de 2006 em http://poll.gallup.com/content/default.aspx?ci=2833

21 Orwell, G. Why I Write. Em *A collection of essays by George Orwell.* Garden City, NY: Doubleday, 1954.

22 Fredrickson, B. L. & Losada, M. F. (outubro de 2005). "Positive affect and the complex dynamics of human flourishing". *American Psychologist, 60* (7), pp. 678-686.

23 Ryan, R. M. & Deci, E. L. (janeiro de 2000). "Self-determination theory and the facilitation of intrinsic motivation, social development, and well-being". *American Psychologist, 55* (1), pp. 68-78.

24 *Ibid.*

25 Knowles, M. S., Holton III, E. F. & Swanson, R. A. *The adult learner* (5ª edição). Woburn, Massachusetts: Butterworth-Heinemann, 1998.

26 Keyes, C. L. M. (2002). "The mental health continuum: From languishing to flourishing in life". *Journal of Health and Social Behavior, 43*, pp. 207-222.

27 Begley, Sharon. "Old Brains Don't Work That Badly After All, Especially Trained Ones", *The Wall Street Journal*, 3 de março de 2006; p. B-1.

28 Harter, J. K., Schmidt, F. L., Killham, E. A. & Asplund, J. W. (março de 2006). *Q12 meta-analysis.* Omaha, Nebraska: Gallup, Inc. Ver também Harter, J. K., Schmidt, F. L. & Killham, E. A. (julho de 2003). *Employee engagement, satis-*

faction, and business unit-level outcomes: a meta-analysis. Omaha, Nebraska: Gallup, Inc.; e Harter, J. K., Hayes, T. L. & Schmidt, F. L. (2004). *Meta-analytic predictive validity of Gallup Selection Research Instruments.* Omaha, Nebraska: Gallup, Inc.; Harter *et al.* 2006, Harter, Schmidt & Killham (2003) Employee Engagement Meta-Analysis, Documento Técnico da Gallup, Harter *et al.*

29 *Kingfisher plc Interim Report 2005/06.* (s.d.) Acessado em 21 de julho de 2006 em http://www.kingfisher.com/files/english/downloads/interimreport05.pdf

UM ELEMENTO EXTRA: **A questão da remuneração**

1 Toynbee, P. (21 de abril de 2006). "Throw open the books so that we can see what everyone earns". *The Guardian*, p. 33. Acessado em 21 de julho de 2006 em http://www.guardian.co.uk/commentisfree/story/0,,1758103,00.html

2 Blog de Guido Fawkes de tramas, rumores & conspirações. (22 de abril de 2006). Acessado em 21 de julho de 2006 em http://5thnovember.blogspot.com/2006/04/polly-hypocrisy.html

3 Frank, R. H. *Luxury fever: Why money fails to satisfy in an era of excess.* Nova York: Free Press, 1999 (conforme citado em Van Boven & Gilovich, 2003).

4 Kahneman, D., Krueger, A. B., Schkade, D., Schwarz, N. & Stone, A. A. (30 de junho de 2006). "Would you be happier if you were richer? A focusing illusion". *Science, 312* (5.782), pp. 1.908-1.910.

5 Pesquisa da Gallup, baseada em entrevistas telefônicas com uma amostra nacionalmente representativa de 564 adultos empregados, a partir de 18 anos, conduzidas de 8 a 11 de agosto de 2005. Para os resultados baseados na amostragem total de adultos empregados, pode-se dizer com 95% de segurança que a margem máxima de erro atribuível à amostragem e outros efeitos aleatórios é de ±5 pontos percentuais.

6 Sim, V., Bakke, D., Kay, I. & Tulgan, B. (maio de 2001). "What should Hank do about the salary debacle?" *Harvard Business Review, 79* (5), pp. 44-49. Bakke, então presidente da AES Corporation, escreveu que os empregados da AES estavam mais aptos a fixar seus próprios salários depois de receber feedback de colegas e gerentes.

7 Morgeson, F. P., Campion, M. A. & Maertz, C. P. (outono de 2001). Understanding pay satisfaction: The limits of a compensation system implementation. *Journal of Business and Psychology, 16* (1), pp. 133-149.

8 Deci, E. L., Koestner, R. & Ryan, R. M. (1999). "A meta-analytic review of experiments examining the effects of extrinsic rewards on intrinsic motivation". *Psychological Bulletin, 125* (6), pp. 627-668.

9 Gneezy, U. & Rustichini, A. (2000). "Pay enough or don't pay at all". *Quarterly Journal of Economics, 115*, pp. 791-810 (conforme citado em Sliwka, D. [agosto

de 2003]. *On the hidden costs of incentive schemes* [Documento de Discussão Nº 844 do IZA]. Bonn, Alemanha: Institute for the Study of Labor).

10 Titmuss, R. M. *The gift relationship: From human blood to social policy.* Nova York: Pantheon, 1971; também apresentado em Abel-Smith, B. & Titmuss, K. (orgs.). *The philosophy of welfare: Selected writings by Richard M. Titmuss.* Londres: Allen & Unwin, 1987 (conforme citado em Levitt & Dubner [2005]). Ver também Upton, W. E. (1973). *Altruism, attribution, and intrinsic motivation in the recruitment of blood donors.* Dissertação de doutorado não publicada, Cornell University, Ithaca, NY.

11 Levitt, S. D. & Dubner, S. J. *Freakonomics: O lado oculto e inesperado de tudo que nos afeta.* Rio de Janeiro: Campus, 2005.

12 Em média, trabalhadores remunerados pela qualidade e quantidade de seu trabalho se esforçam mais do que aqueles que não são pagos pelo desempenho. A chave das estratégias de pagamento pelo desempenho não é se são usadas, mas como são geridas. De uma análise de uma Pesquisa de Locais de Trabalho da Gallup, baseada em entrevistas com 1.003 trabalhadores americanos, a partir de 18 anos, conduzidas em abril de 2004. Para os resultados baseados na amostragem total de trabalhadores, pode-se dizer com 95% de segurança que a margem máxima de erro da amostragem é de ±3 pontos percentuais.

13 Sliwka, D. (agosto de 2003). *On the hidden costs of incentive schemes* (Documento de Discussão nº 844 do IZA). Bonn, Alemanha: Institute for the Study of Labor.

14 McCracken, J. (1º de março de 2006). "Detroit's symbol of dysfunction: Paying employees not to work". *The Wall Street Journal*, p. A1.

15 Solnick, S. J. & Hemenway, D. (1998). "Is more always better?: A survey on positional concerns". *Journal on Economic Behavior & Organization, 37*, pp. 373-383.

16 U. S. Securities and Exchange Commission. (s.d.) *Executive compensation: A guide for investors.* Acessado em 26 de julho de 2006 em http://www.sec.gov/investor/pubs/execomp0803.htm#ecfiling

Siga o link "named executive officers" para obter detalhes sobre os presidentes e a Regra 4. O parágrafo-chave dessa primeira página é:

A Tabela Resumida de Remunerações é a base da divulgação obrigatória pela SEC da remuneração dos executivos. A Tabela Resumida de Remunerações proporciona, num só local, uma síntese abrangente das práticas de pagamento de executivos de uma empresa. A Tabela Resumida de Remunerações apresenta a remuneração real paga pela empresa a cada um dos CEOs nomeados, durante os últimos três anos fiscais.

17 Norris, F. (2 de junho de 2006). "Which bosses really care if shares rise?" *The New York Times*, p. C1.

18 Clark, H. (20 de abril de 2006). "Whole Foods: Spinning CEO Pay". *Forbes*. Acessado em 21 de julho de 2006 em http://www.forbes.com/2006/04/20/john-mackey-pay_cx_hc_06ceo_0420wholefoods.html
19 Conniff, R. *The ape in the corner office: Understanding the workplace beast in all of us*. Nova York: Crown Business, 2005.
20 Adams, S. (29 de outubro de 2005). *Dilbert* (tira). Distribuído pelo United Features Syndicate.
21 "Parade editorial calendar: Special issues" (s.d.). *Parade*. Acessado em 21 de julho de 2006 em http://mediakit.parade.com/edit_calendar/cal_specials.html
22 Sandberg, J. (20 de junho de 2006). "Why you may regret looking at papers left on the office copier". *The Wall Street Journal*, p. B1.
23 Brosnan, S. F. & de Waal, F. B. M. (18 de setembro de 2003). "Monkeys reject unequal pay". *Nature, 425*, pp. 297-299.
24 de Waal, F. B. M. (abril de 2005). "How animals do business". *Scientific American, 292*, pp. 72-79.
25 Dulebohn, J. H. & Martocchio, J. J. (1998). "Employee perceptions of the fairness of work group incentive pay plans". *Journal of Management, 24* (4), pp. 469-488.
26 Case, J. (1º de maio de 2001). "When salaries aren't secret". *Harvard Business Review, 79* (5), pp. 37-49.
27 Pfeffer, J. (maio-junho de 1998). Six dangerous myths about pay. *Harvard Business Review, 76* (3), pp. 109-119.
28 Van Boven, L. & Gilovich, T. (2003). "To do or to have? That is the question". *Journal of Personality and Social Psychology, 85* (6), pp. 1.193-1.202.
29 Fehr, E. & Gächter, S. (setembro de 1997). *Reciprocity and economics: The economic implications of* homo reciprocans. Suíça: University of Zurich Institute for Empirical Economic Research.
30 Camerer, C. F. *Behavioral game theory: Experiments in strategic interaction*. Princeton: Princeton University Press, 2003.

NOTA FINAL: **O segredo da gestão de excelência**

1 Os resultados dessas pesquisas baseiam-se em amostras nacionalmente representativas de cerca de 1.000 adultos empregados, a partir de 18 anos. As entrevistas foram conduzidas pela Gallup por telefone, trimestralmente, de outubro de 2000 a outubro de 2003, e em seguida semestralmente. Para os resultados baseados em amostragens desse tamanho, pode-se dizer com 95% de segurança que o erro máximo atribuível à amostragem e outros efeitos aleatórios é de ±3 pontos percentuais. Para descobertas baseadas em subgrupos, o erro de amostragem seria maior.

Agradecimentos

Um livro desta natureza requer a dedicação de muito mais pessoas do que apenas os autores. As descobertas por trás dos 12 elementos e o trabalho de campo gigantesco que criou o banco de dados de comprometimento dos funcionários são o produto da dedicação de centenas de profissionais da Gallup durante uma década e meia. Somos profundamente gratos a eles, e é um privilégio apresentar suas descobertas neste livro.

Esta obra não teria sido escrita sem a defesa prematura e persistente do editor de imprensa da Gallup, Larry Emond. Geoff Brewer foi um editor perspicaz e paciente que nos ajudou a separar o joio do trigo, gerando um volume mais agradável de ler e que respeita mais o tempo dos leitores do que o original. Vários relatos apresentados aqui apareceram primeiro no *Gallup Management Journal*, de modo que nos beneficiamos muito da caneta vermelha de Barb Sanford. Mark Stiemann questionou, verificou e melhorou nossas afirmações factuais. Paul Petters trouxe à tarefa de copidesque a meticulosidade essencial que ignoramos na pressa de colocar as ideias no papel.

Como gerente do projeto, Rachel Johanowicz assegurou que a produção do livro estivesse sempre nos trilhos e no prazo. Chin-Yee Lai desenhou a capa impactante, e Molly Hardin criou a diagramação atraente e de fácil leitura.

A qualidade do livro teria sido prejudicada, ou o livro teria sido publicado bem mais tarde, não fosse o trabalho de Heather Totin. Pesquisas secundárias, programações de viagens, agendamento de entrevistas, rascunhos manuscritos e comentários iniciais de revisores iam parar na sua mesa e no computador. O auxílio de Rachel Brown nos estágios iniciais deu ao livro um início sólido. Jake Sever manteve os computadores, os softwares e a rede funcionando para evitar quaisquer problemas ligados ao segundo elemento. Muitas entrevistas deste livro foram gravadas, para maior precisão, pelos autores e meticulosamente transcritas por Jennie Glass, em nossa opinião a melhor transcritora do mundo.

Nossas colegas Angie Ballinger e Janet Kaiser foram fundamentais na preparação do perfil de Nancy Sorrells. O perfil de Enio Wetten não teria sido possível sem a colaboração de Fabricio Drummond, que ajudou alegremente um gringo que só sabia 25 palavras em português a enfrentar o trânsito de São Paulo e chegar a Rio Claro, sem (embora por pouco) acabar o combustível. Ken Royal foi fundamental na identificação dos gerentes da Stryker e Owens Corning abordados nos capítulos 3 e 4.

Em Kwidzyn, Polônia, entregamos uma agenda de repórter a Aleksander Wawer, do escritório da Gallup em Varsóvia, e presenciamos como ele enfrentou as traduções e anotações como um jornalista bilíngue com anos de experiência. Além das responsabilidades normais de pôr à prova o manuscrito e torná-lo publicável, o editor adjunto Dr. Piotr Juszkiewicz realizou a entrevista inicial com Elżbieta Górska-Kołodziejczyk em sua língua de origem, criando a base de tudo o que se seguiria. Nossa colega Denise McLain ajudou a localizar Elżbieta na lista de gerentes com alta pontuação e nos deu reações valiosas ao manuscrito.

Debra Manning, ph.D., instruiu Rodd a chamá-la de "Dra. Deb", que ele considerou um termo carinhoso até descobrir que, de todos os seus apelidos, esse é o que ela considera menos incômodo. Seja pelo bem maior ou para se livrar de nós, ela ajudou bastante nos perfis dos capítulos 5 e 8, além de dar seus conselhos sobre o original.

Steve Ruedisili e Patrick Bogart realizaram uma série de entrevistas iniciais com Peter Wamsteeker e sua equipe na Cargill, culminando no momento em que nos abordaram e disseram: "Vocês têm que conhecer esse cara!" Foi o que fizemos. Allyson Cain, do escritório de Toronto, foi fundamental em chamar nossa atenção para as realizações de Susan Jewell, do hospital infantil.

A pesquisa sobre a Índia tornou-se possível graças ao trabalho de campo inicial de nosso colega Rajesh Srinivasan, que esteve lá pouco após a reviravolta e o planejamento de Irfana Khan do escritório de Bangalore. Agradecemos também a Leo Mobi, nosso incansável guia naquele país.

Leslie Rowlands, do escritório de Londres, ajudou nas providências para entrevistarmos e visitarmos a equipe de Philippe Lescornez em Bruxelas e a loja de Simon Gaier em Wrexham, mas se esqueceu de nos avisar que na Inglaterra e no País Gales todo mundo dirige do lado esquerdo da estrada.

O livro beneficiou-se tremendamente das ideias e do encorajamento de muitos confidentes pacientes que revisaram o texto inicial, entre eles Lee Broadston, Bette Curd, Jim Clifton, Bob Dean, Dr. John Dykes, Sherry e Eldin Ehrlich, Robert E. Gordon Sr., Steve Grizzell, Elyse Harris, Denise McLain, Greg Murray, Connie Rath, Tom Rath e Jessica Tyler. Somos também profundamente gratos aos revisores do *Gallup Management Journal* que dedicaram tempo à leitura de um manuscrito incompleto e forneceram suas avaliações sinceras, muitas das quais levaram a melhorias consideráveis no texto. Agradecemos a David Osborne por sua liderança em coletar esse feedback tão importante.

Tivemos a honra de trabalhar com uma equipe de alguns dos pesquisadores mais perspicazes do mundo. Entre eles, agradecemos particularmente a Jim Asplund, Raksha Arora, Dr. Sangeeta Badal, James Court-Smith, Dee Drozd, Dr. John Fleming, Julie Hawkins, Dr. Ted Hayes, Jon Hughes, Emily Killham, Dr. Deb Manning, Dr. Gale Muller, Sujatha Mukandan, Marco Nink, Eric Olesen, Dr. Glenn Phelps, John Reimnitz, Dr. Frank Schmidt, Dr. Steve Schulz, Dr. Steve Sireci, Dr. Joseph Streur e Yongwei Yang. Todos fizeram descobertas que influenciaram nosso pensamento.

Agradecemos aos nossos colegas que desenvolveram o maior e mais singular banco de dados de opiniões sobre o local de trabalho do mundo: Dr. Sangeeta Badal, Chad Davis, Steph Davis, Brian Dawson, Dan Hale, Kerri Janzen, Doug Little, Glenda Nelson, Chad Piening, Stephanie Plowman, Gary Simpson, Ryan Steeves e Mandy Unterbrink. Tim Dean e a equipe de entrevistadores da Gallup conseguiram realizar inúmeras pesquisas de locais de trabalho ao longo dos anos, a fonte de muitas descobertas.

A história da descoberta dos 12 elementos remonta a várias décadas. Uma equipe de colegas inteligentes e determinados passou inúmeras horas acabando com os mal-entendidos em torno dos registros históricos: Tom Bender, Jum Boudreau, Mary Kay Brown, Frank Conley, Dr. David Day, Michael Dever, Craig Elson, Susan Ferrare, Molly Hanford, Coleen Jones, Dr. Tim Judge, Joe Kwiatkowski, Brian McCormick, Steve O'Brien, Sheila Owens, Evan Perkins, Reggie Poole, Shari Schneider, Arthur Schwab, Danielle Siciliano, Marguerite Walsh e Paul Weiner.

In memoriam, agradecemos ao Dr. Donald O. Clifton, cuja teoria e descobertas continuam inspirando nossa curiosidade e paixão pela importância do local de trabalho. Jim é profundamente grato a ele pelos 17 anos de aconselhamento. Rachel Penrod foi indispensável ao trabalho de Jim neste livro, cuidando de sua agenda, organizando sua vida profissional e proporcionando uma atmosfera positiva no trabalho todos os dias. Dada a profissão de Jim, sua esposa, RaLinda, deve ter aturado mais perguntas de teste do que qualquer dos milhões de entrevistados da Gallup. Ela tem tido uma paciência infinita com suas viagens frequentes e seu "desligamento" quando concentrado em sua pesquisa. Jeri e Rick Price, Ken e Dorothy Harter, e Sandy e Bob Dean, como manda o figurino, deram um apoio e estímulo especiais durante a pesquisa e a redação do livro.

Rodd é grato ao Dr. Gale Muller por ajudar a limpar o terreno nos compromissos de consultoria, permitindo assim a conclusão deste livro. Ele gostaria de agradecer também a James E. Shelledy, ex-editor de *The Salt Lake Tribune*, e a Angus H. Twombly, ex-vice-presidente de marketing do *Portland Press Herald* e do *Maine Sunday Telegram*, por exemplificarem os princípios descritos neste livro para um futuro escritor impressionável. A esposa de Rodd, Nora, e seus filhos Noelle, Parks e Charlie Wagner foram incrivelmente compreensivos e, com o passar do tempo, vigilantes. Nenhuma família mereceria passar um inverno em Minnesota avisando uns aos outros "Não entre aí! Ele está escrevendo!", mas eles suportaram bem a pressão.

Acima de tudo, agradecemos aos muitos gerentes e funcionários, nomeados ou anônimos, que se submeteram ao que devem ter parecido perguntas intermináveis, que hesitaram em falar abertamente sobre alguns dos períodos mais desafiadores de suas vidas, mas o fizeram na esperança de que o que aprenderam ajudasse os leitores deste livro a criar melhores locais para se trabalhar.

Os autores

Rodd Wagner é dirigente da Gallup. Após ingressar na empresa em 1999, se dedicou ao estudo de gerentes de alto desempenho e como a natureza humana afeta a estratégia de negócios. Na Gallup, Wagner interpreta dados de empenho dos funcionários e desempenho empresarial para várias das 500 maiores empresas da *Fortune*. Wagner já foi diretor de pesquisas do *Portland Press Herald* e do *Maine Sunday Telegram*; repórter e editor de notícias de *The Salt Lake Tribune*; e apresentador de um talk show pelo rádio. Obteve um MBA na Graduate School of Business da Universidade de Utah. Wagner, sua esposa, Nora, e os três filhos vivem perto de Minneapolis, em Minnesota.

James K. Harter, ph.D., é o principal pesquisador da área de gerenciamento de locais de trabalho internacionais da Gallup. É autor ou coautor de mais de 1.000 estudos de pesquisa para organizações lucrativas e não lucrativas. Algumas de suas pesquisas foram popularizadas nos best-sellers de negócios *Primeiro quebre todas as regras!* e *Seu balde está cheio?* e em artigos acadêmicos, capítulos de livros e publicações como *USA Today*, *The Wall Street Journal* e *The New York Times*. É coautor de "Manage Your Human Sigma", publicado na *Harvard Business Review*. Harter trabalha na Gallup desde 1985 e vive em Omaha, Nebraska, com a esposa, RaLinda, e os dois filhos.

Conheça os 50 clássicos da Editora Sextante

Espiritualidade/Inspiração

A cabana, de William P. Young
Muitas vidas, muitos mestres, de Brian Weiss
Jesus, o maior psicólogo que já existiu, de Mark W. Baker
Conversando com os espíritos, de James Van Praagh
A última grande lição, de Mitch Albom
O Mestre dos Mestres, de Augusto Cury
O Poder do Agora, de Eckhart Tolle

Negócios

O monge e o executivo, de James C. Hunter
Como se tornar um líder servidor, de James C. Hunter
Jesus, o maior líder que já existiu, de Laurie Beth Jones
O ócio criativo, de Domenico De Masi
Faça o que tem de ser feito, de Bob Nelson
A hora da verdade, de Jan Carlzon
Transformando suor em ouro, de Bernardinho

Ficção

O Código Da Vinci, de Dan Brown
Ponto de Impacto, de Dan Brown
Anjos e Demônios, de Dan Brown
Fortaleza Digital, de Dan Brown
As cinco pessoas que você encontra no céu, de Mitch Albom
O guardião de memórias, de Kim Edwards
A conspiração franciscana, de John Sack

Livros de bolso

Dez leis para ser feliz, de Augusto Cury
Seja líder de si mesmo, de Augusto Cury
Você é insubstituível, de Augusto Cury
Palavras de sabedoria, de Sua Santidade, o Dalai-Lama
A vida é bela, de Dominique Glocheux
Filtro solar, de Mary Schmich

Posso conseguir o que desejo, de Iyanla Vanzant
Quem acredita sempre alcança, de Peter McWilliams

Autoajuda

Por que os homens fazem sexo e as mulheres fazem amor?, de Allan e Barbara Pease
Desvendando os segredos da linguagem corporal, de Allan e Barbara Pease
Por que os homens mentem e as mulheres choram?, de Allan e Barbara Pease
Nunca desista de seus sonhos, de Augusto Cury
Pais brilhantes, professores fascinantes, de Augusto Cury
Não leve a vida tão a sério, de Hugh Prather
Mantenha o seu cérebro vivo, de Laurence Katz e Manning Rubin
A Boa Sorte, de Álex Rovira Celma e Fernando Trías de Bes
Enquanto o amor não vem, de Iyanla Vanzant
O poder da paciência, de M. J. Ryan
Os segredos da mente milionária, de Harv T. Ecker

Coleção Você S.A.

Aprendendo a lidar com pessoas difíceis, de Rick Brinkman e Rick Kirschner
Como administrar seu tempo, de Marc Mancini
Como motivar sua equipe, de Anne Bruce

Coleção Autoestima

O poder das afirmações positivas, de Louise Hay
Histórias para aquecer o coração, de Jack Canfield e Mark Victor Hansen
Liçoes sobre amar e viver, de Morrie Schwartz

Referência

1001 filmes para ver antes de morrer, de Steven Jay Schneider
1001 discos para ouvir antes de morrer, de Robert Dimery
1001 vinhos para beber antes de morrer, de Neil Beckett
1.000 lugares para conhecer antes de morrer, de Patricia Schultz

Informações sobre os próximos lançamentos

Para receber informações sobre os lançamentos da EDITORA SEXTANTE, basta cadastrar-se diretamente no site www.sextante.com.br

Para saber mais sobre nossos títulos e autores, e enviar seus comentários sobre este livro, visite o nosso site www.sextante.com.br ou mande um e-mail para atendimento@esextante.com.br

EDITORA SEXTANTE
Rua Voluntários da Pátria, 45 / 1.404 – Botafogo
Rio de Janeiro – RJ – 22270-000 – Brasil
Telefone: (21) 2286-9944 – Fax: (21) 2286-9244
E-mail: atendimento@esextante.com.br